James Macpherson

Die Gedichte Ossians

Eines alten. celtischen Dichters, aus dem Englischen übersetzt

James Macpherson

Die Gedichte Ossians
Eines alten. celtischen Dichters, aus dem Englischen übersetzt

ISBN/EAN: 9783743692749

Hergestellt in Europa, USA, Kanada, Australien, Japan

Cover: Foto ©ninafisch / pixelio.de

Weitere Bücher finden Sie auf **www.hansebooks.com**

L. Aßner fc.

Vos quoq. qui fortes animas, belloq. peremtos
Laudibus in longum vates demittitis aevum
Plurima securi fudistis carmina BARDI.
Lucan. l. 1.

DIE
GEDICHTE
OSSIANS

EINES
ALTEN CELTISCHEN DICHTERS,

AUS DEM

Englischen überfetzt

VON

M. DENIS, AUS DER G. J.

ERSTER BAND.

TANDEM VICTOR.

WIEN,

GEDRUCKT BEY JOHANN THOMAS EDLEN v. TRATTNERN,
KAISERL. KOENIGL. HOFBUCHDRUCKER UND BUCHHAENDLER.

1 7 6 8.

VORBERICHT.

Die Gedichte Offians, des Sohns Fingals, diefe koftbaren Ueberbleibfel der Vorzeit hat H. Mac-pherfon aus der alten celtifchen, oder gallifchen Sprache in englifche Profe überfetzt. Sie find 1765 zu Londen zum drittenmale aufgeleget worden. H. Blair, ein Lehrer an der Univerfität Edimburg, hat diefer Auflage eine fehr gut gefchriebene kritifche Abhandlung angehängt, in welcher er die poetifchen Schönheiten diefer Gedichte entwickelt, und das Alterthum derfelben, welches befonders im Journal des Sçavans 1764 ernfthaft angeftritten ward,

feft

feſt zu ſetzen ſuchet. Ich übergehe dieſe Streitigkei-
ten; denn ſie ſind für Deutſche, die Oſſianen nur als
einen *Dichter* betrachten, eben nicht intereſſant. Im
Jahre 1763 traten zu Padua zween Bände oſſianſcher
Gedichte in dem eilfſylbigten reimfreyen Verſe der
Italiener an das Licht, welche den H. Abt Ceſarotti
zum Ueberſetzer haben. Ich habe von Italienern gehöret: einige ihrer Landesleute wären mit ſeiner Arbeit
nicht gar wohl zufrieden; und dieſe müſſen wohl ſüſſe
Petrarchiſten ſeyn. Ich wünſchte nur, daſs er ſeiner
Urſchrift eben ſo getreu wäre, als er im Ausdrucke
kühn, und in der Verſification meiſterhaft iſt. Sowohl
die weitläufigen Anmerkungen dieſes Mannes, als oben
gemeldte Abhandlung, und diejenigen, die H. Macpherſon ſelbſt vor ſeiner Ueberſetzung hergehen läſst,
überheben mich der Mühe von der Geſchicht und dem
Werthe der oſſianſchen Poeſien etwas zu ſagen. Nur
von meiner Ueberſetzung muſs ich den Leſer unter-
richten.

Kaum hatte ich ein paar Gedichte meines Barden
durchgeleſen, als ich ihn in meinen Gedanken Homern
und

und Virgiln an die Seite ſetzte. Das Urtheil eines deutſchen Dichters der erſten Gröſse rechtfertigte meine Gedanken. Wie froh war ich! Ich fieng zu überſetzen an. Auch eine andere Betrachtung half mich mitbeſtimmen. Der Muth und die Rechtſchaffenheit der alten ſchottiſchen und iriſchen Helden: dachte ich: verdienet auch unter uns um ſo viel mehr gekannt und bewundert zu werden, da ſo mancher ihrer würdigen Nachkommen heut zu Tage an der Spitze der öſterreichiſchen Heere ſich den Weg zur Unſterblichkeit bahnet. — Dennoch bin ich nicht der erſte, der die Deutſchen überhaupts mit Oſſian bekannt macht. Es iſt ſchon in Hamburg eine proſaiſche Ueberſetzung ſeiner Gedichte herausgekommen, die ich aber nicht geſehen habe. Man verſichert mich von dort her, daſs ſie recht gut ſey. Sie wird von den H. H. Verfaſſern der Bibl. der ſchön. Wiſſenſch. angerühmt. Ihr Ausſpruch iſt mir immer Bürge genug, und mein Vers wünſchte nur das Lob zu verdienen, das die wohlklingende Proſe des H. L. W. erhalten hat.

Man

Man ist wider Ueberfetzungen in gebundener Rede eingenommen. Ich weis es. Man kann mir Macphersons Beyspiel vorhalten; besonders, wenn man nicht bemerket, dafs er sehr viele Verse in seine Prose gemenget hat. Aber ich will jedes härtere Urtheil nur so lange verbitten, bis man unterfuchet hat, ob Ossianen durch meine Versification Zwang gefchehen fey. Ich habe den Hexameter der *Griechen* gewählt. Kein Sylbenmaafs fchien mir meinem Gegenftande angemeffener. Möchten fich doch deutfche Dichter zur höhern Erzählung niemal einer andern Versart, als diefer, oder höchftens noch der tünffüfsigen männlichen Jamben, bedienen! aber möchten fie auch ihre Sylbenlängen fo richtig beftimmen, ihre Wörter fo harmonifch anreihen, ihre Abfchnitte fo manigfaltig verlegen, ihre Perioden fo abwechfelnd ausftrömen laffen, als unfer groffes Mufter, der Sänger des *Meffias*, mein verehrtefter Freund! Kenner werden entfcheiden, wie weit ich meinen eigenen Wunfch erfüllet habe. Sollte durch meine Arbeit mancher Landsmann mit dem Hexameter ausgeföhnet werden, welche fchmeichelhafte Belohnung für mich!

Als

Als Ueberſetzer habe ich geſuchet meinen Schriftſteller mit aller Genauigkeit auszudrücken. Da ich
die Quantitäten der celtiſchen Namen nicht weis, habe
ich den Accent gelegt, wie mirs ſchicklich vorkam;
der Leſer wird ihn gleich aus der Scanſion bemerken.
Den Anmerkungen des engliſchen Ueberſetzers habe
ich auch jene des italieniſchen beygefüget, und die erſten mit *Mac.* die zweyten mit *Ceſ.* bezeichnet. Die
wenigen unbezeichneten Zuſätze ſind von mir. Macpherſons zweyte Abhandlung wird vor dem zweyten
Bande, und Blairs ſeine vor dem dritten ſtehen. Beyde ſollen, ſo viel mein Lehramt erlaubet, nicht lange
nachbleiben, wenn Leute von Geſchmack den erſten
einer gütigen Aufnahme würdigen werden.

Freylich wird es anfangs ſchwer halten. Oſſian iſt
viel zu ſonderlich, viel zu *unmodern*, viel zu unterſchieden
von denen Dichtern, die man immer in den Händen hat.
Allein, wenn man nur einmal mit ſeinem Geiſte be-
kannter wird, wenn ſeine Art ſich auszudrücken durch
ein wiederholtes Leſen ihre Ungewöhnlichkeit verlie-
ret, dann, dächte ich, ſollte er nach dem *Engländer*

* 4

am

VORBERICHT.

am erften bey einem *Deutfchen* fein Glück machen.
Vielleicht dafs er dann wohl gar die Begierde erwecket
auch die Barden unfrer Väter zu kennen.   Karl der
Grofse hatte ihre Gedichte gefammelt.   Sollten fie unwiederbringlich dahin feyn? Sollten fie nicht irgendwo
in Bibliotheken und Manufcriptenfammlungen ftecken?
Wenn man nun begüterten Gönnern der Litteratur den
patriotifchen Vorfchlag thäte einen namhaften Preis für
den Finder auszufetzen? — Welches Verdienft beym
Vaterlande! welcher Anfpruch auf die Unvergefslich-
keit! — Allein diefs ift ein Wunfch, welcher fo lange
Wunfch bleiben wird, als ein groffer Theil der Nation denket:

> *Gallis* ingenium, *Gallis* dedit ore rotundo
> Mufa loqui.

Gefchrieben am k. k. Therefiano,
   den 22ften Weinm. 1767.

A B·

ABHANDLUNG

VON DEM

ALTER DER GEDICHTE OSSIANS,
DES SOHNS FINGALS.

D ie Unterfuchungen des Alters einer Nation tragen
mehr zum Vergnügen, als zum wirklichen Nutzen
der Menfchen bey. Witzige Köpfe können ein
hiftorifches Syftem auf Wahrfcheinlichkeiten, auf eine und
die andere Begebenheit gründen; aber die Nachrichten, die
fie aus einer groffen Zeitferne holen, werden immer wan-
kend und unbeftimmt feyn. Die Kindheit der Staaten und
Reiche ift fo arm an merkwürdigen Vorfällen, als an Mit-
teln diefelben auf die Nachkommenfchaft zu bringen. Die
Künfte des gefittetern Lebens, durch welche allein die Ge-
wifsheit einer That fich fortpflanzen kann, find erft die
Früchte einer ausgebildeten Gefellfchaft. Dann beginnen
die Gefchichtverfaffer die Feder anzufetzen, und die öffent-
lichen Begebenheiten Andenken zu verdienen. Was fich in
älteren Zeiten ereignet hat, bleibt dunkel, oder wird mit
unficheren Erzählungen verftaltet. Daher ftöfst uns fo viel
Abentheuerliches auf, wenn wir zu dem Urfprunge eines

Volkes

Volkes dringen wollen, weil die Nachkömmlinge immer geneigt waren alles zu glauben, es mochte noch so mährchenhaft seyn, wenn es nur zum Ruhme ihrer Stammenväter gereichte. Die Schwachheit der Griechen und Römer zeichnet sich in diesem Stücke besonders aus. Sie verschlangen getrost die abgeschmacktesten Fabeln von ihrer ersten Abkunft. Zum Glücke zeugten sie sehr frühzeitig gute Geschichtschreiber, die ihre grossen Thaten der Nachwelt im vortheilhaftesten Lichte wiesen. Diesen haben sie den unvergleichlichen Ruhm zu verdanken, der noch itzt auf ihnen ruhet, indefs, dafs die herrlichen Handlungen andrer Nationen mit Erdichtungen verwebet, oder in Finsternisse versenket bleiben. Die Celten sind hievon ein überzeugendes Beyspiel. Einst Europens Herren vom Obystrome in Rufsland bis an die westliche Erdspitze Finisterre in Gallicien, *) und nun in der Geschichte nur selten berühret! Sie vertrauten ihren Ruhm der mündlichen Uebergabe, und den Liedern ihrer Sänger, welche uns das Loos der menschlichen Dinge schon lang entzogen hat. Das einzige Denkmaal, das sie uns gelassen haben, ist ihre alte Sprache. Die Spuren derselben findet man in so weit voneinander entlegenen Gegenden. Sie zeigen uns den Umfang ihrer ehemaligen Herrschaft; aber welchen Vortheil zieht ihre Geschicht daraus?

Die

---

*) Plin. 6. B.

Die beruffenſte aller celtiſchen Völkerſchaften iſt jene, welche das alte Gallien beſaſs. Dennoch rühret dieſes von keinem anderen Vorzuge her, als weil ſie mit einer Nation Kriege geführet, welche Geſchichtſchreiber hatte, die den Ruhm der Feinde zugleich mit dem eigenen auf die Nach-welt brachten. Nach dem Zeugniſſe der anſehnlichſten Schriftſteller *) gab ſie die erſten Bewohner der Inſel Bri-tannien. Die Lage Galliens und dieſer Inſel bekräftiget das Zeugniſs, und wenn man noch betrachtet, daſs zu Cäſars Zeiten die Inſaſſen dieſer beyden Länder ebendieſel-ben Sitten hatten, ſo bleibt nicht einmal mehr ein Zweifel über. **)

Die aus Gallien herübergekommenen Celten beſetzten alſo erſtlich jenen Theil Britanniens, der ihrem Vaterlande der nächſte war, und verbreiteten ſich nach dem Verhält-niſſe ihres Anwuchſes immer mehr und mehr nordwärts, bis endlich die ganze Inſel bevölkert war. Einige Entſchloſſ-neren wagten von dem nahe gelegenen Uſer eine Landung auf Irland, und wurden die Stifter ſelbiger Nation, welches viel glaubwürdiger iſt, als die ungegründete Fabel von mi-leſiſchen und galliciſchen Pflanzern. Diodor aus Sicilien

führt

---

*) Cäſ. 5 B. Tacit. im Leben des Agric. und 1 B. 2 c. ſeiner Jahrb.
**) Cäſ. Pomp. Mela, Tacit.

führt in seinem fünften Buche als eine zu seiner Zeit ungezweifelte Sache an, dafs die Bewohner Irlands von den Briten abstammten, und seine Erzählung bekömmt ungemein viel Gewicht, wenn man in Erwägung zieht, dafs durch mehr Jahrhunderte auf beyden Inseln ebendieselbe Sprache und Lebensart im Schwunge gieng.

Tacitus glaubt: die alten Caledonier kämen ursprünglich von den Deutschen. Sitten und Sprache, die fläts in Nordschottland walteten, und offenbar celtisch waren, könnten uns von der Meynung dieses berühmten Schriftstellers abführen. Die eigentlichen Deutschen waren von den alten Celten unterschieden. Gebräuche und Lebensform dieser beyden Nationen glichen sich, aber nicht die Sprache. Die Deutschen waren ächte Abkömmlinge der alten Daen, *) die nachmal unter dem Namen der Dacier bekannt durch den nördlichen Theil in Europa eintraten, sich jenseits der Donau gegen die weitschichtigen Gebiethe von Siebenbürgen, der Wallachey und Moldau festfetzten, und endlich stuffenweise durch Deutschland heraufrückten. Gewifs ist, dafs die Celten viele Colonien in Deutschland versandten, welche alle ihrer Mundart, ihren Gesätzen und Gewohnheiten treu blieben. **) Von diesen also müssten die alten Caledonier

---

*) Strabo 7 B.
**) Caf. 6 B. Liv. 5 B. Tacit. von den Sit. der Deutsch.

donier abgeftammet feyn, wenn es doch wahr ift, dafs Wan-
derungen aus Deutfchland nach Schottland gefchehen find.

Es fey nun, dafs die Caledonier von einer deutfchcel-
tifchen Colonie abkamen, oder aus dem Mittel derjenigen
waren, die die erften aus Gallien fich in Britannien nieder-
gelaffen hatten, fo ift es eben von keiner Wichtigkeit in
einer folchen Zeitferne aufs Reine zu kommen. Man findet
fie zur Zeit des Jul. Agricola fchon ungemein vermehret.
Grundes genug zu glauben, fie müften das Land fchon lang
inne gehabt haben, woher fie nun immer gekommen feyn
mochten. Ihre Regierungsform war halb ariftokratifch,
halb monarchifch, und fo war fie allenthalben, wo das
höchfte Anfehen bey den Druiden beruhte. Diefe Leute
glichen der Einrichtung ihres Standes nach den Daktylis
Idäis und Kureten der Alten. Sie gaben eben fowohl Gemeinfchaft mit dem Himmel, Wahrfagerkunft und Zauber-
wiffenfchaft vor. Ihre Kenntnifs der natürlichen Urfachen
und Eigenfchaften der Dinge, die Frucht hundertjähriger
Erfahrungen, brachte ihnen beym Volke die unterfcheidend-
fte Achtung zuwegen. Diefe Achtung wurde gar bald zur
gottesfürchtigen Verehrung des ganzen Standes, welche fich
die ehrfüchtigen Glieder deffelben fo klug zuzuziehen und
zu vermehren wufsten, dafs endlich auf eine gewiffe Art
nicht allein das Religionswefen, fondern auch das Staatsruder unter ihre Hände kam. Niemand klaget fie dennoch

eines

eines Misbrauches ihrer aufserordentlichen Vollmacht an.
Sie fahen fo wohl ein, wie nöthig es fey zur Erhaltung ihrer Herrfchaft die Heiligkeit ihres Charakters nicht zu ver-
läugnen, dafs fie fich niemal Unterdrückungen oder Gewalt
thätigkeiten erlaubten. Die Häupter des Volkes brachten
die Gefätze zur Ausübung, die gefätzgeberifche Gewalt
aber blieb gänzlich bey den Druiden. *) Ihr Aufboth ver-
fammelte zur Zeit gröfserer Gefahren die Zünfte unter ein
Haupt. Diefer Vorfteher, oder, wie man ihn nannte, Ver-
gobretus (*Fer-gubreth, ein Gerichtsmann*) wurde von ihnen
erkohren, und dankte insgemein nach vollendetem Kriege
fogleich wieder ab. Lange Zeit genoffen diefe Priefter eines fo feltenen Vorzuges unter den celtifchen Gefchlech-
tern, die jenfeits der Gränze der römifchen Herrfchaft wohnten, und nur erft mit dem zweyten Jahrhunderte begann
ihre Macht bey den Caledoniern einzugehn. Die Gedichte,
in welchen Trathal und Cormac, Fingals Vorältern, befungen werden, enthalten viel Umftändliches von dem Verfalle
der Druiden, woraus fich leicht abnehmen läfst, warum in
den Gedichten, die itzt ans Licht treten, nicht das geringfte
von ihrem Götterdienfte gemeldet werde.

Die immerwährenden Kriege der Caledonier mit den
Römern gaben dem Adel nicht Mufse fich nach dem alten

Her-

---

*) Cäf 6 B.

Herkommen in den Orden der Druiden einweihen zu laſſen.
Die Grundſätze ihrer Religion wurden auf ſolche Weiſe
ſtäts wenigern bekannt, und von einem krieggewöhnten
Volke nicht viel geachtet. Der Vergobret ward entweder
ohne ihr Zuthun erwählet, oder er beſtand wider ihren Willen in ſeinem Amte. Die fortdauernde Herrſchaft machte
ſeinen Einfluſs auf die Zünfte kräftiger, und ſetzte ihn in
den Stand ſeinen Abkömmlingen eine Würde zum Erbtheile
nachzulaſſen, die er durch die Wahl erhalten hatte.

Aus Gelegenheit eines neuen Krieges wider die *Erde-*
beherrſcher (denn ſo nachdrücklich werden in den Gedichten
die römiſchen Kaiſer genannt) verſuchten die Druiden dem
Anſehen ihres Körpers wieder aufzuhelfen, und ihr altes Vor-
recht den Vergobret zu erwählen handzuhaben. Sie ſandten
Garmaln, den Sohn Tarnos, an den Groſsvater des berühmten
Fingal, bey dem damal die Obergewalt war, und lieſsen
ihm ſelbe abfodern. Seine Verweigerung entzündete einen
bürgerlichen Krieg, der aber in Kurzem faſt mit dem ganzen prieſterlichen Orden der Druiden erloſch. Die wenigen
Uebergebliebnen entwichen in die düſtren Schlupfwinkel
ihrer Hayne, und in jene Grotten, wo ſie anfangs ihren
Betrachtungen abgewartet hatten. Von nun an finden wir
ſie in dem *Runde der Steine* von der Welt unbemerkt; worauf endlich eine gänzliche Verachtung ihres Standes, und
eine vollkommene Verabſcheuung aller ihrer Gebräuche er-
folgte.

folgte. In diesem Dunkel des allgemeinen Hasses verlohren sich alle, die noch einige Kenntnis der druidischen
Religion hatten, und die ganze Nation verfiel in die äuser-
ste Unwissenheit alles dessen, was ihre Lehre und Ceremonien betraf.

Man muss sich also nicht verwundern, wenn Fingal und
Ossian sein Sohn so selten, oder wohl gar niemal der Druiden gedenken, da sie dieselben als geschworne Feinde ihrer erblich gemachten Obergewalt betrachteten. Es ist son-
derbar, ich bin gezwungen es zu bekennen, dass in diesen
Gedichten keine Spur einer Religion liegt, indes, dass bey
andern Völkern die Mythologie so fest mit der Poesie verbunden war, und es würde schwer seyn jenen einen zurei-
chenden Grund anzugeben, welche die Gewohnheit der alten schottischen Sänger nicht wüsten. Diese Leute trieben
die Begriffe, die sie von dem Kriegsruhme hatten, zu einer
ausschweifenden Höhe. Jede Hilfe, die einem Helden im
Treffen gereichet wurde, schmälerte nach ihrer Meynung
seine Ehre, und sie übertrugen das Lob, welches der That
gebührte, alsogleich auf jenen, der zu selber die Hand gebothen hatte.

Hätte Ossian zu Unterstützung seiner Helden Götter her-
absteigen lassen, wie es Homer pflegt, dann würden seine
Gedichte nicht so viel Lobsprüche auf seine Freunde, als

Hymnen

ABHANDLUNG.

Hymnen auf diefe oberirdifchen Wefenheiten enthalten. Jene, die in der celtifchen Sprache fchreiben, gedenken auch heut zu Tage in weltlichen Gedichten nur felten der Religion; handeln fie aber vorfätzlich von derfelben, fo mengen fie niemal Thaten der Helden in ihren Auffätzen darunter. Diefe Gewohnheit allein, glaube ich, könnte Offians Stillfchweigen von der Religion feiner Zeiten rechtfertigen, wenn auch der druidifche Götterdienft nicht fchon vorher erlofchen gewefen wäre. *)

Sagen,

---

*) So fcheinbar die hier angeführten Gründe find, fo glaube ich dennoch, es werde noch immer ein groffer Theil der Lefer unüberzeuget bleiben. Ganz natürlich find mit der Herabfetzung der Druiden auch ihre Gebräuche und Ceremonien aus der Uebung gekommen, und verftaltet worden; aber follten fie gänzlich verfchwunden feyn? diefs wird man fich hart einreden laffen. Der Abgang der Druiden konnte aufs höchfte den Verfall der *geheimen* Lehre der Eingeweihten nach fich ziehen Allein das Volk darf diefen Materien nur nachgrübeln. Eine kleine Spur ift ihm genug. Es weis auf felber ohne fremdes Zuthun weit fort zu kommen, und je vertiefter die Geheimniffe find, defto hitziger arbeitet feine Einbildung nach. Vielleicht ift es nicht unmöglich, dafs ein Volk einige Zeit ohne Religionsbegriffe fey, erwachet aber einmal der Vorwitz über einen folchen Gegenftand, fo wird es leichter von Ungereimtheit zu Ungereimtheit fortfchwärmen, als fich in Gleichgiltigkeit faffen. Es fcheint demnach, dafs fich ungeachtet des Umfturzes der druidifchen Macht dennoch die alten Kunden, die abergläubifchen Meynungen und gewöhnlichen Gepränge in dem Andenken der Gemeine erhalten konnten, befonders, da fie in Verfen abgefaffet waren. In der That finden wir in Offians

Poefien

Sagen, daſs eine Nation ohne alle Religion ſey, iſt ſo viel, als allen ihren Gliedern die Vernunft abſprechen. Die Erblehren der Vorfahren, die eigenen Betrachtungen der Werke der Natur mit jener angeſtammten Richtung des menſch-

---

Poeſien die Unſterblichkeit der Seele, die Erſcheinung der Gei-ſter, und eine Menge Geſpenſter, die in den Gewittern kurz-weilen. Wie geht es alſo zu, daſs wir in eben dieſem Dichter keine Idee einer allgemeinen Vorſicht, keinen Einfluſs eines oder mehr höherer Weſen in die Handlungen und Zufälle des menſchlichen Lebens, keine fabelhafte Göttergeſchicht antref-fen, von welchen alle Dichter anderer Nationen voll ſind? beſonders, da die Religion die Hauptquelle des Wunderbaren, und der kräftigſte Rüſtzeug der Dichtkunſt iſt? Die ſchottiſchen Barden ſind recht daran, daſs ſie unter die Thaten ihrer Helden keine Götter mengen; denn obwohl die vernünftig eingeleitete Zwiſchenkunft einer Gottheit eine groſse Wirkung haben kann, ſo iſts dennoch rathſamer ſich derſelben gänzlich zu enthalten, als nach dem Beyſpiele Homers den Himmelsbewohnern ohne Noth ewig überläſtig zu ſeyn, und die Helden in lebloſe Ma-ſchinen zu verſtalten. Allein es mangelte in Oſſians Gedichten an anderen Gelegenheiten nicht die Götter eine glückliche und glänzende Figur machen zu laſſen, und gleichwohl läſst er ſich nicht einmal eine Meldung, eine Anſpielung entfahren. Wenn ich den Charakter Oſſians genauer unterſuche, möchte ich faſt glauben: er habe ſich an den Begriffen von der Gottheit, welche nach aller Wahrſcheinlichkeit damal ſehr verderbet, und von tauſenderley Aberglauben verſtaltet waren, geſtoſsen, und, weil er dem Volke die Irrthümer zu benehmen nicht vermochte, beſſer erachtet ſelbe in tiefes Stillſchweigen zu be-graben, und von den im Schwunge gehenden Meynungen nur jene zu berühren, welche die Einbildungskraft reizten, oh-ne die geſunde Vernunft zu ſehr zu beleidigen. Ich kann meinen Einfall für keine Gewiſsheit ausgeben. Allein, wer
bemer-

menfchlichen Gemüthes zufammen genommen, haben in allen
Weltaltern Begriffe von einem höchften Wefen hervorge-
bracht. Die Zeiten mochten noch fo düfter, die Völker
noch fo rohe feyn, fo hatte dennoch auch der niedrigfte
Pöbel wenigftens die Ahnung von einer Gottheit. Es
würde für Offian eine Unbild feyn, für ihn, der gewifs in
keinem Umftande einen befchränkten Geift zeiget, wenn
man fich beygehen liefse, er hätte feine Gedanken niemal
auf die erfte und gröfste Wahrheit verwendet. Seine Religion
aber konnte nun feyn, wie fie wollte; die chriftliche war
fie gewifs nicht. In feinen Gedichten ift keine Stelle, welche fich im geringften auf fie oder ihre Gebräuche bezöge.
Ein Umftand, der ihn nothwendig in einen Zeitraum verfe-
tzet, in welchem das Chriftenthum noch nicht nach Schottland gekommen war. Der wahrfcheinlichfte Zeitpunkt der
Verbreitung des wahren Glaubens bis in Nordbritannien ift
die Verfolgung, welche Diokletian im Jahre 303 erregte.
Der menfchenfreundliche und fanfte Charakter des Conftan-
tius Chlorus, deffen Antheil damal England war, lud die

** 2   be-

bemérket hat, wie fich Offian immer angelegen feyn laffe, die
Natur fowohl in den Gegenftänden, als in den Charakteren und
Empfindungen auszufchleifen, und zu reinigen, der wird ihn
vielleicht nicht ganz unfchicklich finden. Und dann; welch
ein mächtiges Genie war Offian! Wenigftens ift er der einzige
Dichter, der uns ohne Religionsmafchinen eine erhabene, wun-
derbare, wichtige Epopee geliefert hat. Man fchliefse auf den
Umfang feiner poetifchen Talente. Cef.

bedrängten Chriſten ein unter ſeine Herrſchaft zu fliehen. Einige giengen aus Eifer das Evangelium bekannt zu machen, oder aus Furcht noch gar über die Reichsgränzen, und ſetzten ſich unter den Caledoniern, welche um ſo viel geneigter waren ihrer Lehre Gehör zu geben, da ſchon ſeit langer Zeit die Religion der Druiden zum Geſpötte geworden war. Dieſe Glaubensverkündiger entweder ihrer Ruhe halber, oder ihrem Vortrage mehr Gewicht zu verſchaffen, erwählten zu ihrem Aufenthalte die Grotten und Wälder der Druiden; daher ihnen von ihrer einſamen Lebensart der Namen *Culdich* ward, der in der Landesſprache einen *Einſiedler* bezeichnet. Man will wiſſen: Oſſian habe in ſeinen letzten Jahren mit einem dieſer Culdeer über das chriſtliche Geſätz Worte gewechſelt. Sie iſt noch vorbanden dieſe Unterredung. Man hat ſie nach dem Gebrauche ſelber Zeiten in Verſe gebracht. Aus der äuſerſten Unwiſſenheit, mit welcher Oſſian von unſern Glaubenswahrheiten ſpricht, erhellet zu Genüge, daſs ſie nur erſt vor Kurzem muſsten eingeführet worden ſeyn, weil ſich nicht leicht begreifen läſst, wie ein Menſch von ſeinem Stande in Sachen einer Religion ſo gänzlich fremd ſeyn könnte, wenn dieſelbe ſchon eine geraume Zeit im Lande bekannt geweſen wäre. *) Die Unterredung trägt das wahre Gepräg

---

*) Man kann hier bemerken, daſs Oſſian den meiſten Theil der Gedichte, die in dieſer Sammlung enthalten ſind, in ſeinem hohen

präg des Alterthums auf fich. Die Redensarten und nur
felben Zeiten eigenen Ausdrücke beweifen, dafs fie nicht
unterfchoben fey. Wenn nun alfo Offian nach aller Wahr-
fcheinlichkeit die Einführung des Chriftenthumes erlebet hat,
fo fetzt fich feine Epoche an das End des dritten, und den
Anfang des vierten Jahrhundertes. Allein, was diefer Sache
das hellefte Licht anzündet, ift die Zeitgefchicht, auf welche fich Offians Gedichte beziehen.

Fingals tapfere Unternehmungen wider Caracul (*Ca-
rac' huil*, ein *fchreckliches Aug*) den Sohn des *Erdebeherrfchers*
find unter feinen erften Jugendthaten. Man wird in diefer
Sammlung ein ganzes Gedicht finden, welches diefelben zum
Gegenftande hat.

Im Jahre 210 kam der Kaifer Severus von feinem Zuge
wider die Caledonier zurück, und ward in York von jener

** 3   lang-

---

hohen Alter nach dem Tode Fingals feines Vaters verfaffet habe, und dafs in einem und dem andern der *Culdeer* und ihrer
geiftlichen *Lobgefänge* gedacht werde. Diefer Umftand und
zugleich die Uebereinftimmung des offianifchen Stils mit der
Schreibart der Propheten und der hohen Lieder Salomons könnten jemanden nicht ohne Grund verleiten zu glauben: unfer
Dichter habe eine Kenntnifs der heiligen Poefien der Schrift
gehabt, ob er gleich nicht bis in ihre Geheimniffe gedrungen
ift, und habe feinen Ausdruck durch den prophetifchen Schwung
verftärket und verfchönert, wozu fchon eine natürliche Fähigkeit in feiner Einbildungskraft lag. *Cef.*

langwierigen Krankheit befallen, die ihn endlich auch auf-
rieb. Damal fchöpften die Caledonier und Majaten neuen
Muth, und ergriffen die Waffen ihr verlohrnes Gebieth wieder zu erobern. Der entrüftete Kaifer fandte fein Kriegsheer ihnen entgegen, mit Befehl, alles mit Feuer und
Schwert zu verwüften. Caracalla fein Sohn, der die Trup-
pen anführte, war viel zu tief in die Gedanken vom Tode
feines Vaters, und in die Anfchläge feinen Bruder Geta
von der Thronfolge auszufchliefsen verfenket, als dafs er
diefem Befehle genau nachgelebet hätte. Kaum hatte er
den feindlichen Boden betreten, als ihm vom Tode des
Vaters Nachricht kam. Nun fchlofs er mit den Caledoniern
einen übereilten Frieden, und gab ihnen, wie man aus dem
Dion Caffius abnehmen kann, alles wieder, was fie unterm
Severus eingebüfset hatten.

Fingals Carac'huil ift gewifs kein anderer, als diefer
Caracalla, den Offian billig den Sohn des *Erdebeherrfchers*
nennt, da fein Vater der römifche Kaifer faft die ganze damal bekannte Welt unter feiner Bothmäfsigkeit hatte. Der
Zeitraum zwifchen dem Jahre 211 dem Sterbjahre des Severus, und dem Anfange des vierten Jahrhunderts ift nicht
fo grofs, dafs Offian Fingals Sohn nicht wahrfcheinlicher
Weife jene Chriften hätte fehen können, die fich aus Furcht
der diokletianifchen Verfolgung über die Gränze des römifchen Reiches geflüchtet hatten.

Offian

Offian gedenket in einem der vielen Trauergedichte auf den Tod Ofcars feines geliebten Sohns unter anderen grofsen Thaten deffelben eines Treffens wider *Caros* den *König der Schiffe* am Geftade des *schlänglichten* Caruns (*Car-avon* ein *schlänglichter Flufs*). Es ift faft bewiefen, dafs diefer Caros der bekannte Afterkaifer Caraufius fey, welcher im Jahre 285 oder 87 den Purpur anzog, fich Britanniens bemächtigte, und wider den Maximianus Herkulius verfchiedene Vortheile zur See erhielt. Daher ihm Offian mit Grunde den Titel des *Königs der Schiffe* beylegt. Der *schlänglichte* Carun ift jener kleine Flufs, der noch den Namen Carron trägt, und nahe an der Mauer des Agricola läuft, welche Caraufius die Einfälle der Caledonier zu verhindern wieder ausbefferte. Auch andre Stellen diefer Gedichte fpielen auf die Kriege mit den Römern an; allein die beyden itzt angeführten fetzen Fingals Epoche augenfcheinlich ins dritte Jahrhundert, welches mit der irländifchen Gefchicht genau übereinkömmt, die den Tod Fingals des Sohns Comhals auf das 283te, den Hintritt Ofcars [*)] aber und ihres berühmten Cairbre auf das 296te Jahr angiebt.

** 4

Es

[*)] Diefer mufs von Ofcar dem Sohne Offians unterfchieden werden, den Fingal überlebte. Man fehe das Gedicht *Temora* im 2 Bande. *Cef.*

Es könnte sich jemand beygehen laffen, die Anfpielungen auf die römifche Gefchicht wären erft nachmal künftlich diefen Gedichten eingefüget worden, um ihnen den Anfchein des Alterthums zu geben. Diefer Betrug müfste sich wenigftens vor drey Jahrhunderten ereignet haben; denn in Werken jener Zeit wird nur gar zu oft auf eben die Stellen gedeutet, in welchen fich diefe Anfpielungen befinden.

Wer weis nicht, welche düftre Unwiffenheit und Barbarey im fünfzehnten Jahrhunderte auf dem nördlichen Theile Europens lag? Der herrfchende Aberglauben, befchränkte die Geiftskräfte fo, dafs alles, was gefchrieben ward, äufserft pöbelhaft und kindifch ausfiel. Aber gefetzt auch, es konnte fich unerachtet der ungünftigen Zeitumftände ein glücklicher Kopf ausnehmen, wird es leicht feyn den Grund zu beftimmen, der ihn bewegen follte die Ehre feiner Arbeit einem verlebten Weltalter abzutreten? Man fieht nicht, welche aus allen diefen eingefchoben feyn follenden Anfpielungen einen befördernden Einflufs in irgend eine Abficht eines Menfchen haben könnte, der um befagte Zeit lebte. Geben wir aber auch zu, es habe ein Dichter entweder aus einem feltfamen Einfalle, oder aus Urfachen, die uns die Zeitferne nicht mehr abfehen läfst, feine eigenen Auffätze dem Offian unterfchieben wollen, ift es wohl möglich, dafs er alle feine Landsleute berücket habe,

habe, fie, die ihre Gedichte durch die mündliche Uebergabe ihrer Väter fo vollkommen inne hatten?

Einen ſtärkeren Einwurf wider die Aechtheit der Gedichte, die nun unter Oſſians Namen ans Licht treten, führet man von der Unwahrſcheinlichkeit her, daſs ſie durch ſo viele Jahrhunderte von Mund zu Mund bis auf uns gelanget ſeyn ſollten. Ein rohes Weltalter, wird jemand ſagen, war nicht fähig Gedichte zu zeugen, die von ſo edlen und erhabnen Geſinnungen überflieſsen, als die ſind, die in Oſſians Werken prangen, und hat es welche gezeuget, ſo müſsen ſie entweder verlohren, oder durch eine ſo lange barbariſche Nachkommenſchaft gänzlich verſtaltet worden ſeyn.

Dergleichen Gegengründe werden ſich jenen ganz natürlich darbiethen, denen die Beſchaffenheit des alten Britanniens nicht wohl bekannt iſt. Der Verfall der *Druiden* zog jenen der *Barden* oder Sänger, die einen niedrigern Rang behaupteten, keineswegs nach ſich. Der ſiegende König verſchonte ihrer, weil er nur von ihnen die Unſterblichkeit ſeines Namens hoffen konnte. Sie folgten ihm ins Feld, und halfen mit ihren Geſängen ſeine Macht befeſtigen. Sie erhuben ſeine groſsen Thaten an die Sterne, und das Volk, welches ſeine Gaben in der Nähe nicht unterſuchen konnte, wurde von dem Schim-

mer

mer feines Ruhmes, fo wie er aus den Bardenliedern her-
ftralte, geblendet. Indeffen wurzelte in den Gemüthern
eine Denkensart, die man in einem Zeitalter der Barbarey felten antrifft. Die Barden urfprünglich Schüler der
Druiden, und nicht fremd in den Wiffenfchaften diefes berühmten Ordens, hatten fchon eine gebildetere Vernunft
und erweitertere Begriffe. Sie waren im Stande fich die
Idee eines vollkommenen Helden zufammenzufetzen, nach
welcher fie nachmal ihren König fchilderten. Die minderen Häupter des Volkes nahmen diefen Idealcharakter zur
Richtfchnur ihres Betragens an, bearbeiteten ihren Geift nach
und nach fo glücklich, bis fie endlich jenen Heroismus
einbekamen, der aus allen Gedichten jener Zeit athmet.
Der Fürft von feinen Sängern gepriefen, und immer der
Nacheiferung feiner eigenen Krieger ausgefetzet, welche
feinen Charakter, fo wie ihn die Lobfprüche der Dichter
entwarfen, in fich auszudrücken fuchten, that fich Gewalt an, unter den Seinigen auch an Verdienften das zu
feyn, was er an Würde war. Und diefer fortgefetzte
Wettftreit bildete endlich den allgemeinen Charakter der
Nation, welcher in fich alles, was unter Barbarn edel, und
unter gefitteten Völkern tugendhaft und grofsmüthig ift, be-
neidenswürdig vereinigte.

Wenn

Wenn Tugend im Frieden, und Muth im Kriege zum unterſcheidenden Gepräge einer Nation werden, dann beginnen ihre Thaten Aufmerkſamkeit, ihr Namen Unſterblichkeit zu verdienen. Erhabene Thaten erhitzen einen edlen Geiſt. Er beſtrebt ſich ſie unvergeſslich zu machen. Hier iſt der Urſprung jenes göttlichen Einſpruches, mit dem ſich die Dichter aller Zeiten brüſteten. Wann ihr Stoff dem Feuer ihrer Einbildungskraft nicht hinlänglich war, ſchmückten ſie ihn mit Zuſätzen aus, die ſie entweder ſelbſt ſchuffen, oder eine blöde Leichtgläubigkeit bis auf ſie gebracht hatte. Dieſe Zuſätze fanden Gönner, ſie mochten noch ſo ungereimt ſeyn. Einige der Nachkommen glaubten ſie ohne viele Prüfung, andere wollten aus einem Eitelſinne, der Menſchen ſo natürlich iſt, wenigſtens dafür angeſehen ſeyn. Sie ſahen mit Luſt die Stifter ihres Geſchlechtes in jene Zeiten der Fabel verſetzt, da es der Dichtkunſt frey ſtand ihren Helden alle beliebigen Geſtalten ohne Furcht eines Widerſpruches zu geben. Und dieſer Luſt haben wir die Erhaltung alles deſſen, was uns von Oſſians Werken noch übrig iſt, zu verdanken. Seine poetiſche Fähigkeit hat ſeine Helden in einem Lande berühmt gemacht, in welchem man nichts mehr ſchätzte und bewunderte als die Tapferkeit. Die wirkliche, oder wenigſtens vorgegebene Nachkommenſchaft dieſer Helden hörte mit ausnehmendem Belieben die Lobſprüche ihrer Stammenväter. Sänger legten ſich darauf

auf durch Wiederholung derselben die Verwandtschaft ihrer Gönner mit so erhabenen Männern zu verewigen. Mit der Zeit hatte ein jeder Grosse unter seinen Hausgenossen einen Sänger, ein Beruff, welcher endlich erblich ward. Mittels der Erbfolge dieser Sänger kamen die Gedichte, die Ahnen eines jeglichen Geschlechtes betreffend, von Nachkommen auf Nachkommen, sie wurden bey gewissen feyerlichen Gelegenheiten von dem ganzen *Clane* *) abgesungen, und jeder neue Auffatz der Barden bezog sich darauf. Diese Gewohnheit hat sich fast bis auf unsere Zeiten erhalten, und seitdem die Sänger eingegangen sind, findet man sehr viele in allen Clanen, die die Arbeiten derselben auswendig wissen, oder zu Papier gebracht haben, um durch diese Urkunden das Alter ihres Geschlechtes zu erhärten.

Der Gebrauch der Buchstaben ward im mitternächtlichen Europa nur erst lange nach Einführung der Sänger bekannt. Die Familiengeschicht ihrer Schutzherren, ihre eigenen und die älteren Gedichte giengen von Mund zu Mund, und waren zu diesem Zwecke ganz unvergleich-
lich

---

*) So heissen in *Schottland* die vereinigten Geschlechtzweige eines Stammens. *Clan* kömmt mit dem lateinischen *Gens* überein. *Ces.*

lich eingerichtet. Sie waren in eine Mufik gefetzt, wobey man die vollkommenfte Harmonie beobachtete. Jeder Vers war fo genau mit dem vorhergehenden und folgenden verbunden, dafs es faft unmöglich fchien in einer Strophe ftecken zu bleiben, wenn man fich nur eines einzigen Verfes zu erinnern wufste. Die Fälle waren in einem fo natürlichen Fortgange gereihet, und die Worte der Wendung, welche die Stimme gemeiniglich zu nehmen pflegt, nachdem fie fich bis zu einem gewiffen Tone erfchwungen hat, fo angemeffen, dafs die Aehnlichkeit ihres Klanges felbft verhinderte eines mit dem andern zu verwechfeln. Ein befonderer Vorzug der celtifchen Sprache, deffen fich vielleicht keine andere rühmen kann. Dennoch ward durch diefe Wahl der Worte weder der Inhalt verworren, noch der Ausdruck gefchwächet. Die biegfame Volltönigkeit der Mitlauter, und die Manigfaltigkeit der Abänderungen bringen diefer Sprache einen ungemeinen Ueberflufs zuwegen.

Die celtifchen Völkerfchaften, die Britannien und die umliegenden Eilande bewohnten, waren nicht die einzigen, die fich diefer Art bedienten die fchätzbaren Denkmaale ihrer Ahnen aufzubehalten. Die alten Gefätze der Griechen waren in Verfe gebracht, und wurden mündlich fortgepflanzet. Die Spartaner waren aus langer Gewohnheit alfo in diefen Gebrauch verliebt, dafs fie niemal geftatten

ſtatten wollten, daſs man ihre Geſätze ſchriebe. Eben ſo
wurden die Thaten groſſer Männer, die Lobſprüche der
Könige und Helden erhalten. Die ganze Geſchichtskunde
der alten Deutſchen beſtand in ihren Liedern. *) Dieſe
waren entweder Hymnen auf die Götter, oder Elegien
zum Ruhme ihrer Helden. Sie verewigten dadurch das
Andenken der groſſen Begebenheiten ihrer Nation, welche ſie künſtlich darein verflochten; und auch dieſe Gedichte wurden nicht geſchrieben, ſondern im Gedächtniſſe
bewahret. **) Die Sorgfalt, mit welcher man ſie der Jugend beybrachte, das ununterbrochne Herkommen ſie bey
gewiſſen Gelegenheiten zu wiederholen, und das ſchickli-
che Verſemaaſs dienten ſie lange Zeit unverletzt zu erhalten. Dieſe mündliche Chronik der Deutſchen hatte noch
im achten Jahrhunderte ihren Werth, und beſtünde vielleicht noch auch heut zu Tage, wenn die Wiſſenſchaften
nicht dazwiſchen gekommen wären, welche alles, was
nicht

---

*) Tacit. von den Sit. der Deutſch.

**) Abbé de la Bleterie Remarques ſur la Germanie. Sollte man
nicht unter unſeren ſlaviſchen Nationen, beſonders aber in
Böhmen, *Dalmatien* und *Croatien* auf eben dieſe Art aufbehaltene
Ueberbleibſel des dichteriſchen Alterthums finden können? und
würden wir nicht in manchem Funken des Genies entdecken, wenn ſich ein Sprachkündiger Macpherſons Mühe nehmen wollte?

nicht geſchrieben iſt, unter die Fabeln verweiſen. Die
Geſchicht der *Yncas* des Garcilaſſo haben wir den Nachrichten zu danken, welche in den Werken der peruani-
ſchen Dichter ſich befanden. Die Peruaner hatten die Urkunden ihrer Geſchicht verlohren, und er ſammelte die Ma-
terialien dazu aus den alten Gedichten, welche ihn ſeine
Mutter, die eine Prinzeſſinn vom Geblüte der Yncas war,
in ſeiner Jugend gelehret hatte. Konnten nun andere Nationen, die oft von feindlichen Einfällen geſtöret wurden, die Colonien ausſandten und einnahmen, ihre Geſätze und Begebenheiten mittels der Tradition durch viele
Jahrhunderte unverfälſcht erhalten, wer wird nicht vielmehr den alten Schotten, einem Völke, das ſich ſo wenig
mit Fremdlingen vermengte, ſo ſehr über das Andenken
ſeiner Vorväter wachte, das Vermögen zutrauen die Arbeiten ihrer Barden, ſo wie ſie einſt waren, bis auf uns ge-
langen zu laſſen?

Einige werden nicht begreifen, wie Gedichte in einem
Theile des Königreiches bisher unbekannt bleiben konnten, die in dem andern ſeit ſo vielen Jahrhunderten bewundert wurden; wie die Briten, derer ſcharfes Aug die Werke ſo manches auswärtigen Genies entdecket hat, durch
lange Zeit über diejenen eines einheimiſchen wegſahen.
Dieſes kömmt hauptſächlich von Leuten, welche, da ſie
beyder Sprachen mächtig waren, niemal eine Ueberſetzung

wagen

wagen wollten. Sie hielten fich nicht für fähig mit den Stücken ihrer Sänger den Gefchmack eines englifchen Lefers zu reizen, theils, weil ihnen nur Fragmente davon bekannt waren, theils, aus einer Befcheidenheit, welche auch dem gegenwärtigen Ueberfetzer vielleicht ganz wohl würde gelaffen haben. Die Art diefer Stücke ift fo verfchieden von andern Poefien, die Begriffe, die fie enthalten, gehören fo eigenthümlich in die urfprüngliche Verfaffung der Menfchengefellfchaft, dafs man glaubte, fie wären nicht manigfaltig genug, um einem verfeinerten Weltalter zu gefallen.

Der Ueberfetzer diefer Sammlung dachte nicht anders, und ob er gleich diefe Gedichte feit langer Zeit in der Grundfprache bewundert, und einen Theil davon zu feiner Unterhaltung aus der Tradition aufgelefen hatte, fo hegte er dennoch nicht die mindefte Hoffnung fie einft ins Englifche überfetzet zu fehen. Er begriff die äufserfte Verfchiedenheit der beyden Sprachen im Nachdrucke und in den Wendungen, und die faft gewiffe Unmöglichkeit celtifche Poefien in erträgliche englifche Verfe zu bringen. Eben fo wenig würde er es mit der Profe gewagt haben; denn auch fo mufste nothwendig viel von der Majeftät des Originals verlohren gehen.

Offians

Offians Arbeiten würden fich daher fehr wahrfcheinlich niemal dem Dunkel einer ausgeftorbenen Sprache entriffen haben, hätte nicht ein Mann, der im Dichterreiche viel zu fagen hatte, dem gegenwärtigen Herausgeber die profai-fche buchftäbliche Ueberfetzung einiger befondern Stücke davon eingerathen. Er hiefs den Verfuch gut, und durch ihn vervielfältigten fich die Abfchriften unter Kennern in Schottland.

Allein durch das öftere Ueberfchreiben, und die von Jenen unternommenen Veränderungen, welche glauben ein Gedicht auszubeffern, wenn fie die Begriffe deffelben *modernifiren*, wurden fie fo fehr verftaltet, dafs fich der Ue-berfetzer den Vorftellungen eines in Schottland wegen fei-nes Gefchmacks und Einfehens in die fchöne Literatur hoch-gefchätzten Mannes ergeben, und feine ächten Arbeiten unter dem Titel: *Fragmente der alten Poefie*, drucken laffen mufste. Sie fanden bey ihrem erften Auftritte fo vielen Beyfall, dafs Leute von Stand fowohl, als Gelehrfamkeit den Ueberfetzer dahin vermochten, dafs er eine Reife nach den Hochländern und weftlichen Infeln that, in Abficht, alles aufzufuchen, was von den Werken Offians des Sohns Fingals noch übrig wäre, welchen die Tradition als das ältefte und befte Dichtergenie anpreist. Eine genauere Re-chenfchaft von feinem Unternehmen zu geben fcheint ihm unerheblich; diefes mag genug feyn, dafs er auf einer fechsmonatlichen Reife alle die Gedichte theils von Mund aufgelefen, theils aus Manufcripten zufammengebracht hat, welche fich in der folgenden Sammlung befinden. Einige andern find noch in feinen Händen; aber die verzehrende Zeit hat ihrer minder gefchonet.

Die Handlung des Gedichtes, welches vor den andern fteht, ift weder die gröfste, noch die berühmtefte unter Fingals Thaten. Seine Kriegsunternehmungen waren fehr zahlreich, und eine jede both feinem Sohne Gelegenheit an fein dichterifches Talent zu üben; dennoch das Gedicht, von dem die Rede ift, ausgenommen, ift alles unwiederbringlich dahin bis auf wenige Fragmente, die in des Ueberfetzers Händen find. Die Tradition hat noch an einigen Orten den Inhalt der Gedichte geborgen; auch finden fich Leute, die fie in ihrer Jugend herfagen gehöret haben.

Die gegenwärtige Sammlung würde in Kurzem kein gelinderes Verhängnifs erfahren haben. Die Gemüthsart der Hochländer ift feit wenigen Jahren ungemein verändert worden. Die eröffnete Gemeinfchaft mit dem übrigen Theile des Königreichs, die Einführung des Handels und der Manufacturen hat jene Muffe verbannet, die man vorher auf das Anhören und Wiederholen der *Gedichte der Vorwelt* verwandte. Viele haben fchon gelernet ihre Gebirge

zu

zu verlaſſen, und ihr Glück unter einem milderen Himmels-ſtriche zu ſuchen. Eine gewiſſe Liebe zum Heimate mag ſie immer wieder zurückführen; ſie haben Zeit ihrer Ab-weſenheit fremder Sitten genug an ſich gezogen, um jene ihrer Vorältern zu verachten. Lange ſchon giebt es keine Sänger mehr, und der Geiſt der Geſchlechtsregiſter iſt merk-lich verflogen. Das Band zwiſchen den Häuptern und Un-tergebenen hat nachgelaſſen. Man macht nicht viel We-ſens mehr aus der Verwandtſchaft. Iſt nun einmal das Ei-genthum eingeführet, ſo ſchränket das menſchliche Ge-ſchlecht ſeine Abſichten bloſs auf das Vergnügen ein, das es aus ſelbem zieht. Es vernachläſsiget das Vergangene, und thut wenig ſcharfe Blicke mehr in die Zukunft. Die Lebensſorgen häufen ſich an, und die *Thaten der Vorwelt* verlieren ihren Anzug. Daher kömmt es, daſs die Neigung zur alten Poeſie unter den Hochländern immer abnimmt. Dennoch muſs man nicht glauben: ſie hätten alle guten Ei-genſchaften ihrer Ahnen abgeleget. Die Gaſtfreygebigkeit, und eine ſeltene Leutſeligkeit gegen die Fremden iſt noch in ihrem Werthe. Die Freundſchaft hält unverbrichlich, und die Rache verfolget man nicht mehr ſo blind, wie es einſt gebräuchlich war.

Man will durch eine Beſtimmung des poetiſchen Ver-dienſtes dieſer Stücke dem Urtheile der Welt nicht vor-

*** 2

grei-

greifen. *) Alles, was man von der Ueberſetzung ſagen kann, iſt, daſs ſie wörtlich ſey, und daſs man ſich der Einfalt befliſſen habe. Man hat geſuchet die Wortfügung der Urſchrift nachzuahmen, und alle Inverſionen des Stils zu beobachten. Das Publicum wird dem Ueberſetzer Nachſicht angedeihen laſſen; denn auf ein Verdienſt macht er eben keinen Anſpruch. Er wünſchet nur, daſs die Welt aus ſeiner unvollkommenen Copie kein Vorurtheil wider ein Original ſchöpfe, welches alles enthält, was im Einfältigen ſchön, und im Erhabnen prächtig iſt.

---

*) Ich habe nicht nöthig erachtet der Rückhältigkeit des engliſchen Ueberſetzers zu folgen. Da ich mich unter dem Namen *Welt* mitbegriffen zu ſeyn glaube, gebrauche ich mich der Freyheit zu urtheilen, ohne daſs ich einem andern ſein Recht ein gleiches zu thun anſtreite. *Ceſ.*

FIN·

FINGAL

EIN

HELDENGEDICHT

IN

SECHS BÜCHERN.

A

Einleitung.

Arth, König in Irland, war zu Temora, dem
Hauptſitze der Könige, verſtorben, und
hatte ſeinen Sohn Cormac iu der Minderjährigkeit nach ſich gelaſſen. Cuchullin, der
Sohn Semos, berühmt von ſeinen Heldenthaten und
Gebiether einer aus den hebridiſchen Inſeln, befand
ſich eben damal in Ulſter, und ward von den zu Temora verſammelten Oberhäuptern der Zünfte einſtim-
mig zum Vormünder des jungen Prinzen, und Reichs-
verwalter erwählet. Er hatte noch nicht lange das
Staatsruder gelenket, als man vernahm, daſs Swaran,
der Sohn Starnos, König von Lochlin oder Scandina-

via,

via, mit einer Landung auf Irland umgienge. Cuchullin fertigte gleich auf diese Zeitung Munan, den Sohn Stirmals, einen irischen Kriegsmann, an Fingaln, den Beherrscher der Caledonier, welche die westliche Küste Schottlands bewohnten, ab, seinen Beystand zu begehren. Fingal, den nicht allein seine Grosmuth, sondern auch die nahe Verwandtschaft mit dem königlichen Stammen Irlands bewog, entschlos sich die Rettung desselben zu übernehmen. Allein ehe er noch ankam, hatte der Feind schon auf Ulster gelandet. Unterdessen sammelte Cuchullin zu Tura, einem festen Platze, den Kern der irischen Zünfte, und versandte Kundschafter längs der Küste, von der Ankunft Swarans Nachrichten einzuziehen. Hier fängt das Gedicht an. Die Handlung nimmt einen Zeitraum von fünf Tagen und eben so vielen Nächten ein, und geht vor in der Ebene von Lena, nahe am Gebirge Cromlach, auf der Küste von Ulster.

ER-

ERSTES BUCH.
INHALT.

Cuchullin ſitzt am Thore von Tura, indeſs, daſs die übrigen Feldherren auf dem nahe gelegenen Berge Cromlach der Jagd obliegen. Moran, der Sohn Fithils, einer ſeiner Ausſpäher, berichtet ihm die Landung Swarans. Er ver-
ſammelt die Häupter der Nation. Man ſtreitet im Rathe, ob
man dem Feinde ein Treffen anbiethen ſoll. Connal, Herr
von Togorma, Cuchullins Vertrauteſter, räht die Ankunft
Fingals zu erwarten; aber Calmer, der Sohn Mathas, Beſitzer von Lara im Gebiethe Connaught, will, man ſoll alſo-
gleich angreifen. Cuchullin kampfbegierig hälts mit ihm.
Er muſtert ſein Volk, und drey der handfeſteſten Kämpfer
mangeln. Nun kömmt Fergus, und erzählt der zween andern
Tod. Morna, eine rührende Zwiſchenhandlung. Swaran
entdecket von weitem Cuchullins Anzug, ſchickt den Sohn
Arnos die Bewegungen des Feindes auszuholen, und ſtellt
die Seinen in Schlachtordnung. Der Ausſpäher kehrt zurücke,
beſchreibt Cuchullins Wagen und furchtbaren Anblick. Die
Schlacht beginnt, aber der Nacht Einbruch läſst den Sieg un-
entſchieden. Cuchullin ladet nach den Gaſtgeſetzen ſeiner
Zeit Swaranen zu einem Mahle. Swaran ſchlägts trotzig ab.
Carril, der Barde, ſingt Cuchullinen die Trauergeſchicht Grudars und Braſſolis. Ein Theil der iriſchen Völker geht auf
Connals Einrathen den Feind zu beobachten; und ſo ſchlieſst
ſich der erſte Tag.

A 3 ER-

ERSTES BUCH. (a)

Nahe den Mauern von Tura faſs Cuchullin (b) unter dem Schatten Säuſelnder Blätter. Es ruhte ſein Speer am mooſichten Felſen,

Nächſt

(a) Unſer Dichter giebt gleich am Anfange zu erkennen, wie er in allen ſeinen Werken ſey. Er greift ohne Umſchweif ſeinen Stoff an. Die *Erzählung* des Inhalts dienet zur Deutlichkeit, und ſetzt den Begriff der Handlung und ihrer Einheit feſt. Allein iſt ſie derohalben unumgänglich nöthig? wie viele Begebenheiten werden täglich geradezu ohne kunſtmäſsigen Eingang erzählet. Die *Muſen* konnte Oſſian nicht anruffen; ſie waren ihm unbekannte Gottheiten, und wenn er ſie auch gekannt hätte, vielleicht mochte er ſich dieſer *Etiquette* überheben. Die Anruffung: ſagen die Kunſtrichter: macht Dinge glaubwürdig, rechtfertiget das Wunderbare, erhebt den Dichter zum Anſehen eines Begeiſterten. Was das Erſte betrifft, könnte man ſagen: ſie erwecke vielmehr Miſstrauen.

Wir wiſſen viele der Wahrheit

Aehnliche Lügen zu ſagen,

bekennen die Muſen ſelbſt in der Theog. des Heſiodus. Das Wunderbare belangend, wenn es ſich nicht wohl mit dem Schicklichen und Wahrſcheinlichen verträgt, gereichet die Anruffung der Muſe vielmehr zur Unehre, als dem Dichter zur Rechtfertigung. Oſſian, deſſen Wunderbares der geſunden Vernunft nicht widerſtrebt, hatte keines Bürgen vonnöthen. Auf die *Begeiſterung* endlich läſst ſich immer gewiſſer aus der Sprache des Dichters, als aus ſeiner eigenen Ankündigung ſchlieſsen. Oſſian henkt den gewöhnlichen Dichterſchild nicht aus; man glaubt einen aus dem groſſen Haufen der Menſchen zu hören, der eine Geſchicht erzählt. Deſto nachdrücklicher wird ſich die Gottheit füllen laſſen, von welcher er voll iſt. Er denket:

Schimmer auf Rauch, nicht Rauch auf Schimmer zu geben. Horaz Dichtk. Ces.

(b) Ein Sohn Semos und Enkel Cathbaiths des Druiden, dem man groſse Weisheit und Tapferkeit nachrühmt. Er nahm in ſeiner Jugend Bragela die Tochter Sorglans zur Ehe, und hielt ſich einige Zeit in Irland bey Conaln auf, deſſen Mutter eine Tochter Congals eines Oberhaupts von Ullin oder Uliter war. Klugheit und Muth machten ihn in kurzer Zeit ſo berühmt, daſs man ihm während Minderjährigkeit Cormacs des mächtigſten Königs von Irland die Staatsverwaltung und den Krieg wider Swaran den König von Lochlin auftrug. Nach einer langen Reihe wichtiger Unternehmungen blieb er in einem Treffen in der Provinz Connaught, als er 27 Jahr alt war. Seine auſserordentlichen Krafte haben veranlaſset, daſs man von einem ſtarken Menſchen noch im Sprichworte ſagt: *Er hat Cuchullins Stärke.* Zu Dunscaich auf der Inſel Skye zeiget man noch die Ruinen ſeines Wohnntzes, und ein Fels, an welchen er ſeinen Hund Luath band, trägt noch ſeinen Namen. *Mac.*

Nächſt im Graſe ſein Schild. Er dachte den tapfren Cairbar,

Den er im Kampfe gefällt, als itzo des Oceans Hüter

Moran der Sohn von Fithil erſchien. Auf, Cuchullin! rief er:

Auf! ich erblicke die Flotte von Swaran. Die Feinde ſind zahlreich,

Häufig die Krieger des düſteren Meers. Du zitterſt: verſetzte (c)

Erins blauaugichter Führer: mir ſtäts, o Moran! und Furcht malt

Jeden Gegner dir ſtärker. Der König der einſamen Hügel (d)

Iſt es vielleicht, und kömmt mir zu hélfen in Ullins Gefilde.

Nein: gabs Moran zurück: Ich ſah ihn den Herrſcher. Er gleichet

Einer Klippe von Eis, (e) ſein Spieß dort jener verſengten

A 4

Tan-

(c) Erin iſt ein Namen Irlands von *Ear* oder *Jar Weſt*, und *In Eyland*. Dennoch wurde dieſer Namen nicht immer auf Irland eingeſchrankt, da es ſehr wahrſcheinlich iſt, daſs das Jerne der Alten jener Theil Britanniens war, welcher dem Fluſſe Forth gegen Mitternacht liegt. Sieh den Strabo im 2 und 4 B. und den Caſaub. im 1. *Mac.*

(d) Fingal ein Sohn Comhals und Mornens der Tochter Thaddu. Sein Groſsvater war Trathal, ſein Urgroſsvater Trenmor, beyde in dieſen Gedichten oft berührt. Die Tradition legt Trenmorn zween Söhne bey, Trathaln, der ihm im Königreiche Morven folgte, und Conarn, der zum Herrſcher von Irland erwählet ward, und ein Stammenvater Cormacs war, unter dem ſich Swarans Einfall ereignete. Die ſorgfaltige Eile, mit welcher ſich Cuchullin um Fingals Beyſtand bewarb, laſt ſchlieſsen: Irland wäre damal nicht ſo ſehr bevölkert geweſen, als hernach. Ein mächtiger Verdacht wider das vorgegebene Alter dieſer Nation. Tacitus bezeugt: man hätte zur Zeit des Agricola eine Legion für hinlänglich gehalten die ganze Inſel unter das römiſche Joch zu bringen. Hatte dieſe Meynung Statt finden können, wenn die Inſel bereits durch mehr Jahthunderte bevölkert geweſen wäre? *Mac.*

(e) Dieſe hyperboliſche Beſchreibung entſpricht der Rieſengröſse der mitternächtlichen Völker, von welcher alle alten Geſchichtſchreiber zeugen. Man bemerke dabey, daſs die Furcht aus jenem rede, der ſie macht. Homer bedienet ſich in dem 13 B. der Ilias eines gleichen Ausdrucks, aber in weit anderen Umſtänden. Hektor riſs ſich mit Ungeſtümm hin die Trojaner aufzumuntern, und wieder ins Treffen zu führen. Hier vergleicht ihn der Dichter mit einem *Schneeberge*. Ich wollte wiſſen, was ein Menſch, der läuft oder vielmehr fliegt, mit einem Schneeberge ähnliches habe, welcher glaublich nicht von der Stelle kömmt? *Ces.* Sehr gut, wenn ein

Ueber-

Tanne, fein Schild dem kommenden Monde; dort fafs er auf Felfen

An dem Geftade. Sein finfteres Heer umflofs ihn, wie Wolken.

Viel find unfere Rechten im Kriege, du König der Menfchen! (ƒ)

Nahm ich das Wort: zwar führft du mit Fuge des Mächtigen Namen;

Aber die luftigen Veften von Tura die zeigen auch manchen

Mächtigen. O! fo fprach er im Donner der brüllenden Woge,

Die fich am Felfen zerfchlägt: wer gleicht mir im Lande? Kein Held fteht

Meinen Blicken entgegen! er ftürzet mir unter dem Arme.

Fingal allein der gewaltige König des ftürmifchen Morven (g)

Konn-

Ueberfetzer von feiner Urfchrift recht eingenommen ift. Aber mufs Offian auf Homern ftehen, wenn er grofs feyn foll? Mich deucht, er habe Ehre genug, wenn auch andern die ihrige bleiben follte. Man wird im Verfolge fehen, wie Homer bey H. Cefarotti gemeiniglich das Kürzere ziehe. Ich fchreibe nicht gern Anmerkungen über Anmerkungen. Leute, die den Homer gelefen haben, mögen urtheilen, ob ihm immer Gerechtigkeit widerfahre.

(ƒ) Die alten Dichter führen in ihren Erzählungen die handelnden Perfonen gern redend ein. Der Dialogifmus hat viel Wirkfames und Sinnliches; daher ift er in Gedichten an feinem Orte. Dennoch hat diefe poetifche Schönheit ihren Urfprung dem unbearbeiteten Witze der erften Zeiten zu danken. Nur Nachfinnen und Uebung des Verftandes bringet es fo weit, dafs man fähig wird in den wahren Geift einer fremden Rede zu dringen, und fich diefelbe eigen zu machen, indem man fie erzählet. Daher kömmts, dafs die Erzählungen gemeiner Leute faft immer dramatifch find. Cer.

(g) Unter den Regeln, die den Charakter des Helden in einem Gedichte angehen, ift nicht die letzte, dafs man gleich anfangs fuchen foll den Lefer für ihn einzunehmen. Einige Dichter haben fo gar die Schilderungen ihrer Helden vorangefetzt. Allein es giebt eine andere mittelbare Art, welche einfacher und dennoch künftlicher ift. Offian ift hierinn ein Meifter. Man möchte glauben, Cuchullin wäre die Hauptperfon, da Fingal erft im dritten Gefange erfcheinet; aber fein Bild wird uns fchon bey Eröffnung der Scene aus einem folchen Geüchtspunkte gezeiget, dafs es nicht möglich ift den Helden des Gedichtes zu verkennen. Swaran fein Feind fcheuet in Mitte feiner Trotzfprüche den Vergleich mit Fingal. Welchen Begriff müfen wir uns nicht von ihm machen! Wir werden verfchiedene andere Züge von gleicher Feinhe t fehen. Homers Betragen ift nicht fo edel in diefem Stücke. Nicht allein Feinde, fondern auch die wichtigften Helden einer Parthey werfen fich wechfelweife Feigheit und Niederträchtigkeit vor. Wird fie der Lefer bewundern, da fie fich felbft untereinander verachten? Cer.

Konnte die Stärke von Swaran verfuchen. Auf Malmors Gefilden (*h*)
Rangen wir einft , und unfere Ferfen zertraten die Büfche.
Klippen wichen vom Grund, und vor dem erbitterten Kampfe
Wandten die Bäche fich weg. (*i*) Wir ftritten und ftritten drey Tage.
Jeglicher Führer vom Schauer ergriffen ftand ferne. Den vierten
Brüftet fich Fingal, der König des Meeres (*k*) der wäre gefallen;
Aber Swaran behauptet, fein Knie fey niemal gefunken.
Cuchullin weiche nun alfo dem Manne, den Malmors Gewittern
Unüberwindliche Kraft an jeder Furchtbarkeit gleich macht.

Keinem: fo rief ihm der Führer entgegen: wird Cuchullin weichen! (*l*)
Namhaft, oder des Tods, diefs mufs ich werden! O Moran!
Faffe fie Cuchullins Lanze, dann geh! dort hängt er an Turas
Thore der Schild von Cathbaith. (*m*) Er halle von mächtigen Streichen!
Krieg ift fein donnernder Hall. Ihn hören auf ihren Gebirgen
Meine Streiter. Er geht; von öfteren Streichen ertönet
Itzo die Wölbung des Schildes, und Hügel und Felfen und Hayne
Hörens und fchallen zurück , und Gemfen entfahren der Tränke.

A 5

Ler-

(*h*) Ein Berg in Morven , wie es aus dem 6 B. erhellet. *Cef.*

(*i*) Diefes übertriebene Bild kann man auf die Rechnung des wütenden und toll-
kühnen Charakters , den Swaran befitzet, fchreiben. *Cef.*

(*k*) So werden in diefen Gedichten öfter die Könige von Scandinavia genannt.

(*l*) Fingal ift der erfte Held des Gedichtes , Cuchullin der zweyte. Beyder
Charakter ift edel , grofsmüthig und intereffant , aber Cuchullinen zeichnet insbefondere die gewiffenhaftefte Empfindung der Ehre aus. Offian hat
diefen zwo grofsen Perfonen mit einem fo richtigen Urtheile ihre Rollen
ausgetheilt , dafs eine von der andern nicht verdunkelt wird. Cuchullin
ift der Held des erften Aufzuges, Fingal der Kataftrophe. *Cef.*

(*m*) Cathbaith Cuchullins Grofsvater war fo berühmt von feiner Tapferkeit ,
dafs man fich feines Schildes bediente feine Nachkommenfchaft in ihren
Gefechten zu den Waffen zu beruffen. Fingal bedient fich zu gleichem
Ende feines eigenen Schildes im 4 B. *Mac.*

Lermend entſtürzen ſich Curach und Connal mit blutigem Speere (n)
Ihren Klippen.   Es pocht im weiſsen Buſen von Crugal
Tapferkeit. Favis Erzeugter vergiſst des braunen Gewildes.
Dieſs iſt der Schild des Gefechts! ruft Ronnar, und Lugar: dieſs iſt ſie
Cuchullins Lanze! du Sohn der Gewiſser! bewaffne dich! zücke,
Calmer! den brauſenden Staal! Auf, Puno! du ſchrecklicher Kämpfer!
Wende, Cairbar! dem röthlichten Forſte von Cromlach den Rücken,
Fördre den zärteren Fuſs von Lenas Strömen, o Ethon!
Und du ſchone der weiſslichten Hüft nicht, o Caolt! auf Moras
Flüſternden Ebnen. Sie gleichet dem Schaume des gährenden Meeres,
Wenn es an heulenden Felſen um Cuthon die Winde verfolgen.

Ja! ſchon entdeckt ſie mein Aug. Im Stolze verrichteter Thaten (o)
Nahen die Streiter. Die Schlachten der Vorwelt, und alten Geſchichten
Flammen in jeglichem Buſen empor. Ihr glühendes Auge
Schieſst durch die Flächen den Blick und ſuchet ſich Gegner. Am Staale
Lieget die Rechte. Von jeglicher Seite verſtreuen ſich Blitze,
Blitze des mächtigen Schwerts. Wildjauchzend ſtürmet ein jeder,
Wie ein Gebirgſtrom, herab von ſeinem Hügel. Es funkelt
Jeglicher Führer der Schlacht in ſeiner Väter Geſchmeide,
Jeglicher trabet vor Kriegern daher. Sie folgen gedränget,
Finſter, entſetzlich zu ſehn, wie ſtürmiſche Wolkengebirge

Hin-

(n) Kann man ein lebhafteres, beſeelteres, geberdenvolleres Gemälde ſehen,
als das folgende iſt? Die Kunſt des Dichters nur allein als Schilderers betrachtet: ſagt ein berühmter Schriftſteller unſerer Zeit: gebeut ihm, dem
Auge eitel Gegenſtände, die in Bewegung ſind, vorzubilden, ja, wenns
möglich iſt, mehrere Sinne zugleich zu rühren. Iſt nicht Oſſian der vor-
züglichſte Dichter, wenn ſichs ſo verhält? Ceſ.

(o) Das vorher angerühmte Gemälde erſcheinet wiederum, aber unter einem
andern Augenpunkte. Oben verurſachte es eine lebhaftere Bewegung, hier
macht es einen ſtärkeren und tieferen Eindruck. Ceſ.

Hinter rothbrennenden Himmelserscheinungen. (*p*) Waffengeraßel
Füllet das Ohr. Es steiget die Stimme der Kriegesgesänge
Mit dem Geheule der graulichten Doggen vermenget, und Cromlach
Giebt das verworrne Getös von allen Spitzen zurücke.
Endlich stehen die Schaaren auf Lenas düsterer Haide,
Aehnlich dem hügelbeschattenden Nebel im Herbste, der itzund
Ueber die Fläche sich wallend und dicht zum Himmel empor schwingt.

Seyd mir gegrüßet, ihr Söhne der engen Thäler! so sagte
Cuchullin: seyd mir gegrüßet, ihr Jäger des Wildes! nun ruft uns
Eine weit andere Jagd, voll Lermens, stark, wie die Welle,
Welche das Ufer itzt peitscht. Auf! sagt mir, ihr Kinder des Krieges!
Streiten wir? oder wird denen von Lochlin (*q*) des grünenden Erin
Herrschaft zu Theil! sprich, Connal! du erster der Menschen! was denkst du? (*r*)

Bre-

(*p*) Ossian ist ungemein reich an Gleichnissen. Dieß hat er mit den ältesten Dichtern aller Nationen gemein. Die Unvollkommenheit der Sprachen hat die
Gleichnisse eingeführt, und ihre große Wirkung hat sie in der Dichtkunst
so beträchtlich gemacht. Ein strenger Kunstrichter, der bey kaltem Blute
prüfet, kann sich an ihrer Menge stoßen; aber wenn sich dieser prächtige
Fehler uns darstellt, so blendet und verführt er uns in dem Augenblicke,
da wir ihn verdammen wollen, und die gerade Empfindung entreißt der
Ueberlegung den Sieg. Man kann hier mitnehmen, daß der Geist der Gleichnisse vielleicht die wesentlichste Eigenschaft der Dichtkunst ist. Die Pflicht
des Dichters, als eines, der den Sinnen schildert, ist, daß er alle Aehnlichkeiten der Dinge zusammenlese, und die poetische Sprache besteht grossen Theils aus Metaphern, in derer jeden ein Gleichniß liegt. Hat aber
Ossian die vielfältigen Vergleichungen mit allen alten Dichtern gemein, so
theilet er dennoch mit wenigen den Ruhm ihrer besonderen Schönheit. *Cef.*

(*q*) Ein celtischer Namen Scandinaviens. In eingeschränkterm Verstande bedeu-
tet er die Halbinsel Jütland. *Mac.*

(*r*) Connal Cuchullins Freund war ein Sohn Cathbaiths des Besitzers von
Tongorma, glaublich einer hebridischen Insel. Seine Mutter hieß Fion-
coma eine Tochter Congals. Mit Foba von Conachar-Nessar zeugte er
einen Sohn, der nachmal König auf Ulster ward. Zur Belohnung seiner
in dem Kriege wider Swaran geleisteten Dienste wurden ihm einige Län-
dereyen eingeräumt, welche man *Tir-Chonnuil*, oder *Tir-Connel* nach
seinem Namen nannte. *Mac.*

Brecher der Schilde! du fochteſt ſchon öfter im Felde mit Lochlin;
Willſt du mit mir die Lanze des Vaters auch dieſmal erheben?

Cuchullin! alſo verſetzte der Tapfre mit ſänfterer Mine: (s)
Scharf iſt die Lanze von Connal; ſie wünſcht in Schlachten zu glänzen,
Und ſich im Blute von tauſend zu färben; doch, wenn auch zum Kriege
Meine Rechte ſich ſtreckt, räht immer mein Herz mir den Frieden.
Du der Gebiether der Kriege von Cormac (t) betrachte die finſtre
Flotte von Swaran! die Maſte, ſo dicht, wie das Schilfrohr im Lego, (u)
Stehen am Strand'. Es ſcheinen die Schiffe, wie neblichte Wälder,
Wenn ſich den wechſelnden Stöſſen der Winde die Wipfel ergeben.
Seiner Kämpfer ſind viel. Ich rathe den Frieden. Selbſt Fingal (w)

A 5   Un-

(s) Connals Charakter hat kein Beyſpiel im Homer. Er iſt ein weiſer und
geſetzter Held. Er räht Frieden unerachtet ſeiner Kriegsgaben. Er
iſt klug, aber ſeine Klugheit iſt nicht ſchwatzhaft, wie jene des Neſtors.
Weder die Mißbilligung ſeiner Einſchläge, noch ungerechte Vorwürfe
entrüten ihn. Immer gelaſſen erfüllet er die Pflichten eines vorſichtigen
Feldherrn, und eines treuen Freundes. *Ces.*

(t) Cormac, der Sohn Arths Königs in Irland, den er unter Cuchullins Aufſicht als Reichserben in der Jugend nach ſich ließ. *Mac.* Man bemerke
dieſen Zug. Cuchullinen durch Vorſtellung ſeiner Gefahr von dem Treffen abzuhalten hieſe die Grofsmuth dieſes Helden beleidigen. Connal
zeigt ihm hier, daß es nun hauptſächlich nicht um ſeine Ehre, ſondern
um die Wohlfahrt ſeines Mündels zu thun ſey, und giebt ihm den wichtigen Grundſatz zu verſtehen, daß der Ruhm der Pflicht weichen müſe. *Cef.*

(u) Ein See im Gebiethe Connaught, wo Cuchullin nachmal umkam. *Mac.*

(w) Dieſe Worte ſcheinen den Heldenmuth Fingals herunterzuſetzen, aber in
der That erheben ſie ihn. Er wird hier als ein Muſter der Tapferkeit
vorgeſtellt, und, wenn Connal ſagt: Fingal würde das Gefecht vermeiden, ſo geſchieht es nur darum, damit Cuchullin, der in Sachen der Ehre
viel zu empfindlich war, kein Bedenken trage, ein gleiches zu thun. So
widerräth Agamemnon in der 7 Il. ſeinem Bruder ſich mit Hektorn ein-
zulaſſen, weil Achilles ſelbſt zitterte dieſem Krieger zu begegnen, obwohl ihm bekannt war, daß ſich Hektor aus Furcht des Achilles nicht
einmal vors Thor heraus wagte. Man bemerke auch dort, daß Agamemnon

Unter den sterblichen Menschen der erste, der würde den Angriff
Itzo vermeiden, er, welcher die Starken zerstreuet, wie Winde
Leichteren Sand, wenn rauschende Bäche durch Cona sich stürzen, (x)
Und auf Bergen umher mit jedem Gewölke die Nacht sitzt.

Calmer, der Sohn von Matha, versetzte mit stolzer Verachtung:
Fleuch dann, Connal! du friedlicher Held, und suche die Stille
Deiner Hügel, auf welchen kein Stral der kriegrischen Lanze
Jemal entfuhr; dort folge den bräunlichten Hirschen von Cromlach,
Fälle den setzenden Rehbock von Lena mit deinem Geschosse!
Aber du, Semos blauaugichter Sohn! du der Schlachten Gebiether!
Lochlins Geschlecht das zerstreue! durchbrülle die trotzenden Schaaren!
Keines der Schiffe des schneeichten Heimats (y) bepflüge die dunklen
Wellen von Inistore! (z) Steht auf, ihr finstren Orkane,
Tobet von Erin! Ihr Wirbel der Flächen! erbrauset! In Wettern
Lasset mich sterben, von graufen Gespenstern in Wolken zerrissen!
Calmer werde des Tods in Mitte der Stürme, wenn Waidwerk
Jemal ihn also vergnüget, wie treffender Schilde Geprassel.

Sohn von Matha! nahms auf der gesetztere Connal: ich wich nie. (a)
Immer flog ich mit Freunden zum Fechten, und ist er noch niedrig

Con-

---

memnon dem Menelaus ohne Umstände saget: er sey Hektorn nicht gewachfen; da doch hier Connal nicht den Muth Swarans und Cuchullins,
sondern die Ueberlegenheit derer von Lochlin und die geringe Anzahl der
Iren unter sich vergleicht. *Cef.*

(x) Die Gegend um den königlichen Wohnsitz Fingals.

(y) Scandinaviens. *Mac.*

(z) Eigentlich die *Wallfischinfel;* es werden aber unter diefem Namen öfter
alle orkadischen Inseln verstanden.

(a) Connals heroische Laune sticht ungemein wohl ab mit Calmers Tollkühn-
heit, die der Dichter eben mit starken Farben ausgedrücket hat. Diefe
Rede

Connals Namen, doch war ich dabey, wo Gewaltige ſtürzten,
Wo man Schlachten gewann. Du Sohn von Semo! vernimm ſie
Meine Stimme: das Erb des Königs, der blühende Cormac
Fodert Sorge von dir. Beut reiche Geſchenke mit Erins
Hülfte den Feinden itzt an, bis Fingal zum Streiten erſcheinet.
Wähleſt du dennoch den Krieg; hier bin ich bereitet, und ſchwinge
Meinen Speer, und entblöſſe mein Schwert. Du ſollſt mich erblicken,
Wenn ich muthig in Tauſende breche, wenn itzo die Seele
Mitten im finſteren Waffengetümmel vor Freude mir ſchimmert.

Ja! ſchloſs Cuchullin: ja! mich ergötzet das Waffengetümmel,
Wie der Verkünder des Regens im Lenze, der Donner des Himmels.
Laſſen wir alſo die rühmlichen Zünfte nun alle ſich ſammeln.
Sehen will ich die Söhne des Krieges von Kämpfer zu Kämpfer
Hier auf der Haide ſich rotten, und glänzen, wie vor Gewittern,
Sonne! dein Stral, wenn Winde von Weſten die Wolken verdicken,
Und an der Küſte der Schall die Eichen von Morven hinanirrt.

Aber, wo bleiben ſie meine Vertrauten, die kühnen Begleiter
Meines Armes in jeder Gefahr? wo verweilſt du mit weiſsem
Buſen, o Cathbat! du Duchomar, Hagel im Kriege! Vergaſst du,
Fergus! mich heut am Tage des Sturmes? du wareſt mir immer
Unter den Gäſten der Freude der erſte, du Fauſt des Verderbens,
Sohn von Roſſa!— Doch ſeht, er kömmt, wie der Rehbock von Malmor,
                                                    Laut,

Rede iſt in ihrer Gattung ein vollkommenes Muſter. Connal lehnet Calmers Vorwürfe mit Anſtand und ſittſamer Hoheit ab, ſieht nachmal über
ihn weg, wendet ſich zuerſt zu Cuchullin, rath ihm ſeinen Ruhm dem
Heile ſeines Mündels aufzuopfern, und endet in Unterwürfigkeit mit einem
heldenmäfsigen Entſchluſſe. Ariſtoteles lobt Homern, daſs er Reden in
das Heldengedicht gebracht hat; aber wie viele mögen in der Iliade von
ſolcher Schönheit ſeyn? Ceſ.

Laut, wie vom Hügel der Hirsch! O Sohn von Roßa! dich grüſs' ich—
Und was betrübt dir die kriegriſche Seele? Vier Steine: (b) verſetzt er:
Steigen nun eben empor auf Cathbats Grabe; ſo ward auch
Duchomar itzo von mir der Hagel im Kriege beerdet.
Sohn von Torman! du wareſt, o Cathbat! der Schimmer des Hügels!
Mächtiger Duchomar! du der Nebel des ſumpfigten Lano, (c)
Wenn er die düſtere Luft im Herbſte durchſegelt, und Tod bringt
Zagenden Völkern. O Morna! du ſchönſte der Töchter von Tura!
Sanft iſt dein Schlaf in der felſichten Grotte! Du ſankeſt zur Erde,
Wie durchs Dunkel der Nacht ein Luftlicht in Wüſten dahinglitſcht;
Traurig blicket der einſame Wandrer der ſchwindenden Spur nach.

Sage mir aber, ſprach Cuchullin: ſage, wie fielen die Starken?
Hat ſie die Fauſt der Kinder von Lochlin im Kampfe geſtrecket,
Oder was ſchränket ſie ſonſt die Gewaltigen Erins ins enge
Dunkle Behältniſs? (d) Ganz nahe der Eiche der rauſchenden Bäche
Unter Duchomars Hand fiel Cathbat. (e) Und itzo begab ſich

Du-

(b) Hier wird der Art bey den alten Schotten, die Todten zu begraben, gedacht. Man grub ſechs oder acht Schuhe tief in die Erde; der Grube-
boden wurde mit feinem Thone bedeckt, auf welchen man den Leichnam
ſenkte. Einem Krieger lag ſein Schwert und zwölf Pfeilſpitzen zur Seite.
Auf dem Leichname wurde wieder Thon verbreitet, worauf man ein
Thiergeweih, als ein Jagdzeichen legte. Endlich verwarf man das Grab
mit feiner Erde, und ſetzte vier Steine an die Ecken den Umfang deſſelben anzuzeigen. In Oſſians Gedichten kommen öfter Anſpielungen auf
dieſe Steine vor. Mac.

(c) Ein See in Scandinavien, welcher zur Herbſtzeit ſchädliche Dämpfe aus-
hauchte. Mac.

(d) Im Engliſchen iſt: the dark and narrow houſe. So nennt Oſſian öfter
das Grab, wo nach Job jedem Lebendigen ein Haus beſtimmet iſt. Mac.

(e) Oſſian iſt fruchtbar an Zwiſchenfabeln. Nach der genaueſten Kritik ſollten dieſe als Werkzeuge dienen der Haupthandlung entweder fortzuhel-
fen, oder ſie aufzuhalten. Allein, welcher Dichter unterwirft ſich immer

Duchomar hin zur Grotte von Tura, zur lieblichen Morna.

Schönſte der Mädchen! du liebliche Tochter von Cormac - Cairbar,

Morna! ſo ſagt' er: warum ſo verlaſſen im Runde der Steine?

Hier in der felſenbekränzeten Höhle? Mit heiſerm Gemurmel

Strömet der Bach; man höret die Seuſzer vieljähriger Wipſel

Hoch in dem Winde; der See ſteht trüb; die Gewölke ſind finſter.

Aber du gleicheſt dem Schnee der Gefilde, dein Haupthaar dem Nebel, (f)

Wenn er um Klippen am Cromlach geringelt im Strale des Abends

Glänzend erſcheint. Den glatten vom Branno ſich hebenden Steinen (g)

Gleichet dein Buſen. Es gleichen, o Fräulein! die Arme den weiſſen

Säulen im Saale des mächtigen Fingal. (h) — Wo, Duchomar, warſt du?

                                                            Fiel

---

mer einer ſo übertriebenen und unnöthigen Strenge? Faſt die Hälfte der
Aeneide beſteht in Epiſoden, die man allenfalls wegrücken könnte, ohne
der Haupthandlung zu ſchaden. Es iſt alſo genug, wenn ſie von einem
Umſtande natürlich vorbereitet, und an die rechte Stelle geſetzet werden.
Die gegenwärtige und verſchiedne andere haben dieſe zwo Erfoderniſſe;
in einigen aber ſcheint die erſtere zu mangeln. Ceſ.

(f) Wer hätte geglaubt, daſs uns der Nebel ein ſo ſchönes Gleichniſs geben
könnte? Nur Schade, daſs es aus dem Munde eines tollen Menſchen
kömmt! In einem einzigen Gegenſtande auf einmal glänzende, blonde,
gekräuſelte, wallende Locken vorzuſtellen, konnte man nichts reizenders,
zärteres und eigentlicheres erdenken. Vergebens wird man ſolche Fein-
heiten im Homer ſuchen. Der Verfaſſer der *Annales Typographiques*,
da er von dem Unterſchiede Homers und Oſſians redet, führet zum Beſten des erſten einen Beweis von der Natur ihres Vaterlandes. Grie-
chenland, ſagt er, und Kleinaſien ſind die angenehmſten Erdegegenden;
aber unſer Dichter hatte keinen andern Gegenſtand, als ungeheure Wälder, ungebaute Wüſteneyen, Schneegebirge, ſtürmiſche und von ſchreckli-
chen Klippen umragte Meere. Er hat Recht. Aber bey allem dem ſieht
man nicht, daſs der ergötzliche Himmelsſtrich Griechenlandes Homers
Einbildung viel verfeinert habe; da doch Oſſians eindringender Blick,
durch ſeinen geläuterten Geiſt geſchärfet, in jenen fürchterlichen Scenen
unſichtbare Grazien entdecket, und durch ſeine Phantaſie der Natur gleich-
ſam ein anderes Anſehen aufdringt. Ceſ.

(g) Ein Strom in Irland. Mac.

(h) Aehnliche Vergleiche findet man in den *hohen Liedern* Salomons. Und
überhaupt nähern ſich Oſſians Redensarten ſehr oft der heil. Schrift. Ein
neuer Umſtand, der uns den Dichter ſchätzbar macht. Ceſ.

Fiel das weifsarmigte Mädchen darein: (i) wo warſt du? der Menſchen
Schrecklichſter! du mit den finſteren dräuenden Augenbraunen!
Du mit dem glühend ſich wälzenden Auge! naht Swaran dem Ufer?
Duchomar, ſprich, was bringſt du mir Neues vom Feinde? Vom Hügel
Komm' ich, o Morna! vom Hügel der bräunlichten Hirſchen. Nun eben
Streckte mein eibener Bogen mir drey, drey fieng ich mit ſchnellen
Hunden der Jagd. Du reizende Tochter von Cormac! dich lieb' ich,
So wie mich ſelbſt. Dir fällte mein Wurfſpiefs den herrlichſten Hirſchen;
Hoch war ſein äſtigtes Haupt, die Füſse, wie Winde. Gelaſſen
Sagte das Mädchen: ich kann dich nicht lieben, du finſterer Mann, du!
Hart iſt dein Herz, wie Felſen, wie Nacht dein Ausblick. Du biſt es,
Sohn von Torman! allein der Geliebte von Morna! du gleicheſt
Sonnenſtralen am Hügel in Tagen des düſteren Sturmes.
Duchomar! wardſt du wohl ſeiner gewahr des Holden auf Höhen
Seines Wildes? Hieher beſchied ihn die Tochter von Cormac.
Duchomar gab ihr zurück: Sie wird ihn hier lang noch erwarten.
Hier iſt am Schwerte ſein Blut. Lang wird ſie noch warten. Am Branno
Fiel er. Auf Cromlach erhöh' ich ſein Grab, und, Mädchen! du wende
Itzo dich gänzlich mir zu! Mein Arm iſt ſo ſtark, wie Gewitter. (k)
Weh mir! ſeufzte die Schöne mit ſchmelzendem Auge: ſo fiel er
Tormans Erzeugter! der Jüngling den Buſen, wie Schnee, weiſs auf ſeiner
Hallenden Fläche! der trefflichſte Jäger, der Fremden des Meeres (l)

Erſter Band.   B   Bin-

(i) Morna iſt ein kluges und entſchloſſenes Mädchen. Sie weicht einem Lie-
besantrage aus, und ſucht Duchomarn mit einer Frage zu zerſtreuen, die
ihm wichtig ſeyn ſollte. Da ſie ſich aber in der Enge ſieht, fährt ſie
gerade zu, und giebt ihm den greiflichſten Korb. Cef.

(k) Wie wohl kennt Duchomar den Werth der Augenblicke! Was konnte
er ſich nicht nach einem ſo nagelneuen Verdienſte verſprechen! Cef.

(l) Das iſt, der Scandinavier. Ein Fremder heiſst bey Oſſian öfter ſo viel
als ein Feind. Cef.

Bändiger! Ach! ich nenne dich graufam, dich, Duchomar! graufam!
Tödtlich ift Mornen dein Arm. Zum wenigften reiche den Staal mir,
Grimmiger Feind! ich liebe das Blut von Cathbat. Er reichte
Ihren Thränen den Staal. — Sie ftiefs ihm die männliche Bruft durch.
Duchomar ftürzt. So ftürzet das Ufer des Bergftroms. Er ftrecket
Mornen den Arm. Du tödteft mich, Tochter von Cormac-Cairbar!
Stammelt er: kalt ift der Staal mir im Bufen! ich fühle die Kälte!
Gib mich, nur diefes begehr' ich von dir, der jungen Moina!
Duchomar! ach war in Nächten ihr Traum. Sie baut mir ein Grabmaal;
Sieht es der Waidmann, dann wird er mich loben; — Vom Bufen, o Morna!
Zeuch mir den Staal! er ift kalt. Sie naht fich Ihm weinend, fie naht fich,
Zeucht ihm vom Bufen den Staal, und Duchomar fenkt ihn in ihre
Weichliche Seite. Nun flattert am Boden ihr zierliches Haupthaar,
Blut quillt laut aus der offenen Seite, beftrömt ihr die weifsen
Arme mit röthlichten Streifen. Sie liegt und wälzt fich im Tode; (m)
Turas Grotte giebt jeglichem Seufzer der Sterbenden Antwort. (n)

Ruhe

(m)   *Sterbend wälzet er fich in feiner Wunde.*
fagt Virgil. Offian drückt fich kräftiger und völler aus. Eine *Wunde*
giebt ein einziges finnliches Bild. In dem *Tode* liegen viele, die der
Geift des Lefers mit Vergnügen entwickelt. Cef.

(n) In tragifchen Erzählungen hälts kein Dichter gegen Offian. Die gegenwärtige hat alle Fähigkeiten das Gemüth zu befchleichen und zu erfchüt-
tern. Duchomars wilder Charakter, die graufame Gelaffenheit, mit welcher er feines Mitwerbers Tod erzählt, Mornens gefchlechtmäfige Vorficht und männliche Kühnheit, die fortreifende kurzgefafste Sprache des
Erzählers, zwo Letchen zuletzt, die fo unerwartet als ähnlich find, treffen und regen den Geift auf, und laffen ein tiefes vermifchtes Gefühl
nach fich, welches fich endlich in fanfte Traurigkeit auflöst. Einen
Kunftgriff, deffen fich Offian in dergleichen Erzählungen bedient, und der
die Meifterhand verräth, mufs ich hier aufdecken. Anfangs gebraucht
er fich der rührendften Mittel das Herz zu gewinnen. Ift er Herr davon, fo reifst er es mit fich zum Ziele fort, ehe es fichs verfieht. Oftmal übergeht er einen Umftand, der die Handlung beleuchten, aber
auch fchwächen würde. So fieht man hier nicht deutlich genug, wie
Duchomar Mornen tödten kann. Aber Offian mit den Geheimniffen der
Kunft bekannt geht darüber weg. Er fchleudert feinen Keil, betäubt,
blendet, und lufst uns in einem Dunkel, das den Schrecken vermehrt.
Cef

Ruhe beglücke die Seelen der Helden! sprach Cuchullin: namhaft
War in Gefahren ihr Muth. Sie sollen von Wolken getragen
Schweben um mich, ihr kriegrisches Antlitz mir zeigen; (o) dann schreckt mich
Keine Gefahr, dann gleichet mein Arm dem Donner des Himmels.
Senke dich nieder auf Stralen des Mondes, o Morna! zum Dache
Meiner nächtlichen Rast, wenn itzo das Waffengetümmel
Schweiget, und jeglicher meiner Gedanken dem Frieden geweiht ist —
Aber nun soll sich die Macht von unsren Zünften verdicken!
Freunde! wir suchen den Kampf. Der Wagen meiner Gefechte
Rollt vor euch her. Ihr sollt mir in seinem Getöse frohlocken.
Reicht mir drey Lanzen, die will ich zur Hand. Dem hitzigen Laufe
Meiner Rosse, dem folget, so wird mir die Seele von eurer (p)
Tapferkeit voll, wenn Cuchullins Klinge durchs dunkle Gemisch blitzt.

So wie ein schäumender Strom von Cromlachs finsterem Hange
Stürzet, indessen dass Nacht sich über die Hälfte des Berges
Lagert, der Donner aus ihr die langen Strecken hinabbrüllt,
Eben so stürmen itzt alle dahin die Söhne von Erin
Grimmig, entsetzlich und furchtbar. Ihr Führer vor ihnen verbreitet
Muth in Strömen, und scheinet ein Wallfisch im ganzen Gesolge
Seiner Fluten. Er wälzet den Heerzug die Küsten hinunter.

Lochlins Söhne vernahmen den Lermen. Er glich dem Gebrause
Eines Stromes im Winter. Schon pocht am wölbenden Schilde

                    B 2   Swa-

(o) Es war damal der Wahn, wie er noch itzt bey einigen Hochländern ist,
    dass die Seelen der Verstorbenen ihre lebenden Freunde umschwebten, und
    denselben zuweilen erschienen, wenn sie eine grössere Unternehmung vor-
    hätten. *Mac.*

(p) Im Englischen ist: *that my soul may be strong in my Friends.*

Swaran, und ruffet den Sohn von Arno: Was soll es bedeuten,

Sage mir, dieses Getös vom Hügel her, ähnlich dem Sumsen

Nächtlich versammelter Fliegen? wie? kommen die Kinder von Erin?

Oder sauset der Wind in fernen Gebüschen? Auf Gormal (q)

Ist es so laut, noch eh sich die jäsende Fläche von meinen

Wellen erhebet. O Sohn von Arno! besteig du den Hügel!

Nimm sie wohl aus die düstere Gegend der Haide. Nun gieng er;

Aber er kehrte mit Eile nun wieder. Er zitterte, wälzte

Rund den verwilderten Blick. Hoch schlug ihm sein Herz in dem Busen.

Seine Bothschaft war stammelnd, verworren und langsam. Er sagte:

Söhne des Oceans auf! auf Herrscher der bräunlichten Schilde!

Auf! ich erblicke den finsteren Schlachtstrom, der Kinder von Erin

Drängende Macht! — der Wagen erscheint — der Wagen des Krieges,

Aehnlich der Flamme des Tods! des rühmlichen Sohnes von Semo

Cuchullins reissender Wagen erscheint! Er wölbet sich hinten, (r)

So wie am Felsen die Flut, wie göldener Nebel auf Haiden.

Seinen Einfang bezieren erhabene Steine; gleich Wellen

Um den nächtlichen Kahn erglänzt er. Die Deichsel ist Eibe

Künstlich gerundet, der Sitz von geschliffenem Beine, mit Lanzen

Jegliche Seite bewehrt, und mitten die Fussbank der Helden.

An

(q) Ein Gebirg in Scandinavien. *Mac.*

(r) Diese ist die reicheste, herrlichste, ausführlichste Beschreibung im Ossian,
und kömmt der prächtigen Völle Homers am nächsten. Der Gegenstand
verdiente sie. Es scheinet zwar: der Ausspaher komme so geschwind zurücke, dass er unmöglich alle diese Sonderheiten habe bemerken können,
und seine Furcht erlaube ihm nicht, alles so ordentlich herzusagen; allein es läst sich behaupten: er sey mehr entzückt als erschrocken, und
überhaupt verschwindet dieses kleine Versehen in dem mächtigen Schimmer, mit welchem Cuchullins Wagen die Augen blendet. *Cef.* Ohne
Vorurtheil! bey allem Blenden des Wagens kann man noch immer in
Horazs Dichtkunst lesen:
> *Schön! doch nicht am gehörigen Orte.*

An den erschrecklichen Wagen gespannet erscheinet zur Rechten
Schnaubend und stolz, hochsetzend, die Mähne gesträubet, die Brust breit
Eines der tapfersten Rosse vom Hügel. Sein stampfender Huf schallt. (s)
So wie der Dunst dort über die Fläche, so strömen die Mähnen;
Glatt ist und glänzend sein Haar, sein Namen Sulin - Sifadda.
An den erschrecklichen Wagen gespannet erscheinet zur Linken
Finsterbemähnet, mit bäumendem Nacken, mit schmetterndem Hufe,
Dusronnal unter den stürmischen Söhnen des Schwertes genennet,
Muthig und schnell, ein Züchtling des Hügels. Auf Ledergerieme
Schwingt sich der Wagen erhöht. Die Gebiße von spiegelndem Staale
Schimmern in Kreisen des Schaums. Mit klarem Gesteine besetzet
Wallen die majestätischen Nacken des stolzen Gespannes
Künstliche Zügel hinan. Sie fliegen die Rosse, wie Nebel
Ueber die wäsrichten Thäler in Streifen. Ihr Anfall vereinet
Hitze der Hirschen, und Stärke zur Beute sich stürzender Adler
Mit dem Gebrause des Nords auf Gormals schneeichten Hängen.
Ueber dem Wagen erhebt sich der Feldherr in seinem Vermögen,
Cuchullin, Semos Geblüt, der König der Muscheln, (t) des Schwertes
Stürmischer Sohn. Wie mein eiben Geschofs, so glänzt ihm die rothe
Wange, sein blaulichtes Aug· wälzt unter hochwölbenden schwarzen
Bogen den Blick. Gleich wähenden Flammen empöret sein Haar sich,
Wenn er, die Lanze gestreckt, nun vorwärts hinhängt. O fleuch ihn,
König des Meeres! er kömmt, ein Gewitter im strömigten Thale.

B 3

Swa-

(s) *Die Hüfe seiner Rosse sind wie Kiesel , und seine Räder wie ein Gewitter.*
  Is. 5. v. 28. Cef.

(t) Die Schotten tranken bey ihren Gastmahlen aus Muscheln, wie es noch
  heut zu Tage die Hochländer gewohnt sind. Daher bezeichnet in diesen
  Gedichten der Ausdruck *Muschel* oft ein Gastmahl, und ein gastfreygebi-
  ger König heist ein *König der Muscheln. Mac.*

Swaran verſetzte: Wann ſahſt du mich fliehen vom Speeregemenge?
Sohn von Arno! wann ſahſt du mich fliehen? feigherziger Führer!
Both ich nicht etwa den Stürmen von Gormal die Stirne, da meine
Fluten ſich thürmten? verließ mich mein Muth in den Wettern des Himmels?
Und nun ſchreckte zur Flucht mich ein Held? Nein! wär' es auch Fingal, (u)
Niemal würde vor ihm ſich Swarans Seele verdunkeln!
Schwinget euch auf, ihr Tauſende meiner Gewaltigen! häuft euch
Rings um mich her, wie rauſchende Meere! verdickt euch um eures
Herrſchers leuchtenden Staal, und ſteht unbeweglich, wie Felſen
Meiner Gebiethe. Mit freudigem Stolze begegnen ſie Wettern,
Strecken ſie jeglichen düſteren Forſt der zürnenden Windsbraut.

Wie ſich im Herbſte von zweyen entgegengeſetzten Gebirgen
Nächtliche Stürme verwirren, ſo mengen ſich itzo die Helden
Untereinander. Wie ſchäumend zween Ströme von felſigten Hängen
Stürzen, ſich unten vermengen, und laut die Gefilde durchraſen,
Eben ſo brauſend, ſo ſtürmiſch und finſter wirft Lochlin und Erin
Sich aufeinander zur Schlacht. (w) Schon wechſeln Führer mit Führern,
Kämpfer mit Kämpfern die Streiche, ſchon prellt vom getroffenen Staale
Tönender Staal, und Helme zerberſten den mächtigen Hieben.
Blut ſtrömt dampfend umher. Die Sennen der eibenen Bogen

Schwir-

(u) Der Dichter läſt uns ſeines Fingals nicht vergeſſen. Wir waren mit
    Cuchullin und ſeiner fürchterlichen Rüſtung beſchäftiget. Fingal zeigt
    ſich von der Seite, und ruft uns zu ſich. Seine Abweſenheit kann ihm
    nichts verſchlagen. Sein Bild folget uns allenthalben. Ceſ.

(w) Der Leſer kann die folgende Beſchreibung mit der homerſchen im 4 B.
    der Ilias v. 446 vergleichen. Statius hat ſich auch unſerm Dichter im
    9. B. der Thebais genahet. Mac.

Schwirren, und Pfeile befchatten den Kampf, und fallende Speere
Gleichen den Kreifen des Lichts, der ftürmifchen Nächte Vergöldern. (x)

Nein! kein Krachen des ftärkeften Donners, kein Brüllen des Meeres,
Wenn es die Wogen empört, erreicht diefs Getümmel; und ftünden
Ihren Kriegesgefang zu beginnen alle die hundert
Sänger von Cormac dabey, (y) noch wäre die Stimme der hundert
Sänger zu fchwach, die Tode der Helden der Zukunft zu liefern.
Alfo zahlreich und dicht bedeckten die Starken das Schlachtfeld,
Alfo verfchwenderifch ftrömte das Blut der Gewaltigen. Klaget,
Söhne des Lieds! den trefflichen Sithallin! Seufze, Fiona!
Auf den finfteren Haiden von deinem geliebteften Ardan!
Durch die gefürchtete Fauft von Swaran ftürzten fie beyde
Aehnlich den Rehen des Forfts; denn mitten in Taufenden brüllte
Swaran. So brüllet der düftere Geift der Gewitter. Auf Gormal
Sitzt er in Wolken gehüllt, und erfreut fich am Tode des Schiffers. (z)

B 4 Aber

(x) Diefe wohl angemeffene Vergleichung fchiefst einen unverfehenen Lichtftral auf die vorhergehende fchreckbare Scene, und die Wirkung, die
fie auf den Geift des Lefers macht, ift fehr analogifch mit dem, was fie
vorftellt. Cef. Aber was ftellt fie vor? Sind diefe *Kreife des Lichts*
Sterne, oder Blitze, oder etwa gar der Nordfchein? Im Englifchen heifsen fie: *Circles of light, that gild the ftormy face of night.*

(y) Nicht allein die Celten, fondern auch die Scandinavier führten ihre Sänger mit zum Treffen. Olaus Trygefon König von Norwegen fagte einft
in einem folchen Vorfalle zu ihnen: *Nicht, was ihr gehöret, fondern,
was ihr gefehen habt, follt ihr fingen.* Mallet in der Einleit. zur
Gefch. v. Dänemark. Cef.

(z) Die alten Schottländer wähnten: Die Luft wäre von Geiftern bevölkert,
denen man alle aufserordentlichern Erfcheinungen in der Natur zufchreiben
müfste. Ob fie Geifter einer höhern Ordnung, oder die abgeleibten
Seelen verftanden haben, läfst fich nicht wohl entfcheiden. Die Scandi-
navier waren einer faft ähnlichen Meynung, dafs nämlich nicht allein
Elemente und Geftirne, fondern auch Wälder, Flüfse, Berge, Winde und
Gewitter einen befondern Geift zum Vorfteher hätten. Man fehe Mallets
Einleit. zur Gefch. v. Dänemark. Cef.

Aber auch dir hieng itzo die Rechte nicht schlaff, o Gebiether (*a*)
Deiner benebelten Insel! dein Arm war weit umher tödtlich,
Aehnlich dein Eisen dem Strale des Himmels, der Kinder des Thals trifft,
Völker in Asche verkehrt, und ganze Gebirge befeuert.
Dusronnal brauset dahin auf Körpern der Helden, Sifadda (*b*)
Plätschert im Blute. Sie lassen die Schlacht vom Felde getilget
Hinter sich her, wie gestürzte Gebüsche der Wüste von Cromlach,
Wenn mit Gespenstern der Nacht die beyden Flügel beladen
Ueber die Flächen bereits der scheusliche Wirbel dahinfährt. (*c*)

Fräulein von Inistore! von Klippen der heulenden Winde (*d*)
Neige dein zierliches Haupt auf die Wellen, und weine, du, schöner, (*e*)

Als

(*a*) So wird die Insel Skye, Cuchullins Eigenthum, füglich genannt, indem
ihre hohen Gebirge, auf welchen die Wolken der Westsee stille halten,
einen fast immerwahrenden Regen verursachen. *Mac.*

(*b*) Homer im 20 B. der Ilias:
Also zertraten des tapfern Achilles harthüfige Rosse
Leichen und Schilde vermengt, und Räder und Achse des Wagens
Waren von unten mit Blute beschwemmt.
Virgil im 12 B. der Aeneis.
Es sprützen die reissenden Hufe
Blutigen Regen umher, und Blut wird mit Sande verstampfet. Cef.

(*c*) Man kann kaum genug den Nachdruck, die Angemessenheit und Feine
dieser Gleichnisse bewundern. Es ist nicht zu laugnen, daß viele Ho-
merische sehr erhaben und genau sind; aber vielleicht hat er eben so viele
niedrige und übel passende, und selbst seine vorzüglichsten besitzen nur
selten alle nöthigen Gaben. Er ist nicht sehr heikel in der Wahl, nicht
sehr erfindsam, sondern fasset die Gegenstande an, die sich darbiethen; da
Ossian oft ausliest, und zuweilen auf eine gewisse Art schöpfet. *Cef.*

(*d*) Das Fräulein ist die Tochter Corlos des Königs von Inistore, d. i. der
orkadischen Inseln, und ihr Geliebter, Trenar ein Bruder des Königs von
Iniscona, welches eines der schettländischen Eilande gewesen seyn mag.
Beyde standen damal unter dem Könige von Lochlin. *Mac.*

(*e*) Man bemerke die künstliche Abwechselung des Erschütternden und Rührenden. Ossian will bewundert, aber noch mehr gefühlet werden. Selten
sind

Als der mittagige Geiſt, der Bewohner des Hügels, den itzund
Ueber das ſchweigende Morven ein Stral des Lichtes herumträgt.
Ach! er iſt hin dein Geliebter! er fiel! er lieget erblaſſet
Unter Cuchullins Klinge! Nun wird den erhabenen Jüngling
Nicht mehr ſein Herz von Muthe begeiſtert verſuchen, in Schlachten
Fürſten entgegen zu ſtehn. Ach! Trenar, der liebliche Trenar,
Fräulein! iſt todt! Sein Giebel erſchallt vom Geheule der treuen
Graulichten Doggen. Sie ſehen den Schatten des holden Beſitzers. (f)
Ungeſpannt hängt er dahin in ſeinem Saale der Bogen.
Nimmermehr ſchallt vom Gehäge der Hirſchen zum Ohre ſein Waidhorn.

Wie ſich auf Felſen das Meer mit tauſend Wogen heranwälzt,
Alſo wälzt ſich die Macht von Swaran auf Erin; wie Felſen
Tauſend Wogen des Meers entgegen ſich pflanzen, ſo pflanzt ſich
Erin der Macht von Swaran entgegen. Mit jeglichem Rachen
Brüllet der Tod, und mengt das Getös der Schilde darunter.
Jeglicher Held iſt ein finſterer Thurm, und jegliche Klinge
Streifet, wie Blitz. Es hallet von Flügel zu Flügel, gleich hundert

B 5

Wech-

ſind im Homere ſo ſchätzbare Züge der Empfindung, oder faſt nur ange-
legt. Er berührt zuweilen einen anziehenden Umſtand, aber ſeine Sprache
iſt ſo gedehnt und periodiſch, daſs ſie nur wenig wirket. Sein Erzäh-
lungston gleicht dem Geſange ſeiner *Cicaden* — lang und einförmig. Oſſians
zärtlicher Anruff bricht die Eintönigkeit des Stils, und zähmet das Gemüth, welches die kriegeriſchen Scenen erwildert hatten. — Möchte der
liebenswürdige Trenar vielmehr unter des grimmigen Swarans, als des
tugendhaften Cuchullins Haud gefallen ſeyn! Zum wenigſten wird er nicht
ſo beſchimpft, wie der edelmüthige Otrioneus in dem 13 B. der Ilias von
dem tollen Idomeneus. *Cef.*

(f) Man glaubte: die Seelen der Verſtorbenen kehrten ſogleich zu den Hügeln ihres Vaterlandes und jenen Gegenden zurück, in welchen ſie den
glücklichern Theil ihres Lebens verlebet hatten, ſie würden auch von
Hunden und Pferden geſehen. *Mac.*

Wechſelweis ſteigenden, wechſelweis fallenden wichtigen Hämmern (g)
Ueber den röthlichten Sohn der Schmelze. (h) — Wer ſind ſie? wer ſind ſie,
Dort auf der Haide von Lena, ſo düſter und ſchrecklich? (i) Sie gleichen
Zweyen Gewölken, ihr Schwert dem Strale des Wetters. Es ſchaudert
Niedrigern Hügeln umher, der Klippen mooſigter Rücken
Bebet empor! — Wer ſind ſie wohl ſonſten, als Swaran des Meeres
Mächtiger Sohn, und der Schützer von Erin zum Wagen gebohren. (k)
Jeglicher ihrer Getreuen verfolgt ſie mit ängſtigem Auge,
Sieht ſie verfinſtert ſich nahn auf der Haide. — Doch itzo bewölket
Nacht das kämpfende Paar, und gebeut dem grauſen Gefechte. (l)

Dorglas häufet indeſs auf Cromlachs büſchigten Abhang ,
Hirſchen und Rehe, das Jagdglück der Helden, noch eh ſie vom Hügel
Niedergeſtiegen. So gleich zerſtreuen ſich hundert der Krieger
Reiſer zu ſammeln, die glätteſten Steine zu wählen dreyhundert. (m)

Zehn

(g) Durch die *hundert Hämmer* will der Dichter nicht die Gröſse des Getöſes,
ſondern den immerwährenden Wechſel des Widerhalles ausdrücken, und
ſo paſst das Gleichniſs. *Ceſ.*

(h) Das Eiſen. So nennt die H. Schrift die Pfeile, *Söhne des Köchers,* den
Augapfel, *die Tochter des Auges,* und die Rabbinen den Eſſig einen *Sohn
des Weines,* und das Echo eine *Tochter der Stimme.*

(i) Ein gewöhnliches Mittel Oſſians, und der hebräiſchen Dichter die Geiſter
zu erſchüttern, und einem wichtigen Gegenſtande Aufmerkſamkeit zuzuziehen; der gegenwärtige verdient ſie vorzüglich. *Ceſ.*

(k) Die Könige und Gewaltigen unter den Briten bedienten ſich des Wagens
zum Zeichen ihrer Würde. Daher ſind im Oſſian die Ausdrücke: Zum
Wagen gebohren, Sohn des Wagens. *Mac.* Tacitus bekräftigt es im
Leben des Agricola: *Der Angeſehnſte fährt, ſeine Schutzverwandten ſtrei-
ten um ihn her.* Und Juvenal in der 4 Sat.
Arviragus ſtürzet vom britiſchen Wagen herunter.

(l) Welche Erwartung — und der Dichter zieht die Gardine vor. Eine
künſtliche Grauſamkeit, welche den Geiſt anzieht und in Bewegung hält,
den Fürwitz täuſcht, um ihn noch mehr zu reizen, und zu ſeiner Zeit
vollkommener zu ſättigen. *Ceſ.*

(m) Man erzählt noch die Art der Alten ein Jagdmahl zu bereiten. Sie pfla-
ſterten eine Grube mit glatten Kieſeln, legten einen Theil Wildprets darein,

Zehn empören die Flamme. Der Rauch des kochenden Mahles
Dampfet umher. Und nun gab Cuchullin, Erins Verfechter,
Seiner Grofsmuth Gehör. Geftützet vom glänzenden Speere
Bog er auf Carrill (n) fich hin, den grauen Sproffen Kinfenas,
Auf der Gefänge langdenkenden Sohn, und fagte: Was foll mir
Diefes einfame Mahl, indefs, dafs Lochlins Gebiether
Weit vom Gewilde der eigenen Hügel, von raufchenden Hallen
Seiner Bewürthung entfernt, auf Ullins Küften fich lagert? (o)
Mache dich auf, langdenkender Carrill! und lade mir Swaran!
Lad' ihn heran vom Getöfe der Wellen zu Cuchullins Fefte,
Dafs er allhier in nächtlichen Stunden das Saufen von meinen
Haynen vernehme; denn ftreng und winterlich fahren die Stürme
Ueber fein fchäumendes Meer. Hier preife der zitternden Harfe
Stimmen fein Mund, hier laufche fein Ohr den Heldengefängen!

Carrill der alte gieng hin mit der lieblichen Stimme zum Herrfcher
Düfterer Schilde, dann fprach er: Hervor von pelzigten Decken
Deines Waidwerks! hervor, o Befitzer der Wälder! die Freude
Seiner Mufcheln geufst Cuchullin aus. Du theile das Gaftmahl
Mit dem blauaugigten Führer von Erin! Doch Swaran verfetzte
Gleich dem hohlen Gemurmel von Cromlach, dem Bothen der Wetter:
Streckte mir jedes der Mädchen von Erin gleich itzo die weifsen
Arme, wie Schnee, mit fchwellendem Bufen, mit fchmachtenden Blicken
Hold mir entgegen gekehrt, doch würde fich Swaran von hinnen

Eben

---

ein, befchwerten ihn mit eben folchen Steinen, und fuhren alfo wechfelweife fort, bis die Grube erfüllt war. Grube und Steine wurden mit an-
gezündeten Reifern erhitzet, und damit auch die Oberfläche bedecket, die
Ausdampfung zu verhindern. Ob es dem alfo fey, weis ich nicht. Wenigftens zeigt das Landvolk noch hier und dort dergleichen Feuerftätten.
Mac.

(n) Cuchullins berühmtefter Sänger.

(o) Ullin oder Ulfter, eine Provinz in Irland. *Mac.*

Eben fo wenig, als taufend Gebirge von Lochlin, bewegen,
Bis nicht den Morgen mein Oft mit jungen Stralen herauffchickt
Cuchullins Tod zu beleuchten. Mir fäufelt er lieblich zum Ohre
Meiner Meere Durchwühler, der Wind. Mir redt er in allen
Meinen luftigen Tauen, und rufft mir die grünen Gebüfche
In das Gemüth, die grünen Gebüfche von Gormal, dort fcholl er
Oefter, wenn mir im Blute des Ebers die Lanze fich färbte. —
Sänger! du fage dem düfteren Sohne von Semo: Den Erbftuhl
Cormacs tret' er mir ab, fonft follen die Ströme von Erin
Morgen mit Blute bezwungener Stolzen die Klippen befchäumen.

Carril kehrte zurück: Die Stimme von Swaran ift traurig:
Sprach er, und Cuchullin gab ihm zur Antwort: Nur traurig für Swaran. (p)
Aber indeffen, o Carril! erklinge die deine! Befing uns
Thaten der vorigen Welt. Es müffe die Nacht uns verfliefsen
Unter Liedern von dir. O geufs mir die Süfse der Wehmuth
Tief in das Herz! denn blühten in Erin nicht Helden die Menge,
Mädchen der Liebe die Menge? Mich rühren die Töne des Schmerzen,
Die man auf Albions (q) Höhen vernimmt, wenn itzo des Waidwerks
Lermen verftummet, in Offians Lieder die Ströme von Cona (r)
Nur noch raufchen. Er fchwieg, und Carril ftimmte fein Lied an. (s)

Jahre

(p) Wie viel gefagt mit wenigen Worten! Cuchullin würdigt fich nicht einmal nach der Antwort feines Gegners zu forfchen; er fieht über ihn und feine rohe Gemüthsart weg. Man bemerke gleich darauf den ungezwungenen Uebergang zur folgenden Zwifchenfabel. Cef.

(q) Albion ift der allgemeine Namen Britanniens, aber in diefen Gedichten wird er auf Weftfchottland eingefchränket. Mac.

(r) Man mufs die Gefchicklichkeit Offians bewundern, mit welcher er fein eigen Lob Cuchullinen fo natürlich in den Mund legt. Cona ift vielleicht der kleine Flufs, der durch Glenco in der Graffchaft Argyle läuft. Einer von den Hügeln, welche diefes romanenhafte Thal krönen, heifst noch Scorna-fena, d. i. der Hügel von Fingals Volke. Mac.

(s) Wenn jemand fragt, was die folgende Epifode für einen Zufammenhang mit der Haupthandlung habe, dem kann man antworten, dafs es dem

Dichter

Jahre find über, da kamen die Söhne des Meeres in Erin.

Schiffe bey taufend durchwankten die Wellen zum Ufer des holden

Ullins. Itzt machten fich auf die Kinder von Inis-fail,

Zogen entgegen dem Volke der finfteren Schilde, der Menfchen

Erfter, Cairbar mit ihnen, und Grudar der Jüngling voll Anftand.

Lange fchon hatte der fleckichte Stier fie getrennet, der Golbuns (t)

Schallende Fläche durchbrüllte; den wollten fie beyde, fo war auch

Oefter fchon Tod auf der Spitze von ihren Klingen gefeffen;

Aber nun fochten fie beyde vereinet die Tapfern, des Meeres

Fremdlinge gaben die Flucht. War jemal am Hügel ein Namen,

Grudar! fo fchön, wie der deine? fo fchön, wie der deine, Cairbar? (u)

Ach

Dichter frey ftehe, in die unthätigern Theile eines Gedichtes Befchreibungen einzufchalten, die ihm die gefchickteften und natürlichften fcheinen. So fieht man in allen Poeten die Zwifchenräume der Handlung mit
Spielen, Feyerlichkeiten, Opfern und andern Dingen, welche eine Beziehung auf die Sitten und Gebräuche ihrer Nation haben, ausgefüllt. Man
muß fich aber wohl einprägen, daß bey den Celten der Gefang alles war,
und nichts ohne Gefang gefchah. Die Nacht durchfingen war eine allgemeine feyerliche Gewohnheit. Die Lieder der Barden enthielten ihre Gefchicht, das heilige Andenken ihrer Vorältern, die Beyfpiele ihrer Helden. Nothwendigkeit, Vergnügen, Ehrbegier, Zärtlichkeit, Pflicht, alles verftand fich untereinander den mächtigen Hang zur Dichtkunft in diefen Völkern zu nähren. Haben nun die Gefänge der Barden ein fo groffes Recht in Offians Gedichten zu erfcheinen, und hat ein Gefang, als
Gefang, nicht die geringfte Beziehung auf derer Stoff, fo fehe ich nicht,
warum der Inhalt der Gefänge eine fo große auf denfelben haben folle.
Beziehen fich aber einige epifodifchen Lieder Offians nicht unmittelbar
auf den befondern Stoff feines Gedichtes, fo find fie doch in dem Geifte,
und befördern den Endzweck diefes und anderer feiner Gedichte, welcher
ift, den Muth durch Heldenbeyfpiele zu begeiftern, und das Herz durch
tragifche Scenen zu rühren. Cef.

(t) Der Namen eines Berges in der Graffchaft Sligo. Mac.

(u) Aus diefen Worten will H. Macpherfon fchliefsen, die Abficht diefer Zwifchenfabel wäre, mit dem Beyfpiele Grudars und Cairbars, die miteinander wider die Dänen ftritten, obwohl fie Feinde waren, die Uneinigkeit
Connals und Calmers beyzulegen. Der gefchickte Ueberfetzer wird mirs
vergeben, wenn ich nicht feines Sinnes bin. Wie will fich Connal und
Calmer diefe Gefchicht anwenden, da die Urfache ihres Zwiftes fo fehr
unterfchieden ift? Ueber diefs, war denn nicht die Schlacht fchon vorbey,
und

Ach warum brüllte der Stier auf Golbuns schallender Fläche

Itzund wieder! Sie sahen ihn springen und glänzen, wie Schnee glänzt.

Plötzlich erhob sich ihr Groll. Am grasigten Ufer des Lubars (w)

Stritten sie. Grudar, ein Stral der Sonne, sank unter. Cairbar

Eilte noch grimmig zum Thale des hallenden Tura, da saß sie

Braſſolis einsam, die schönste der Schwestern, und sang sich ihr Leid vor;

Grudars Thaten des Jünglinges ihrer geheimeren Seele (x)

Sang sie sich vor. Sie klagte sein Schicksal im Felde des Blutes,

Aber noch regte sich Hoffnung ihn wieder zu sehen. Die Kleider

Bargen den zärtlichen Busen nicht ganz. So blinket das Mondlicht

Durch die Gewölke der Nacht. Die Stimme klang sanfter, als Harfen,

Wenn sie kläglich erschwirren. Ihr Herz war an Grudar geheftet,

Jeder

---

und muß man nicht glauben, die beyden Helden werden ihre Schuldigkeit gethan haben? Endlich, wenn diese Erzählung wirken sollte, müßten nicht Connal und Calmer nach dem Treffen sich einander ausfodern, wie Grudar und Cairbar? Oſſian scheint mir genauer, wenn er nach einem Zwecke geht. Ich glaube also, diese Episode habe keine andere Absicht, als jene allgemeine zu ergötzen und zu rühren. *Cef.*

(w) Ein Fluß auf Ulster. *Mac.*

(x) Unter andern seinen Schönheiten behandelt Oſſian die Liebe mit einer so besondern Feine, daß sie eine Anmerkung verdienet. Bey den griechischen und lateinischen Dichtern ist diese Leidenschaft ein sinnliches Bedürfniß, bey den wälschen ist sie metaphysisch, bey den französischen witzig, * bey Oſſian von einer Art, die keiner aus diesen gleich kömmt. Sie gründet sich auf Empfindung, daher ist sie zärtlich, und redet keine witzige, sondern eine rührende Sprache. Sie wirket durch die Sinne; aber sie wählt die feineren, welche das Gesicht und Gehör sind; daher ist sie weder pur geistig, noch ganz thierisch, sondern natürlich und edel. Manche Dichter, wenn sie Gegenstände beschreiben, die sich dem Schlüpfrigen nahen, zeigen eine Gemüthsbewegung, die sich mit dem einzigen Anblicke nicht zu vergnügen scheint; Oſſian steht hier immer still. Seine Liebe ist bescheiden, und von einer ungezwungenen Eingezogenheit. Da andrer geheimnißvolles Zurückhalten oft mehr zum Antriebe, als Zaume dienet, verbreitet er sich mit einer unschuldigen Freyheit über alle Theile des sichtbaren Schönen, und verweilet dabey so natürlich, daß er uns nicht einmal verdächtig wird. Er geht nicht weiter, weil er nicht glaubt, daß man weiter gehen könne. Und so ist, wie ich schon gesagt habe, seine große Kunst die Natur zu verschönern, ohne sie zu verstellen. *Cef.* * Und bey den Deutschen? — je nun, nachdem sich ein Schriftsteller einer Nation nachzuahmen vorgenommen hat.

Jeder verſchwiegene Blick auf Grudar gerichtet. Wann kümmſt du
In dem Geſchmeide des Kriegs! du Tapfrer! — Itzt nahte Cairbar:
Braſſolis! ſprach er: da nimm den blutigen Schild hin! und häſt'. ihn
Hoch an meine Gewölbe, von meinem Gegner die Beute. —
Mächtig empört ſich ihr fühlendes Herz im Buſen. Sie reiſt ſich
Blaſs und verwirret hinaus. Sie findet den Jüngling in allem
Seinen Blute. Sie ſtirbt auf Cromlachs Haide. Da ruhet,
Cuchullin! itzund ihr Staub. Vom Grabmaal' entſpraugen die beyden
Einſamen Eiben, und wünſchen die Wipfel zu mengen. Du wareſt,
Braſſolis! hold im Gefild', und hold, du, Grudar! am Hügel!
Euere Namen erhält der Sänger, und lehrt ſie die Zukunft.

Rührend war die Geſchicht, und rührend fleuſst dir die Stimme,
Carril! gab Erins blauaugigter Führer zur Antwort: ſie gleichet
Sanftem Träufeln des Lenzes, wenn itzt auf Felder die Sonne
Blicket, und über die Berge verdünnte Gewölke dahinfliehn. —
Carril! rühre die Saiten! erheb mir meine Geliebte,
Dunſcaichs (y) einſamen Stral! beſing mir Bragela! Sie ließ ich
Auf der benebelten Inſel zurück. — Du blickeſt vom Felſen,
Schönſte Gemahlinn des Sohnes von Semo! die nahenden Segel
Deines Getreuen zu ſehn? Ach fernher wälzen ſich Wogen,
Und ihr weiſslichter Schaum der betrüget, und bildet dir Segel!
Zeuch dich, Geliebte! zurück! die Nacht iſt vorhanden. Im Haare
Seufzt dir der düſtere Wind. Verſchleuſs dich itzt lieber in Säle
Meiner Bewürthung, und weide den Sinn an vergangenen Tagen!
Schweigt es nun einſt das Getümmel des Krieges, dann kehr' ich zurücke.—
Aber, du Connal! du ſprich mir vielmehr von Waffen, vom Kampfe, (z)

Daſs

(y) Cuchullins Wohnſitz auf der Inſel Skye. Mac.

(z) Wie ſchön wechſeln hier die Empfindungen! wie rührend iſt der Contraſt
zwiſchen dem Gemahle und Helden! Soll man dieſen mehr bewundern,
oder an jenes Schikſal mehr Theil nehmen? Cſf.

Dafs fich mein Herz nicht immer erinnre der zierlichen Tochter
Sorglans, den Bufen, wie Schnee, die Locken, wie Rabengefieder.

Sohn von Semo, verfetzt der langfamfprechende (*a*) Connal:
Spüre die Kinder des Meeres wohl aus! verfende von Deinen
Nächtliche Krieger umher, und fetze der Heermacht von Swaran
Vorficht entgegen! Ich rathe zum Frieden, fo lange der Wüfte
Völker zu kommen verziehn, bis Fingal der erfte der Menfchen (*b*)
Nahet, und unfer Gebieth, gleich Sonnenftralen, erleuchtet.

Cuchullin klopfte den Schild den Lermenverbreiter, da waren
Plötzlich die Wächter der Nacht in Bewegung. Das übrige Kriegsheer
Lag am faufenden Winde die Flächen des Wildes hinüber.
Aber die Geifter der itzund im Treffen Erfchlagnen die fchwebten
Näher auf düfteren Wolken heran. Man hörte durchs hohle
Schweigen von Lena von fern ein heifchernes Leichengewinfel. (*c*)

(*a*) Wie wohl ift diefes Beywort der Klugheit und Gelaffenheit Connals angemeffen! Er gleicht fich immer, und fo find Offians Charaktere alle nicht
minder glücklich unterhalten, als angekündet. Dahingegen die homerfchen
vom Achilles angefangen faft alle fich widerfprechen. *Cef.*

(*b*) Nun wird Fingals zum fünftenmale gedacht. Nein! ohne ihn ift keine
Hoffnung. Cuchullin ift ein groffer Held; aber Irlands Heil hängt dennoch
nur von Fingaln ab. Mit diefer Idee entläfst uns der Dichter. *Cef.*

(*c*) Die alten Schotten glaubten lange Zeit, dafs man an dem Orte, wo bald
jemand fterben würde, jedesmal ein Gefpenft winfeln hörte. Die Erzählung,
welche der Pöbel noch heut zu Tage davon macht, ift ziemlich poetifch.
Das Gefpenft umfchwebt auf einem Meteor zwey oder dreymal das Ort,
folget nachmal der Straffe, die man mit der Leiche nehmen wird, von Zeit
zu Zeit winfelnd, und verfchwindet endlich fammt dem Luftzeichen nahe
an der Grabftätte. *Mac.*

ZWEY-

ZWEYTES BUCH.

INHALT.

Der Schatten Crugals eines irifchen Kriegers, der vorher im Treffen geblieben war, erfcheint Connaln,
fagt ihm Cuchullins Niederlage in dem bevorftehenden Gefechte vor, und trägt ihm auf, denfelben ernftlich zum Vergleiche mit Swaran zu ermahnen. Connal unterbringt ihm
das Geficht; aber Cuchullin will aus Ehrbegierde nicht der
erfte feyn, der um Frieden anhält, fondern bleibt feft entfchloffen den Krieg fortzufetzen. Es taget. Swaran thut
unbillige Vorfchläge, die verworfen werden. Die Schlacht
fängt an, und dauert hartnäckigt, bis Grumal die irifchen
Ueberbleibfel mit fich in die Flucht zieht. Cuchullin und
Connal bedecken fie. Carril fammelt die Flüchtlinge auf einem nahen Berge. Cuchullin gelanget endlich auch dorthin,
und entdecket in der Ferne Fingals ankommende Flotte;
verliert fie aber bey einbrechender Nacht wieder aus dem
Gefichte. Beftürzet von feinem erlittenen Verlufte fchreibt
er diefes Unheil dem Tode feines Freundes Ferda zu, den
er vor einer Zeit umgebracht hatte. Carril ihn zu überzeugen, dafs es nicht immer nachtheilig fey, wenn man jemanden unvorfätzlich tödtet, führet die Zwifchenfabel von Comal und Galvina ein.

ZWEYTES BUCH.

Connal lag an der sprudelnden Quelle des Berges. Zur Decke
War ihm ein Baum, und ein moosigter Stein zur Stütze des Hauptes. (a)
Schwirrende Stimmen der Nacht vernahm er von Lenas Gefilden.
Ferne lag er von Kriegern der Sohn des Schwertes; denn Feinde
Schreckten ihn nie. Nun sah er in Mitte der sanfteren Ruhe
Feuer mit röthlichtem Strome vom Berge sich wälzen; im hellen
Streife stieg Crugal hernieder ein Führer, der unter der Schneide
Swarans im Treffen der Helden erlag. Dem sinkenden Monde
Gleichet sein Antlitz, sein Kleid ist Nebel vom Hügel, die Blicke
Matt, wie der Schimmer von sterbenden Fackeln, und finster die Wunde
Seines Busens. O Crugal! begann der gewaltige Connal:
Sohn von Dedgal berühmt am Hügel des Wildes! was soll dir
Diese Blässe? was diese Betrübniss? du Brecher der Schilde!
Niemal sah ich vor Schrecken dich bleich. Was kränkt dich, o Bergsohn? —
Düster stand er und thränend, und über den Helden die blasse
Rechte gestrecket erhub er mit heischernem, mattem Laute
Seine Stimme so leis, wie die Lüstchen am schilfigten Lego.

Connal! sprach er: mein Geist der schwebet nun über den Hügel (b)
Meiner Geburt. Auf sandigten Blößen von Ullin gestrecket

Starret

(a) Wer die birgigten Theile Schottlands gesehen hat, kennt die Scene, wo
Connal ruht. * Der Poet entfernet ihn von dem Lager, damit die Erscheinung Crugals von der Einsamkeit furchtbarer gemacht werde. Der
Leser mag dieselbe mit der Erscheinung des Patroklus im 2 B. der Ilias,
und mit jener des Hektors auch im 2 B. der Aeneis vergleichen. Mac. * II.
Macpherson mag vergessen haben, daß wir in Irland, und nicht in Schottland sind.
(b) Connal ist aus allen am besten gewählet diese Erscheinung zu haben. Sein
gesetztes Wesen macht ihn tüchtiger sie zu glauben, andere davon zu
überzeugen, und dem Rathe des Schattens Gewicht zu geben. Cef.

Starret mein Körper. Nun fprichft du mich nimmer. Nun fiehft du den Fufspfad
Crugals nimmer im Feld'. Ich bin, wie die Dämpfe von Cromlach,
Leer und gering. Ich befchwimme die Lüfte gleich fchattigtem Nebel.
Sohn von Colgar! ich fehe die düftere Todeswolke! (c)
Ueber die Flächen von Lena da fchwebt fie! Des grünenden Erins
Kinder erliegen! O zeuch dich zurück vom Gefilde der Geifter!

Alfo fprach. er, und fchwand in Mitte des zifchenden Stürmes,
Wie der umdünftete Mond. Doch Connal der tapfere rief ihm:
Bleib, o trübröthlichter Freund! bleib! lege den Schimmer von oben,
Sohn des windigten Cromlachs! von dir, und nenne die Bergkluft,
Die dir den einfamen Aufenthalt giebt! Wo grünet der Hügel
Deiner Herberg und Raft? und follen wir dich in Gewittern
Nimmermehr hören! dich nimmermehr hören im Schalle des Bergftroms, (d)

C 2   Wenn

(c) Cathbait war Connals Vater; aber er wird zuweilen Colgars Sohn genannt, weil jemand diefes Namens der Stifter feines Gefchlechts gewefen
war. *Mac.*

(d) Das Geräufch der Ströme kam nach den alten Schotten von Geiftern, die
fich in die Fluten tauchten. Eine Einbildung, die uns feltfam fcheint,
aber fich von dem menfchlichen Geifte in feiner erften rohen Befchaffenheit
vermuthen läfst. Die Kinder reden unbelebte Dinge an, geben ähnlichen
Gegenftänden eben denfelben Namen, fetzen jedes ungewöhnliche Getös auf
die Rechnung eines Schreckenbildes. Sollten die Ideen und Empfindungen
der erften Menfchen, die gleichfam die Kinder unfers Gefchlechtes waren,
nicht eben fo befchaffen gewefen feyn? Sollten fie fich aus Fürwitz und
Unwiffenheit nicht für die Regel und Richtfchnur der ganzen übrigen Natur gehalten haben? daher hatten fie kein anderes Mittel die Naturerfchei-
nungen zu erklären, als, dafs fie alle Gegenftände, die fie lebhafter
rührten, und befonders die beweglichen, in Menfchen verwandelten, oder
dennoch fich einbildeten, die ganze Welt wäre mit Wefenheiten befetzt,
die dem Menfchen an Geftalt und Eigenfchaften glichen, und diefe er-
fchütternden Wunder hervorbrachten. So, fagt Vico: ward der Himmel
zu einem ungeheuren lebenden Körper, und der Donner zu feiner Stimme.
So glauben die Wilden in America, die Bäume weinten, wenn fie fchwi-
tzen,

Wenn fie nun ausziehn die fchmächtigen Kinder des Windes, der Wüfte
Dunft zu bereiten? Er hatte geredet.　In tönender Rüftung
Rafft er fich auf der beredfame Connal, fucht Cuchullin, naht fich,
Klopfet ihn wach am Schilde den Sohn der Gefechte.　Was bringt dich:
Spricht der Bezäumer des Wagens: zu mir im nächtlichen Dunkel?
Hätte fich itzo mein Speer dem Raufchen entgegen gewendet,
Connal! ich würde den Tod von meinem Freunde beklagen.
Aber nun rede! dein Rath ift licht, wie die Stralen des Himmels. (e)

　Sohn von Semo! verfetzte der Führer: der Schatten von Crugal
Liefs fich mir fehn von der Höhle des Hügels.　Die Sterne durchblinkten
Seine düftre Geftalt. (f)　Sein Laut war, wie des entfernten
Baches Gemurmel.　Er kam ein Gefandter des Todes.　Er fprach mir
Von der befchränkten und finfteren Stätte.　Gebiether von Dunscaich!
Suche den Frieden, wo nicht, fo räume die Fläche von Lena!

Seine

---

tzen, und fprächen, wenn fie fäufeln.　So bevölkerten die Scandinavier
alle Gebiethe der Natur mit menfchengleichen Gottheiten, und die Schotten mit Geiftern und Schatten.　Die Einbildung war die erfte Philofophie
der Nationen.　Hier mufs man den Urfprung der Fabel fuchen, und dem
Vico beyfallen, wenn er fagt: die rohe Natur erzeuge Dichter.　Man
fehe feine *Principj di Scienza nuova*.　Cef.

(e)　Im Englifchen fteht: *thy Counfel is like the fon of Heaven*, dein Rath
　　gleicht dem Sohne des Himmels.　H. Cefarotti überfetzt: *Lucido è il tuo
　　configlio al par del fole*.　Es mag auch wohl von der Sonne die Rede
　　feyn; denn wer fonft diefer Sohn des Himmels gewefen feyn follte, lehrt
　　uns Offian an keinem Orte.

(f)　Hier unterrichtet uns der Dichter von der Meynung feiner Zeitgenoffen
　　über die abgefchiednen Seelen.　Aus Connals Rede und Cuchullins Antwort
　　können wir abnehmen, dafs fie eine materialifche Seele glaubten, etwas
　　dem εἴδωλον der alten Griechen ähnliches. *Mac.*　Ich fehe nicht, warum.
　　Wir wiffen aus Offians Gedichten, dafs fich die Geifter Kleidung, Waf-
　　fen, u. f. f. aus Nebel bildeten.　So konnten ja die Sterne diefen Nebel
　　durchglänzen.

Seine düſtre Geſtalt durchblinkten die Sterne? verſetzte
Cuchullin: dennoch ſprach Crugal mit dir? Der Wind wars, o Connal!
Welcher die Grotten von Lena durchflüſtert; (g) und wär es auch Crugal,
O warum zwangſt du ihn nicht vor mir ſich zu ſtellen, zu ſagen,
Welche Bergkluft ihn deckt, und wo der Windegaſt hauſet?,
Daſs mein ſpürender Staal mir dieſe verkündende Stimme
Etwa noch fände, von ihr mit Gewalt ihr Wiſſen erzwänge. —
Aber glaube mir, Freund! ihr Wiſſen iſt nichtig! denn war nicht
Crugal noch heute mit uns? entflieg er den Spitzen von unſern
Hügeln? Wer gab ihm nun dort die Kunde von unſerem Tode?

Geiſter ſchweben auf Wolken, bereiten die Winde: ſprach itzo
Connal der weiſe: ſie ruhen in Höhlen, und ſprechen von Menſchen. —
Immer mögen ſie ſprechen von Menſchen! von allen! ſo fiel ihm
Brins Beſchützer darein: nur Cuchullin werde vergeſſen!
Denn mein Entſchluſs iſt gefaſst vor Swaran zu ſtehen! Und iſt auch
Endlich der Fall mir beſtimmt, ſo ſteigt mein Grabmaal im Ruhme
Kommender Alter. Es wird auf meinem Steine der Waidmann
Manche Thräne verlaſſen, und Kummer die treue Bragela
Rings umgeben. Mich ſchrecket kein Tod. Ich fürchte zu fliehen,

C 3   Ich,

(g) H. Ceſarotti lobt hier Cuchullinen, daſs er Connals abergläubiſchen
Wahn von der Erſcheinung Crugals verwarf. Ich auch, wenn ich
als *Chriſt* davon denke; aber wenn ich mich in Cuchullins Zeiten
verſetze, und ſein Geiſterſyſtem annehme, welches ich thuen muſs,
wenn mir nicht jeder heidniſche Dichter abgeſchmackt werden ſoll, ſo
iſt er mir ein Frevler, wie Kapaneus in der Thebais. Er lobt auch
den Dichter, daſs er Cuchullinen dieſe Worte in den Mund geleget hat. Soll denn Oſſian auch ein *Addmoniſt* geweſen ſeyn? er,
der ſo oft zu ſeinen Vätern um Erſcheinungen fleht, der wenige Verſe darauf Connaln den Vertheidiger der Geiſterreligion *weiſe*
nennt?

Ich, den Fingal nicht selten mit Siege gekrönet gesehen. — (h)
Auf, du trübes Gespenst vom Hügel! erschein mir auf deinem
Schimmer von oben! und trügest du sichtbar, du schmächtiges Luftkind!
Meinen Tod in der Hand, ich würde nicht fliehen! — O Connal!
Geh und klopfe den Schild von Cathbaith! Unter den Lanzen
Hängt er dort nieder. Sein Schall soll meine Gewaltigen wecken
Zu dem Gefechte von Erin. Der König von Selma (i) verzögert
Mit dem Geschlechte der stürmischen Hügel zu kommen; doch ziehn wir,
Sohn von Colgar! zur Schlacht, und sterben im Heldengemenge.

Und nun hallt es umher. Wie blau sich wälzende Fluten,
Fahren die Kämpfer empor, bedecken die Fläche, gleich Eichen
Rund umgeben von ragenden Aesten, wenn brausender Nordwind
Ueber sie strömt, im falben Gezwelge die Wirbel sich haschen.

Itzund erscheinet die duftige Stirne des grauenden Cromlachs.
Nicht mehr dunkel, noch gänzlich erhellet vom Strale des Morgens
Zittern die flüsigen Ebnen des Meers. Die blaulichten Nebel
Wallen langsam umher, und bergen die Männer von Erin
Swarans Gesichte. Nun spricht der Gebiether der finsteren Schilde:
Machet euch auf, o machet euch auf, ihr meine Begleiter
Von den Gestaden von Lochlin! Sie fliehn vor unseren Waffen

Erins

(h) Nur grosse Meister besitzen die Kunst ähnliche Charaktere verschieden zu
nüanciren. Cuchullins Heroismus scheint auf der höchsten Stuffe zu stehen; dennoch weifs Ossian ohne ihn herab zu setzen uns von seinem Fingal noch was grösseres einzubilden. Cuchullin kann sich nicht zur
Flucht entschliefsen; warum? er schämt sich vor Fingaln. Dieser
ist also gleichsam die Uridee der heroischen Vollkommenheit, und Cuchullin verhält sich zu ihm, wie eine vollkommene Nachahmung zu ihrem Muster. Cef.

(i) Fingals königlicher Wohnsitz in Morven.

Erins Söhne! verfolget sie längs der Gefilde von Lena!
Aber du, Morla! du geh zur Burg von Cormac, gebeut ihm,
Daß er vor Swarann sich beuge, noch ehe sich Gräber eröffnen
Ueber sein Volk, die Berge von Ullin zur Wüste verstummen.

Alsogleich häufen die Streiter sich an, wie befiedertes Strandvolk,
Wenn es die Flut vom Gestade zurückschlägt. (*k*) Sie brausen, gleich tausend
Strömen im Thale von Cona, wenn itzo die stürmische Nacht weicht,
Und sich im werdenden Lichte des Tags die düsteren Wirbel
Wälzend begegnen. Die Führer von Lochlins erschallenden Wäldern
Reissen sich allgemach vor. So fliegen die schwärzlichten Schatten (*l*)
Ueber die grasigten Hügel im Herbste. Der König der Wälder
Hoch, wie der Hirsch im Gehäge von Morven, besetzet die Spitze,
Schwinget den leuchtenden Schild. Er gleichet der nächtlichen Flamme
Welche durchs schweigende Dunkel der Welt ein Wandrer auf Haiden
Plötzlich erblicket. Ein Geist spielt auf dem flüchtigen Schimmer.

Aber nun hebt sich ein Wind vom gährenden Meere. Die dichten
Nebel zerreissen. Die Kämpfer von Erin erscheinen geschaaret,
Aehnlich der Kette von Klippen am Ufer. Da nahm der Geblether
Lochlins das Wort: Verfüge dich hin, o Morla! den Frieden

C 4 . Ihnen

(*k*)   *Wie zahllos*
        Vögel vom Ocean her die Küste beschwärmen, wenn itzund
        Ueber die Fluten in wärmere Länder der Winter sie scheuchet,
                                                    Virg. 6. B.
(*l*) H. Cesarotti übersetzt hier: *d'autunno i foschi spettri: die braunen Gespenster des Herbstes.* Wo augenscheinlich die Rede von *Wolken* ist, die man
öfter mit flüchtigem Schatten über die Felder streichen sieht. Er hat das
Englische: *the dark Shades of autumn*, nicht wohl gefasst. Man möchte
fast vermuthen, es sey ihm bey Durchlesung Homers zuweilen eine ähnliche Schwachheit zugestossen, weil er immer so gewaltig auf ihn losziehet. —
Ich habe einmal eine der Unrichtigkeiten rügen wollen, die eben nicht gar
selten sind.

Ihnen zu biethen. Sie follen von dir die Gefetze vernehmen,
Welche wir Königen geben, wenn Völker uns huldigen, jeder
Starker im Treffen erlag, und Mädchen im Felde fich härmen.

Morla der mächtige Sohn von Swart, der Gebiether der Schilde,
Machte mit ftolzem Gepränge fich auf, fand unter den Helden
Erins Befchützer, und fprach: Ergreif ihn den Frieden von Swaran,
Welchen er Königen giebt, wenn Völker ihm huldigen! Ullins
Liebliche Flächen begehrt er, und deine Gemahlinn, und deine
Dogge, die fchöne Gemahlinn, die Dogge mit Füfsen des Windes.
Gib ihm diefen Beweis von deinem unmännlichen Arme,
Führer! und lebe forthin dem Winke von Swaran gehorfam. —

Sag' es ihm jenem Herzen des Stolzes, dem Herrfcher von Lochlin:
Cuchullin weicht nicht! Ich bieth' ihm die dunkelblaulichte Rückfahrt
Ueber den Ocean, oder hier Gräber für all fein Geleit an.
Nie foll ein Fremder den reizenden Stral von Dunscaich befitzen!
Niemal ein Rehe durch Berge von Lochlin dem haftigen Fuffe
Meines Luaths enteilen! (m) — So willft du denn ftreiten, o fchnöder
Lenker des Wagens! fiel Morla (n) darein: fo willft du denn ftreiten
Wider den König? Geböth' er, fie riffen dein Eyland vom Grunde
Seine Schiffe die Töchter fo mancher Wälder! Ja! fchwach ift
Gegen den Herrfcher der ftürmifchen Wogen diefs Ullin mit feinen
Grünenden Hügeln. — In Worten, o Morla! verfetzte der Tapfre:
Weich' ich vielen; doch diefer mein Staal nicht einem. (o) So lange
Connal

(m) So hiefs Cuchullins Hund. *Mac.*

(n) Ein würdiger Gewaltträger des ftolzen Swarans. *Cef.*

(o)   *Wenn ich dich nur im Gefechte bemeiftre, fo fiege mit Worten.* Ovid.

Connal und Cuchullin lebt, wird Erin den Zepter von Cormac
Immer verehren. (p) — O Connal! o du der Gewaltigen erster! (q)
Haft du die Bothfchaft von Morla gehöret? du Brecher der Schilde!
Bift du noch itzo zum Frieden geneigt?(r) Und, Schatten von Crugal!
Du? du dräuteft uns Tod? Mit Stralen des Ruhmes bekleidet
Soll mich das enge Behältnifs empfangen. Auf, Söhne von Erin!
Bäumet die Lanze, belaftet den Bogen, im dunkeln Gedränge
Stürzet euch über den Feind, gleich ftürmifcher Nächte Gefpenftern!

Ja! fo brüllend, fo gräfslich und tief verwälzet fich itzund
Untereinander das Dunkel der Schlacht, wie Nebel auf Thäler
Niederwallen, wenn Wetter den fchweigenden Tagftral umziehen.
Cuchullin trabet gerüftet voran, gleich einem erboften
Schatten, nach fich ein finfter Gewölk, zur Seite beflammte
Bilder der Luft, in der Rechten die Stürme. Des kriegrifchen Hornes

C 5

Schall

(p) Die Handlung diefes Gedichts ift um fo viel edler und anziehender, je weniger fie auf den Privatnutzen des Helden abzwecket. Wir haben wenige
Epopeen mit diefem Vorzuge. Achilles fchnaubt eine tolle Rachgier. Aeneas
will in einem fremden Gebiethe aus nicht fehr gegründeten Anfprüchen ein
Reich ftiften. Cuchullin fetzt fein Leben für feinen Mündel, Fingal für
feinen Bundesverwandten und Freund in Gefahr. Cef.

(q) Das beyderfeitige Betragen diefer zween Helden verdient Bewunderung.
Connal räht immer Frieden, Cuchullin will nur Krieg. Nichts deftowe-
niger ift diefer ftats voll Achtung und Vertrauen gegen feinen Freund, und
jener ohne feine Meynung zu ändern, fteht ihm mit jeder Treue, mit jedem
Eifer bey. Welche Schule der Tugend und Lebensart! welche Zärte des
Geiftes mufste Offian haben, um in einem unbearbeiteten Zeitalter fo genau
alle diefe feineren Verhältniffe auszudrücken, welche nur Früchte der fitt-
lichften und aufgeklärteften Gefellfchaft fcheinen. Cef.

(r) Wie edel ift diefe Entrüftung! wie verhältnifsmäfsig wächst fie! Sie beginnt
von einem freundfchaftlichen Vorwurfe, wird hitziger in Betrachtung des
angedrohten Todes, und des Verlufts der Ehre, bricht endlich in einen
kriegerifchen Zufpruch aus, der voll Feuers und Stärke ift. Cef.

Schall zu begeiſtern bleibt Carril zurück, (s) und löſet indeſſen
Seinen Geſang. Sein empfindendes Herz quillt über, und geuſt ſich
In die Gemüther der Helden. So ſangen die Lippen der Lieder: (t)

Wo, Crugal! ach! wo biſt du! —
Er ſank zur Erde! liegt vergeſſen!
Im Saale ſeiner Muſcheln iſt kein Laut.

Es grämt ſich ſeine Gattinn.
Die Kamer ihrer Wittwentrauer,
Die ſie verſchleußt, iſt ihr noch unbekannt. (u) —

Doch welchen Stral erblick' ich,
Der ſchnell ſich in die Feinde ſtürzet? —
Du biſt es, ach Degrena, Crugals Braut!

In ihrem Haare ſauſet
Der Wind nach ihr. Ihr Aug iſt röthlicht
Von Thränen. Ihr Gewimmer tönt umher.

Ach Elende! dein Crugal
Der iſt itzt leer und nebelfärbigt.
Sein Schattenbild ſchwebt in des Hügels Kluft.

Zum

(s) Wir haben ſchon oben geſehen, daß die Sänger mit den Helden ins Gefecht
giengen. Ihr Charakter machte ſie auch den Feinden ehrwürdig. Sie
konnten in Mitte des Waffengetöſes ohne Gefahr ſingen. Ceſ.

(t) Ich habe die lyriſchen Stellen Oſſians in lyriſche Versarten gebracht. Man
kann mir ſagen: ich hätte kein Beyſpiel der Alten für mich. Wenn dieſer
der ſtärkſte Gegengrund iſt, ſo bin ich zufrieden.

(u) Crugal hatte ſich kurz vor dem Kriege mit ihr vermählet. Mac.

Zum Ohre deiner Ruhe
Leis naht es sich, sumst, wie die Biene
Vom Berg' und wie der Schnackenschwarm bey Nacht. —

O seht! Degrena sinket
Schnell, wie ein schwindend Morgenwölkchen! (w)
Die Spitze Lochlins ist in ihrer Hüft.

Ach sie ist hin, Cairbar! (x)
Der süßauslebende Gedanke
Von deiner Jugend, ach Degrena fiel!

Itzund hörte den Ton der Klage Cairbar, und schaute
Seiner Tochter Verderben. (y) Gleich einer Balene des Meeres
Stürzet er hin, und brüllet in Mitte von Tausenden. Einem
Sohne von Lochlin durchstößt er das Herz. Von Flügel zu Flügel
Wütet der Streiter. So laut durchschallen die Wälder von Lochlin
Hundert Orkane, so schrecklich verzehret das Feuer auf hundert
Hügeln die Tannen, so sinken die Reihen der Krieger zur Erde.
Cuchullin mäht, wie die Diesteln, Gewaltige; Swaran entvölkert

Erin

(w) Virgil läßt uns lesen, Homer schauen: sagt Pope. Man kann diesen Satz mit mehrerem Grunde auf Ossian anwenden. Homer erzählt
und zwar umständlich; aber Ossian ist bey der Handlung gegenwärtig,
und sie wirkt allenthalben auf ihn. Die Ausbrüche seines Herzen prellen mittels seines pathetischen Stils an das unsere. Homers Erzählung
müsste nicht so gedehnt seyn, wenn sie uns so angenehm hintergehen
sollte. Cef.

(x) Degrenens Vater. Mac.

(y) Man möchte glauben, dieser Gesang sollte uns von der Schlacht entfernen;
allein wie unvermerkt und natürlich führt uns der Dichter recht mitten in
dieselbe hinein! Cef.

Erin zur Wüste. Durch ihn fällt Curach, und mit gewölbtem
Schilde Cairbar, durch ihn liegt Morglan im ewigen Schlafe,
Schauert Caolt im Tode; sein Blut quillt über den weisen
Fusen, er schleift sein göldenes Haupthaar verworren auf seines
Vaterlands Erde. (z) Da, wo er itzt fiel, da dampfte nicht selten
Ehmal sein Fest, erhub er nicht selten die Stimme der Harfe.
Freudig umsprang ihn dann jeglicher Windhund, und Jünglinge standen
Rings um ihn her die Bogen des Waidwerks zu rüsten geschäftig.

Swaran drang immer heran dem Strome der Wüste vergleichbar,
Welcher die niedrigern Hügel verspület, zur Hälfte versenkte
Felsen verläfst. (a) Doch Cuchullin stemmt sich entgegen. So stemmt sich
Wider die Wolken des Himmels ein Berg. (b) Die waldigte Scheitel
Duldet den Anfall der kämpfenden Winde, die steinigten Strecken
Rasselt der Hagel herab, er aber in seinem Vermögen
Steht, und beschattet das schweigende Thal von Cona. So schirmet
Cuchul-

(z)   *Wirbelnder Staub entfärbt ihm die schwärzlichten Locken. Im Staube*
       Lieget sein ehmal so zierliches Haupt; denn Jupiter liefs es
       Itzund auf seines Vaterlands Erde vom Feinde mishandeln
                    Hom. vom Hektor im 22 B. der Ilias. *Cef.*

(a)   Homer bedient sich dieses Gleichnisses im 5 B. der Ilias vom Diomedes.
       In der Zusammenhaltung wird man finden, dafs Ossian gedrängter und
       nachdrücklicher ist. *Cef.*

(b)   Virgil und Milton haben sich eines ähnlichen Gleichnisses bedient. Ich
       will sie dem Leser zur Beurtheilung vorlegen. Virgil sagt im 12 B. der
       Aeneis von seinem Helden:
            So, wie der Athos und Eryx, und selbsten der Apenninur,
            Wenn er mit bebenden Eichen erbrauset, und froh die beschneyte
            Scheitel den Wolken vertraut.
       Milton aber im 4 B. des verl. Parad. nach H. Zachariä Uebersetzung von
       Satan:
            Auf der anderen Seite stand Satan empöret, und raffte
            Alle Stärke zusammen, und stand da verbreitet, und dräuend
            So wie der Teneriff oder der Atlas unbeweglich.
            Seine Gestalt erreichte die Wolken.   Mac.

Cuchullin Erins Geschlecht umgeben von Tausenden. Blut springt
Rings um ihn her von röchelnden Helden, wie Quellen von Klippen. —
Aber vergebens! denn Erin versieget von jeglicher Seite,
So wie der Schnee vor der wärmenden Sonne. Gefährten: rief Grumal:
Lochlin behauptet das Feld! was streiten wir länger, wir Binsen
Wider die Winde? die Flucht zum Hügel des bräunlichten Wildes
Laßt uns ergreifen! Er floh dem Hirschen von Morven nicht ungleich,
Schleppte die Lanze nach sich. Sie schien ein zitternder Lichtstreif.
Wenige flohen mit Grumal dem feigen Führer. Die meisten
Sanken als Helden dahin auf Lenas erschallender Haide.

Erins Vertreter stand hoch auf seinem schimmernden Wagen.
Einer der mächtigen Söhne von Lochlin der hatte nun eben
Unter dem Helden geblutet, da sprach er in Eile zu Connal:
Diesen verderbenden Arm den hast du gelehret, o Connal,
Erster der Menschen! wie nun? daß Erins Männer entflohen,
Sollen wir minder dem Feinde begegnen? — Langdenkender Carril!
Leite mir meine noch lebenden Freunde zum büschigten Hügel! —
Aber wir, Connal! wir stehn gleich Felsen, und decken den Rückzug
Unserer Freunde. Da schwang sich Connal den schimmernden Wagen
Hurtig hinauf. Nun streckten sie beyde die Schilde der trüben
Scheibe des Mondes der Tochter des sternigten Himmels nicht ungleich,
Wenn sie mit dämmerndem Rande sich langsam hier oben beweget.
Dusronnal brauset den Hügel hinan der stolzeste Wiehrer,
Sulin-Sifadda mit ihm, und so, wie der Wallfisch die Fluten
Hinter sich zeucht, so folgen Geschwader der Feinde dem Wagen.

Traurig hatten die wenigen Söhne von Erin indessen
Cromlachs steigende Strecken erreichet, und glichen dem Hayne,
Welchen mit streifender Wut die Flamme von Winden gespornet
In dem Orkane der Nacht versengte. Nicht ferne, von einer

Eiche

Eiche bedecket hielt Cuchullin ftill. (*c*)   Sein röthlichter Blick fchofs
Schweigend umher.   Die Winde durchfausten fein lockigtes Haupthaar.
Siehe! da nahte fich Fithils Erzeugter, der Hüter des Meeres
Moran.   Schiffe! fo rief er, und: Schiffe der einfamen Infel! (*d*)
Fingal erfcheinet der erfte der Menfchen, der Schildezertrümmrer!
Jegliche Woge fchäumt auf vor feinen fchwärzlichten Schnäbeln.
Seine befegelten Mafte die gleichen umnebelten Wäldern. —

Winde! fiel Cuchullin ein: o blafet ihr Winde von meiner
Infel des lieblichen Nebels!   O komm zum Tode von taufend,
Herrfcher der Hügel des Wilds!   Mir find, wie Wolken des Morgens
Deine Segel, mein Freund! wie Schimmer vom Himmel die Schiffe,
Aber du felbften, du bift gleich einer flammenden Saule,
Welche das nächtliche Dunkel erhellt. —   O erfter der Menfchen!
Connal! wie find uns die Freunde gefällig! — Doch wachfen die Schatten
Immer. — Wo find nun die Schiffe von Fingal? Wir bringen die finftern
Stunden hier hin, und fehn der Enthüllung des Mondes entgegen.

Itzo

(*c*) Wer H. Cefarotti wälfche Ueberfetzung lieft, wird fich verwundern, wenn
   er fo unverhofft Cuchullinen hier unter der Eiche findet.   Kein Wort von
   einem Rückzuge.   Wo Offian die Pferde den Hügel hinan braufen, und
   die Feinde nach dem Wagen folgen lafst, würde das, was der 11. Abt fagt,
   im Deutfchen beyläufig fo herauskommen:

   Sulin - Sifadda

   Stampfet, fchnaubet, braust Blut mit Schaume vermenget.   Ins Runde
   Bäumet fich Dusronnal ftolz, und quetfcht und zerftücket der Feinde
   Körper.   Zufammengedrängt und tief den Helden entgegen
   Stürmen die Feinde, wie dort den ungeheuerften Wallfifch
   Himmel anfchwellende Fluten des Meeres zu meiftern verfuchen.

   Vielleicht fchön; aber getreu? — und ich dachte dennoch, diefs wäre
   die erfte Pflicht eines Ueberfetzers.

(*d*) Nicht jeder kennt die gelegene Zeit feine Helden auftreten zu laffen.
   Würde Fingal diefen Eindruck gemacht haben, wenn er eher erfchienen
   wäre?   Das freudige Stammeln des Bothen unterrichtet uns von der Wichtigkeit feiner Ankunft.   Aber er ift noch nicht hier, er wird nur angekündet.   Der Dichter hat noch einen kräftigern Streich mit ihm vor.   *Cef.*

Itzo durchſtreichen die Winde den Forſt, von Felſen herunter
Sprudeln die Quellen, in Regengewitter verbirgt ſich die Scheitel
Cromlachs, und jeglicher Stern blinzt roth aus flüchtigen Wolken.
Traurig ſitzet am Bache, mit deſſen Gemurmel der nahe
Baum ſich beſpricht, der Leiter von Erin. Zur Seite war Connal,
Und der langdenkende Carril. Der Sohn von Semo begann itzt:

Ach wie unſelig und ſchwach iſt meine Rechte, ſeitdem ſie
Meinem Vertrauten das Leben geraubet! (e) Ach Dammans Erzeugter!
Ferda! dir war ich ſo gut, als wie mir ſelbſten! — O ſage:
Brach ihm Connal darein: wie fiel der Zerbrecher der Schilde,
Dammans ſtattlicher Sohn? Er ſchwebt mir vor Augen; denn zierlich
War er und ſchlank, und ähnlich dem farbigten Bogen auf Höhen.
Cuchullin ſprach: Aus Albion kam er, dort waren ſein Erbgut
Hundert Hügel. (f) Im Saale von Muri (g) da ward er gelehret

Waffen

(e) Nur die zärtlichſte Tugend wirft ſich unvorſätzliche Fehler vor. Ceſ.

(f) Dieſe Geſchicht iſt von vielen andern unterſchieden, und ſehr anziehend.
Sie enthält den ſchönſten Streit der Freundſchaft und Liebe. Ferdas Charakter iſt vollkommen tragiſch. Tugendhaft, aber ſchwach, und endlich
ſeiner Schwachheit Opfer. Der Leſer misbilligt ſein Betragen, und bedauert ihn. Wir finden nicht viele Beyſpiele dieſer Art in den erſten
Dichtern der Völker. Die ungezäumten Leidenſchaften der Barbarn ſtürzen wütend zu ihrem Ziele. Sie kennen keine Gründe, oder treten ſie
unter die Füſſe. Allein die griechiſchen Trauerſpieldichter lebten in auf-
geklärtern Zeiten, und hätten uns öfter ſo feine Contraſte der Tugend und
Leidenſchaft aufführen können, durch welche ſich das heutige Trauerſpiel ſo
ſehr über das alte hebt. Sie würden einerſeits lehrreicher und anziehender geweſen ſeyn, und andrerſeits mehr Feine des Geiſtes und Kunſt gewie-
ſen haben, als in Ausbildung einfacher Charaktere. Ceſ.

(g) Muri, ſagen die iriſchen Barden, war ein Ort auf Ulſter, wo man die
Jugend in Waffenübungen unterwies. Cuchullin ſoll der erſte den Gebrauch
einer vollkommenen Rüſtung von Eiſen in Irland eingeführet haben. Die
Senachen rühmen ihn, als den Unterrichter ſeiner Landsleute in der Reit-
kunſt, und den erſten, der ſich in ſelbem Königreiche eines Wagens bedienet hat; daher iſt Oſſian im 1 B. ſo umſtändlich in der Beſchreibung
ſeines Wagens. Mac.

Waffen zu führen, und kohr mich zum Freunde. Wir trieben das Waidwerk
Immer vereint, und nahmen vereint auf Haiden das Lager.
Damal beherrschte die Flächen von Ullin Cairbar. (*h*) Er hatte
Sich Deugala zur Gattinn gewählt. (*i*) Der Schimmer der Schönheit
Hob ihr Gesicht; doch sass ihr in Mitte des Herzen der Hochmuth.
Ferda gefiel ihr die Sonne der Jugend. Einst sagte die Schöne:
Gib mir die Hälfte der Heerde, Cairbar! In deinen Gemächern
Bleib' ich nicht länger, du finsterer Mann! Geh! theile die Heerde! (*k*)
Cuchullin werde der Theiler! versetzte Cairbar: sein Busen
Ist der Gerechtigkeit Sitz, und dann, o du Schimmer der Schönheit!
Scheide nach deinem Belieben. — Ich gieng und theilte die Heerde.
Siehe, da blieb mir ein Stier noch übrig an Weisse dem Schnee gleich;
Diesen gab ich dem wackern Cairbar. Deugala ward zornig.
Sohn von Damman! begann sie: dein Cuchullin hat mich entrüstet.
Kömmt mir, o Ferda! kein Both von seinem Tode, so strömet
Ueber meinen erblichenen Leichnam der Lubar, so schwebet
Blass mein Schatten um dich, so klaget er immer dir hörbar

Meiner

(*h*) Ein anderer Cairbar, nicht Degrenens Vater.

(*i*) Deugala ist das Muster eines stolzen, gebietherischen, verschmitzten Wei-
bes, welches sich der Schwachheit ihres Liebhabers bedienet, ihn ihrer empfindlichen Eitelkeit zu gefallen zum Verbrecher zu machen. Sie
spielt ihre Rolle unverbesserlich.   Man bemerke den trotzigen Ton, aus
welchem sie mit ihrem Gatten spricht, die Entschlossenheit und den De-
spotismus gegen den Liebhaber: *er hat mich beleidiget! er sterbe!* —
Aber mein Freund — *je nun, ich wills!* Nachmal ergreift sie das
Zaubermittel der Thränen, und endlich reizt sie seine Ehre, die em-
pfindlichste Seite eines Helden.   Sollten keine Abdrücke von Deugala
mehr zu haben seyn? *Cef.*

(*k*) Aus diesen Worten könnte man schließen: 1tens, daß man bey den alten
Celten die Töchter aussteuerte. 2tens, daß die Eheicheidungen eben nicht
selten waren. 3tens, daß beyde Theile das Recht hatten sie zu fodern.
4tens, daß hierzu der bloße Willen genug war. *Cef.*

Meiner gereizten Empfindlichkeit Wunde. Geuſs Cuchullins Blut aus,
Oder durchſtich mir die pochende Bruſt! Ich Cuchullin tödten?
Gab der ſchönhaarigte Jüngling zurück: Er iſt der Vertraute
Meiner geheimen Gedanken, und ich empörte die Schneide
Wider den Freund? Sie weinte drey Tage, den vierten ergab ſich
Ferda. Wohlan! Deugala! du willſt es; ich ſuche den Zweykampf.
Aber ich wünſche zu fallen! denn könnt' ich noch irren am Hügel!
Sehen, wo Cuchullin liegt! — Wir fochten nicht ferne von Muri.
Unſere Klingen vermieden zu treffen, vom ſtälenen Helme
Glitten ſie weg, und klangen herunter an ſchlüpfrigten Schilden.
Lächelnd befand ſich Deugala dabey, zum Sohne von Damman
Sprach ſie: dein Arm iſt noch ſchwach, du Schimmer der Jugend! dein Alter
Noch dem Staale nicht reif. Ergib dich dem Sohne von Semo.
Feſt, wie die Felſen auf Malmor, ſo ſteht er. — Im Auge des Jünglings
Zitterten Thränen hervor. Er ſagte mir ſtammelnd: erheb ihn,
Cuchullin! höher den wölbenden Schild, und ſchütze dein Leben
Wider die Fauſt des Freundes! Mir iſt vor Schmerzen die Seele
Finſter und ſchwer! den erſten der Menſchen, den ſoll ich erlegen! —
Alſo ſprach er, und itzt entſtieg mir ein Seufzer dem Winde
Aus der geſpaltenen Klippe nicht ungleich. Ich zückte die Schneide
Meines Schwertes empor! er ſtürzte zur Erde, der Schlachten
Schimmer, der erſte von Cuchullins Freunden! Unſelig und ſchwach iſt
Seit dem Tode des Helden mein Arm. Nun redete Carril:

Sohn des Wagens! wer fühlte nicht Wehmuth bey deiner Erzählung!
Siehe! ſie wecket in meinen Gedanken ein Beyſpiel der Vorwelt,
Und der vergangenen Zeit. Oft hört' ich von Comal, (1) er habe

Erſter Band.   D   Seine

---

(1) Ein ſchottiſcher Krieger, den man mit Comal, Fingals Vatern, nicht ver-
    wechſeln muſs. *Cef.*

Seine Geliebte getödtet; und dennoch begleiteten Siege
Seine Waffen, und ·Schlachten entfchied fein Beyfeyn. Auch er war
Albions Abkunft, auch er von hundert Hügeln Befitzer.
Taufend Bäche die tränkten fein Wild, und Felfen zu taufend
Gaben den Jagdlaut zurück von feinen Doggen. In jedem
Sänfteren Reize der Jugend erglänzte fein Antlitz. Doch Helden
Streckte fein Arm. Er liebte Galvina des mächtigen Conloch
Zierliche Tochter, im Chore der Mädchen der Sonne nicht ungleich,
Glänzender fchwarz, als die Schwinge des Raben, von Haaren. Kein Wild blieb
Ihren Hunden im Jagen verborgen. Es zifchte die Senne
Ihres Bogens am Winde des Haynes. Der Liebenden Blicke
Fanden fich oftmal einander. Sie zogen vereinet aufs Waidwerk,
Ihres Geflüfters vertraulicher Inhalt war füfs und gefällig.

Aber auch Gormal entbrannte zur Schönen, des ftürmifchen Ardven (m)
Düfterer Führer, und Feind des unglückfeligen Comal.
Immer verfolgt' er den einfamen Pfad des Mädchens auf Haiden.
Einftens kehrten fie müde vom Jagen, und ihre Gefährten
Hatte der Nebel dem Blicke geraubt, da trafen bey Ronans (n)
Grotte die zärtlichen beyden Verliebten zufammen; denn Comal

Hielt

(m) Ein Gebieth zu Morven gehörig.

(n) Der unglückliche Tod diefes fchottifchen Kriegers wird in dem neunten
Fragmente der alten Poefien, die unlängft herausgekommen find, befungen; aber nicht von Offian, obwohl das Gedicht in feiner Art verfaffet ift,
und das fichere Präg des Alterthums aufbat. Der Autor fafst fich kurz,
wie Offian, hingegen find feine Gedanken viel zu mager und eingefchränkt,
als dafs fie unfern Dichter verrathen follten. Wie viele Gedichte gehen
unter feinem Namen, die offenbar viel jünger find, als er. Aus der groffen Anzahl, die man hievon in Irland findet, find dem Ueberfetzer einige
in die Hände gekommen. Sie find äufserft pöbelhaft, voll lächerliches
Schwulftes, oder platter als jede Profe. Mac.

Hielt dort öfter sich auf; dort hiengen an Winden gereihet
Hundert Schilde von Häuten der Thiere, von klingendem Staale
Hundert Helme, der kriegrische Zierat des Helden. Hier innen
Ruhe du, meine Geliebte! du Schimmer der Grotte von Ronan!
Ruhe, so nahm er das Wort. Dort über der Spitze von Mora (o)
Zeigt sich ein Hirsch, dem flieg' ich entgegen; doch kehr' ich bald wieder.
Comal! gab sies zurück: ich fürchte den düsteren Gormal,
Meinen Verfolger. Auch er besuchet die Grotte von Ronan.
Unter den Waffen da will ich hier ruhn; doch kehre, mein Theurer,
Kehre bald wieder! — Er eilt auf Mora dem Hirschen entgegen.

Aber indessen entschleußt sich die Tochter von Conloch den Treusinn
Ihres Buhlen zu prüfen. Die niedlichen Glieder bedecket
Mit dem Geschmeide des Kriegs verläst sie die Grotte. Nun glaubet
Comal den Gegner zu sehn. Ihm pochet das Herz. Er entfärbt sich.
Finster wirds um ihn her. Er belastet den Bogen. Der Pfeil zischt.
Ach Galvina! — sie sinkt in ihr Blut! Nun stürzt er zur Grotte
Wütend, und ruffet die Tochter von Conloch. — Die einsamen Felsen
Starren verstummt. — Mein süßes Vergnügen! wo bist du? — Gib Antwort! —
Endlich erblickt er ihr zitterndes Herz. Sein Pfeil ist darinnen. —
Meine Galvina! dich hab' ich erlegt — (p) und vergeht ihr am Busen.

Also ward das unglückliche Paar von Jägern gefunden.
Comal irrte zwar nachmal am Hügel; doch wankte fast immer

D 2

Rund

(o) Ein Berg in Schottland. Es war auch in Irland einer gleiches Namens,
    dessen im 1 B. gedacht wird. *Cef.*

(p) In den häftigsten Gemüthsbewegungen läst der Dichter seine Personen
    nur wenige Worte sagen, und drückt den Affect oft durch ein beredsames
    Schweigen aus. So verhüllte Timantes Agamemnons Angesicht bey dem
    Opfer seiner Tochter. Seneca sagt:
       Ein leichter Kummer redt, ein schwerer staunt. *Cef.*

Rund um die finftere Stätte Galvinens fein fchweigender Fufstritt.
Schiffe des Oceans kamen ans Ufer. Er kämpfte. Die Fremden
Scheuchte fein Staal in die Flucht. Er fuchte zu fterben; doch welcher
Gegner vermochte den Tod ihm zu geben? Nun warf er zur Erde
Seinen düfteren Schild; da fand ein ftreifender Flitfchpfeil
Endlich die männliche Bruft. Itzt fchläft er am Wellengetümmel
Mit der geliebten Galvina. Die mitternächtlichen Fluten
Pflüget ein Schiffer, und fieht von ferne die grünenden Gräber.

DRIT-

DRITTES BUCH.

INHALT.

Cuchullin findet Belieben an Carrils Erzählung, und heifst ihn fortfahren. Der Barde befingt Fingals Thaten in Lochlin, und den Tod der fchönen Agandecca, die Swarans Schwefter war. Indeffen kömmt Calmer der Sohn von Mata, der Cuchullinen zum Treffen gerathen hatte, wund vom Schlachtfelde, und entdecket Swarans Vorhaben die Ueberbleibfel des irifchen Heeres zu überfallen. Er will an einem engen Pfade fich allein fo lang ihm widerfetzen, bis die Irländer in Sicherheit wären. Cuchullin bewundert die heldenmüthige Anbiethung, entfchliefst fich ihm Gefellfchaft zu leiften, und befiehlt Carriln die wenigen Kriegsleute, die noch übrig waren, hinweg zu begleiten. Es taget, und Calmer ftirbt an feinen Wunden. Nun erfcheinen Fingals Schiffe, daher Swaran die Iren zu verfolgen aufhöret, und fich wendet der Landung der Caledonier zu widerftehen. Cuchullin fcheut fich nach feiner Niederlage vor Fingal zu erfcheinen, und birgt fich in der Grotte von Tura. Fingal greift die Feinde an, die weichen; aber der Einbruch der Nacht läfst den Sieg unvollkommen. Der König, der Ofcars feines Enkels tapferen Muth beobachtet hatte, giebt ihm verfchiedene Lehren Krieg und Frieden betreffend, empfiehlt ihm ein immerwäh-

rendes Andenken feiner Vorältern, als der beften Mufter
feines Betragens, und nimmt daher Gelegenheit die Zwifchenfabel von Fainafollis der Tochter des Königs von Craca, die er in feiner Jugend vertheidiget hatte, einzuführen.
Fillan und Ofcar werden gefandt zur Nachtzeit die Bewegungen der Feinde auszufpähen. Indeffen begehrt Gaul der
Sohn von Morni die Oberauffficht des morgigen Treffens,
und Fingal fteht fie ihm zu. Mit dem Gefange der Barden
wird der dritte Tag befchloffen.

DRITTES BUCH. (a)

Schmeichelnde Töne des Lieds! vergnügende Kunden der Vorzeit!
Rief nun Cuchullin auf: fo labet den Hügel des Wildes
Sänfterer Thau des Morgens, wenn itzo den Abhang die Sonne
Milder beglänzt, und heiter und blaulicht im Thale der Teich ruht.
Carril! töne mir fort! das Lied von Tura foll fchallen.
Freudig erfcholl es in meinen Gewölben, als Fingal der Schwerter
Fürft zu befuchen mich kam, ihn feiner Erzeuger befungne
Thaten entflammten. Und Carril gehorchte. So quoll fein Gefang aus: (b)

Mann

(a) Die zweyte Nacht dauert fort. Cuchullin, Connal und Carril find noch
immer an dem Orte, wo wir fie im vorgehenden B. gelaffen haben. *Mac.*

(b) Die Gefchicht der Agandecca wird mit vieler Vorficht hier eingeführt:
fagt der englifche Ueberfetzer: weil fie einen groffen Einflufs in das übrige
Gedicht, und befonders in die Kataftrophe hat. Dennoch dünkt mich,
Ullin würde fie am Ende diefes Buches, nach Fingals Ankunft, füglicher
erzählet haben, als Carril. Der Gang der Handlung, und Fingals Intereffe
weift ihr dort ihre natürliche Stelle an, und macht fie faft nothwendig, da
fie entgegen hier nichts als ein Zierat ift ohne Abficht und Folge angebracht, und unfähig ihrer Schönheit alle jene Wirkfamkeit zu geben, die
fie am rechten Orte gehabt hätte. *Cef.*

Mann der Schlachten, o Fingal! dein Ruhm in Waffen wie zeitlich
Stieg er empor! Dein Grimmen fraſs Lochlin. Zwar ſtritten die Reize
Deiner Jugend mit jeglichem Mädchen, und jegliches Mädchen
Lächelte Sehnſucht dem blumigten holden Geſichte; doch Tod war
In der Rechten des Jünglings. Er hatte des ſtrömenden Lora
Ganze Gewalt; wie Bäche zu tauſenden, rauſchte ſein Kriegsvolk (c)
Hinter ihm her. Sie fiengen im Streite den König von Lochlin,
Starno den ſtolzen, und ſandten ihn wieder in Freyheit zu ſeinen
Schiffen zurück. (d) Doch ſchwoll ihm das Herz von Hochmuth, und finſter
Ward ihm die Seele von Fingals Verderben; denn keiner, als Fingal
Hatte die Stärke des mächtigen Starno beſieget. In Lochlins
Waldigtem Reich', im Saale der Muſcheln da ſaſs er, und winkte
Snivan (e) herbey, den Greiſen, der oft im Runde von Loda

D 4   Lieder

(c) Dieſe Redensart iſt auch den Poeſien der H.L. Schrift gemein. *Cef.*

(d) Starno war der Vater von Swaran und Agandecca. Seiner wilden Gemüthsart wird auch in andern Gedichten jener Zeit erwähnet. *Mac.*

(e) Snivan muſs ein däniſcher Skalde geweſen ſeyn, an Beruff den ſchottiſchen
Barden gleich. Liebhaber der Poeſie werden es nicht übel nehmen, wenn
ich hier eine Stelle aus *Mallets Einleit. in die Geſchicht von Dänem.* ein-
rücke, um zu zeigen, wie ehrwürdig dieſe Kunſt bey ſogenannten Barbarn,
die man alles feineren Gefühles beraubet glaubte, geweſen ſey. — Die
Geſchicht der Dichtkunſt kann kein Land nennen, das derſelben günſtiger
geweſen wäre, als Scandinavien, weder ein für dieſelbe ſo rühmliches
Zeitalter. Die nordiſchen Urkunden ſind voll von den Ehrbezeigungen,
die Völker und Könige den Dichtern wiederfahren lieſsen. Die Herrſcher
Dänemarks, Schwedens und Norwegens hatten immer einen oder mehrere
Skalden in ihrem Geleite. Harald, der *Schönhaarigte*, gab ihnen bey ſeinem Mahle den erſten Sitz unter den Hofbeamten. Viele Fürſten vertrauten ihnen im Frieden und Kriege die wichtigſten Stellen. Auf jedem Heer-
zuge waren ſie mit. Haquin, Graf von Norwegen, führte fünf mit ſich
in ein Treffen, derer jeder ein Kriegslied ſang, die Soldaten anzufeuern.
Ihre Gedichte wurden reichlich belohnet. Die Achtung gegen ſie gieng
ſo weit, daſs man ihnen Strafen erlieſs, wenn ſie in Verſen um Gnade
bathen, und man hat noch eine Ode, mit welcher ſich Eggil, ein beruffener Poet, der einen Mord begangen hatte, von der Todesſtrafe losſang.
So legten ſich auch ſelbſten Fürſten und Könige mit allem Fleiſse auf das
Dichten, wie Rognwald, Graf der orkadiſchen Inſeln, Regner Lodbrog,
König

Lieder herumfang, (*f*) wenn itzo der Stein des Vermögens zu seinem

Ruffen fich neigte, der Sieg von Tapfern im Felde fich wandte.

Grauer Snivan! fo fprach er: du geh zu den wellenbegränzten

Klippen von Ardven, und fage zu Fingal dem Herrfcher der Wüfte,

Sage zum Schönften aus taufend: ich böthe das zierlichfte Fräulein,

Meine Tochter ihm an. Ihr Bufen glänzet, wie Schnee glänzt.

Weifs ift ihr Arm, wie der Schaum von meinen Fluten, die Seele

Mild und edel. Er komme mit feinen Berühmten zur Jungfrau,

Die die verfchloffene Kamer bewohnt. Die windigten Höhen

Albions hatte nun Snivan erreichet; er kehrte nun wieder

Mit dem fchönlockigten Helden zurück. So lang fie des Nordes

Fluten durchfchnitten, fchwang immer auf Flügeln der Liebe des Jünglings

Herz fich voraus. Er fey mir willkommen, des felfigten Morvens

König! er fey mir willkommen! fo fagte der düftere Starno.

Euch auch grüfs' ich, ihr tapferen Söhne der einfamen Infel,

Fingals Krieger! In meinen Gewölben verbringt ihr drey Tage (*g*)

Feyernd,

König der Dänen, u. a. m. Ein Gebiether fetzte oft fein Leben auf, um von feinen Skalden befungen zu werden; diefs gefchah nachmal bey ihren Gaftereyen und Verfammlungen nach dem Tone der Pfeifen und Lauten u. f. f. — Wer follte es glauben, dafs eben diefe Nation den guten Gefchmack unter den Ruinen Italiens begraben habe ? *Cef.*

(*f*) Hier ift offenbar eine Anfpielung auf die Religion der Scandinavier, und der *Stein des Vermögens*, das Bild einer ihrer Gottheiten. *Mac.* Der *Kreis von Loda* mufs jener zweyfache Umfang von Steinen feyn, mit welchem fie nach Mallets Bericht den Altar ihres Götzen, und den Hügel einfchloffen, auf dem er ftand; der Stein mag *Odins* Bildnifs feyn. *Cef.*

(*g*) Es fcheint, die alten Völker haben fich einverftanden die *dritte* Zahl in Ehren zu halten. Sie war bey den Scandinaviern eine heilige, den Göttern befonders augenehme Zahl. Die Schotten mufsten nicht viel anders denken. Offian bedient fich des *Dreyers* nicht nur in feyerlichen, oder gewöhnlichen Umftänden, wie hier, fondern auch in zufälligen, die von der Wahl nicht abhangen, wo man glauben follte, dafs diefe beftimmte Zahl nicht immer Platz haben könne. Z. B. Jemand ift drey Tage gefangen, den vierten wird er los. Man weint drey Tage, den vierten wird man erhöret, u. f. w. *Cef.*

Feyernd, und eben fo lang verfolgt ihr den Eber, fo wird fich
Eurer Thaten Gerücht zum Ohre der Jungfrau verbreiten,
Die die verfchloffene Kamer bewohnt. So fagte des Schneereichs
König, und fann auf Aller Verderben. Indeffen ergofs er
Seiner Mufcheln Gepräng. Doch Fingal vermuthete Ränke,
Deckte fich ganz mit der ftälenen Rüftung. Die Söhne des Todes (h)
Zitterten, flohen vom Auge des Helden. Die Stimme der Freude
Stieg nun lebhaft empor. Die zitternden Harfen verfandten
Muntere Klänge. Nun fangen die Barden vom Heldengemenge,
Oder von liebenden Herzen, in welchen nur Zärtlichkeit aufpocht,
Fingals Sänger mit ihnen, die füfsefte Kehle von Cona,
Ullin. (i) Er tönte den Werth der Tochter des Schneereichs, und Morvens
Herrfchern aus Heldengeblüte gebohren. Die Tochter des Schneereichs (k)
Hörte den holden Gefang, verliefs die verfchwiegene Zeuginn
Ihrer Seufzer, die Kamer, und trat in jeder ihr eignen
Liebenswürdigkeit auf, wie das Mondlicht in Often entwölket.
Siegender Anftand und Reiz, gleich einem leuchtenden Gürtel
Waren um fie. Die gemeffenen Schritte begleitete Wohllaut,
Aehnlich derTonkunft. (l) So fah fie den Jüngling, fie fah ihn und brannte.(m)
Ihres Herzen verftohlener Seufzer war Fingal. Auf ihn fchlich
Heimlich ihr blaulichtes Aug. Sie fegnete Morvens Gebietherß.

D 5 Aber

(h) Die von Starno beftellten Meuchelmörder. Cef.
(i) Fingals erfter Sänger und Kriegesherold. Seiner wird in diefen Gedichten
oft mit Ruhme gedacht. Cef.
(k) Agandecca Starnos Tochter.
(l) Wie eigentlich, wie neu, wie unnachahmlich fchön find diefe Gleichniffe!
Cef.
(m) Virgil im 8 Hirtengel.
Sehn und dahinfeyr war eins. Cef.

Aber nun hob sich beglänzt zum drittenmale der Morgen
Ueber die Jagdbahn der Eber empor. Der König der Schilde
Eilte mit Starno dem finstern hinaus; sie brachten des Tages
Hälfte mit Jagen hindurch, und roth im Blute von Gormal (*n*)
War sie die Lanze des Gastes, da nahte die Tochter von Starno;
Thränen erfüllten ihr blaulichtes Aug, sie nahte sich Morvens
Herrschern, und sprach mit der lieblichen Stimme: Zum Wagen gebohrner
Führer! o nimm dich in Acht vor Starnos grimmigem Herzen!
Seine Gewaltigen lauern dir auf in diesen Gebüschen!
Rette dich von den Gebüschen des Todes! Doch denke zugleich auch,
König des windigten Morven! an mich! entreiss, o du Bergsohn!
Agandecca dem zürnenden Vater!— Voll edler Verachtung,
Seine Tapfern zur Seite, betrat die Gebüsche der Jüngling,
Und schon erlagen ihm unter der Faust die Söhne des Todes,
Gormal versandte den Lermen umher. Nun treffen die Jäger
Unter den Thoren von Starno zusammen. Da steht er, die Stirne
Düster umwölket, den Blick gleich nächtlichen Flammenbildern.
Agandecca: so ruft er: erscheine vor ihrem geliebten
Herrscher von Morven! (*o*) Schon ist mit Blute von meinen Getreuen
Seine Rechte gefärbt. Nicht fruchtlos hat sie gewahrnet.

Itzund erschien sie mit Augen von Zähren geröthet, mit losen
Rabenfärbigten Locken. Ihr weisser Busen von Seufzern
Hochaufschwellend war ähnlich dem Schaume des strömenden Lubar. —
                                                                                Starno

---

(*n*) D. i. der wilden Schweine des Berges Gormal. *Cesf.*

(*o*) Der bittere Frost dieser Worte ist furchtbarer, als jeder Ausbruch der
        Wut. Entschlossene Leidenschaften nehmen ein gesetztes Wesen an, das
        alle Hoffnung raubet. *Cesf.*

Starno durchſtach ſie! Sie ſank. So gleitet die Schneewand an Ronans
Felſen herunter. Der Laut ſtirbt unten im Thale. Der Hayn ſchweigt.

Itzo ſchoſs Fingal den Blick auf ſeine Gewaltigen. Jeder
Seiner Gewaltigen zückte die Waffen. Im dunklen Gemiſche
Brüllte der Streit, und Lochlin zerſtreute ſich, oder lag nieder. (p)
Aber den Leichnam des Fräuleins mit rabenfärbigten Locken
Brachte der Herrſcher von Selma mit fliegenden Segeln zurücke,
Liefs ihm nachmal ein Grab in Ardven erhöhen. Itzt brauſet,
Agandecca! das Meer um deine finſtere Stätte.

Heilig ſey mir ihr Geiſt! und du, du ſey mir geſegnet,
Mund der Lieder! nahms Cuchullin auf: Im Lenze der Jahre
War ſie ſchon mächtig die Fauſt von Fingal, iſt mächtig im Alter.
Lochlin ſoll wieder dem Helden des hallenden Morven erliegen.
Zeig' uns aus Wolken, o Mond! dein Geſicht! o beſcheine die weiſsen
Segel des Freundes auf nächtlichen Wogen, und, mächtiger Luftgeiſt! (q)
Wenn du hier oben auf jenem geſenkteren Nebel dich aufhältſt,
Lenke die düſteren Schiffe von Klippen, du Reiter der Stürme!

Cuchullin ſprachs am Schalle des Bergſtroms, da klimmte den Hügel
Calmer herauf der verwundete Sohn von Matha. Vom Treffen

Kam

(p) Wünſcht man nicht Starnos Schickſal zu wiſsen? wenigſtens verdiente ſeine
Würde aus dem Haufen herausgezogen zu werden. Ceſ.

(q) Dieſe einzige Stelle des Gedichtes giebt Anzeigen einer Religion. Weil
aber Cuchullins Anruff von einem Zweifel begleitet wird, läſst ſich nicht
leicht ſchliefsen, ob er ein höheres Weſen, oder die Geiſter der verſtorbenen Krieger verſtehe. So viel H. Macpherſon. Allein ich glaube, hier
werde ein von andern unterſchiedener Geiſt, dem eine beſondere Aufſicht
obliegt, verſtanden. Oſſian hat ja ſchon den *Geiſt der Hügel*, und den
Geiſt des Gewitters genannt. Ceſ.

Kam er im Blute, geſtützt von ſeiner ſinkenden Lanze.

Welk war ſein kriegriſcher Arm, doch muthig die Seele des Helden.

Sohn von Matha! rief Connal entgegen: o ſey uns willkommen,

Deinen Freunden — Doch Seufzer entſteigen dem Buſen, der niemal

Unter den Waffen gebebt? (r) Er wird auch in Zukunft nicht beben,

Führer des ſchneidigten Staals! Mir glänzet das Herz in Gefahren,

Hüpft im Getümmel der Schlacht. Ich bin vom Geſchlechte des Schwertes.

Furchtſamkeit iſt uns ein unbekannt Ding. Der erſte war Cormar

Meines Stammens, der pflag mit Wettern und Wogen zu ſcherzen;

Meere durchſchlüpfte ſein ſchwärzlichtes Fahrzeug, am Flügel der Windsbraut

Glitt es dahin. Ein Geſpenſt verſtörte die nächtliche Fahrt einſt.

Wellen erhoben ſich, Felſen erbrüllten, vom Sturme verfolget

Irrten die Wolken umher, und feurige Schwingen der Blitze.

Cormar erſchrack, und eilte das Land zu gewinnen; doch plötzlich

Ward er von ſeiner Verzagtheit beſchämt. Ins hohe Gewäſſer

Trieb er aufs neue den Kahn den Sohn des Windes zu finden.

Dreyen Jünglingen gab er Befehle den Lauf zu beſorgen;

Aber er ſtand mit entblöſſetem Schwerte. Nun brauste der niedrig

Schwebende Nebel vorbey, da faſt er ſein lockigtes Haupthaar,

Sucht ihm die finſtere Bruſt mit ſeinem Staale. Das Luftkind

Schwang ſich hinweg, und itzund erſchienen der Mond und die Sterne. (s)

So war der Meinigen Muth; und Calmer gleichet den Ahnen.

Jede

(r) Connal war im Kriegsrathe von Calmern empfindlich angegriffen worden;
aber ſeine Groſsmuth hat es entweder ſchon vergeſſen, oder ſie rächet ſich
mit einem freundſchaftlichen Gegenbezeigen. Ceſ.

(s) Der allgemeine unwiderſprochne Wahn, daſs Geiſter die Gewitter regier-
ten, und Calmers Verwägenheit rechtfertigen dieſe Erzählung von dem
Vorwurfe eines abentheuerlichen Wunderbaren, und machen, daſs man
ſich an ihrer Neuheit ergötzt, ohne von ihrer Unwahrſcheinlichkeit beleidiget zu werden. Uebrigens trägt ſich unſer Pöbel noch heut zu Tage
mit dergleichen Mährchen. Ceſ.

Jede Gefahr bebt zurück vor dräuenden Klingen. Wer Herz hat,
Findet auch Glück. (*t*) Ihr aber, o Söhne der grünenden Thäler!
Fliehet die blutige Fläche von Lena! versammelt die scheuen
Ueberbleibsel von unseren Freunden, und eilt euch mit Fingals
Faust zu verbinden! Ich hörte den rasselnden Heerzug von Lochlin,
Welcher sich naht. Hier will ich allein ihn erwarten, und fechten.
Freunde! mein Lermen soll seyn, als wenn mir Tausende folgten. —
Sohn von Semo! du denk' an Calmer! erinnre dich seines
Starrenden Körpers! (*u*) Hat Fingal die feindlichen Heere vernichtet, (*w*)
O dann bringe mich unter ein Grabmaal, damit mein Gedächtniß
Blühe zur künftigen Welt, damit sich, über dem Steine
Meines Ruhmes gebeugt, die Mutter von Calmer (*x*) erfreue.

Nein!

(*t*) Virgil sagt : *Das Glück ist Muthigen günstig.*
Philosophen und Denker bey kaltem Blute drücken sich durch allgemeine
und abgezogene Sinnsprüche aus. Ungelehrte und aufgebrachte Menschen
gehen ins Besondere, und reden Empfindungen. Soll nun dieses, wie
Vico will, die wesentlichste Eigenschaft der Dichtersprache seyn, so ist
Ossian der größte Dichter. Keiner ist verschwendrischer an Empfindungen, und sparsamer an Sentenzen. Vielleicht sind die gegenwärtigen die
einzigen in allen seinen Gedichten. Sie lassen etwas seltsam in dem Munde
eines Menschen, der zum Lobne seines Muthes eine tödtliche Wunde da-
vonträgt. Calmer muß den Tod nicht unter die Gefahren rechnen. *Ces.*

(*u*) Die Griechen und Römer scheuten nicht weniger unbeerdet zu bleiben,
als die Celten, aber aus verschiednen Ursachen; jene aus Furcht hundert
Jahre in der Irre zu wallen, ehe sie über den Styx gebracht werden konnten; diese aus Besorgniß ihres Andenkens und des Ruhmes, den ihre
Thaten foderten, verlustig zu werden. *Cef.*

(*w*) Fingals Sieg ist also gewiß. Seine unvergleichliche Tapferkeit verbeut
allen Zweifel. Dieser Satz ist von großem Nachdrucke, besonders in dem
Munde eines Calmers. *Cef.*

(*x*) Alcletha. Ihr Leidwesen über den Verlust ihres Sohns wird in dem Gedichte: *Cuchullins Tod*, geschildert, welches sich in dieser Sammlung befindet. *Mac.*

Nein! Ich verlaſſe dich nicht, o Sohn von Matha! verſetzte
Cuchullin: jeglicher wankende Kampf ergötzt mich. Die Seele
Wächst mir in jeder Gefahr. — Du Connal! du grauender Carril!
Rettet die traurigen Kinder von Erin, (y) und hat des Gefechtes
Wut ſich geleget, dann ſpürt nach unſern erblichenen Körpern
Hier in dem engeren Pfad'. Hier nahe der Eiche, da ſtehn wir
Wider den Schlachtſtrom von Tauſenden. — Du mit Füſſen des Windes,
Sohn von Fithil! fleug über die Flächen von Lena zu Fingal!
Sage, daſs Erin zum Joche ſich neiget, er ſolle nicht ſäumen!
Käm' er ſchon itzo der Herrſcher von Morven, der Sonne nicht ungleich,
Wenn ſie Gewitter durchdringt, die graſigten Hügel beleuchtet!

Und es erhub ſich auf Cromlach der Morgen. Die Männer des Meeres
Rücken heran. Von kriegriſcher Hitze tritt Calmer noch dampfend
Ihnen entgegen. Doch bleich iſt ſein Antlitz. Ihn ſtützet die Lanze
Seiner Väter, diejenige Lanze, die Calmer aus Laras
Halle getragen, als ahnungerfüllet die Mutter ſich härmte. —
Aber nun ſank er zur Erde der Held. So ſinket auf Conas
Ebnen ein Baum. (z) Der finſtere Cuchullin pflanzet ſich einſam,

Aehnlich

(y) Daſs Connal Cuchullinen in dieſen Umſtänden verläſt um etwas auszurich-
ten, was Carril im vorigen B. allein gethan hat, und auch itzt ganz wohl
allein thun könnte, iſt nicht ſehr anſtändig. Er muſſte zum wenigſten
Gegenvorſtellungen machen. Vielleicht hat ſie Oſſian übergangen, wie er
zuweilen zu thun pflegt. Aber ich weis nicht, ob Kenner mit dieſer Ent-
ſchuldigung zufrieden ſeyn werden. Cef.

(z) Der Tod dieſes Helden betrügt unſere Erwartung. Nach dem herrlichen
Begriffe, den uns der Dichter von deſſelben Tapferkeit gemacht hat, hatten wir das Recht Wunderthaten und einer rühmlichen, nicht gemeinen
Todesart entgegen zu ſehen. Muſste dieſer Coloſſ ſo hoch aufgethürmet
werden, wenn er mit ſo geringem Getöſe über den Haufen fallen ſollte?
Mich deucht: Oſſians groſſes Genie zahle hier, gleich andern, den Tribut
der Menſchlichkeit. — Dennoch iſt hier mehr eine Unvollkommenheit,
als ein wirklicher Fehler; denn es iſt nichts natürlicher, als daſs ein
Kriegs-

Aehnlich dem Felfen im fandigten Thale. Des Oceans Wogen
Kommen, und brüllen hinauf an feinen verhärteten Wänden,
Decken die Spitze mit Schaum. Die nahen Gebirge verhallens. (a)

Itzo beginnen die weifslichtbefegelten Schiffe von Fingal
Ueber den dämmernden Nebel des Meeres zu fcheinen; die Mafte
Gleichen dem luftigften Hayn', und wanken auf rollenden Fluten.
Swaran erblickt fie vom Hügel, und wendet von Erin die Waffen. (b)
                                                        So

Kriegsmann an feinen Wunden fterbe. Allein unfere Einbildungskraft
treibet ihre Foderungen weiter. Beginnt fie der Dichter einmal zu kü-
tzeln, fo wähnt fie: ihre Luft müffe immer wachfen. Sie nimmt feine
Gefälligkeit für Schuldigkeit. Je mehr er fie vergnüget, defto gieriger
wird fie, und gefchiehts, dafs er fie nicht vollkommen befriediget, fo
weis fie ihm auch für die vorhergehenden Ergötzungen geringen Dank.
Offian hat uns eine gewiffe Zärtlichkeit angewöhnt, die uns heikel macht.
In manchem andern Dichter würde man diefes Verfehen kaum bemerket
haben. Cef.

(a) Homer im 15 B. der Ilias:
        So fteht am Geftade des Meeres der Klippen
        Luftigfte wider den ftürmifchen Anfall der braufenden Winde,
        Die fie mit mächtigen Wogen beftrömen.
Aber Virgilen im 7 B. der Aeneis naht fich Offian noch mehr:
        Aehnlich dem Felfen des Meers beym kommenden Sturme. Die Wogen
        Brüllen zahllos umher. Von feinem Gewichte verfichert
        Steht er. Sein fchäumend Geftein erbraufet vergebens; von feinen
        Hängen kehret das Seegras im Schwalle, der felbft hinanwarf. Cef.

(b) Offian geht hier fo künftlich zu Werke, dafs er die Aufmerkfamkeit aller
Lefer von Gefchmack verdienet. Cuchullin hatte die Schlacht verlohren,
nicht aus Abgang eignes Muthes, fondern wegen der geringen Anzahl feiner Krieger. Bey allem dem mufste einem Helden, wie Cuchullin, ein
unerträglicher Gedanke feyn, das Kürzere gezogen zu haben. Nun will
er mit einem gewaltigen und kühnen Streiche den Schimpf wegtilgen. Er
will Swarans Heere alleia entgegen gehen, nicht zwar felbes in die Flucht
zu fchlagen, fondern mit deffen Anführer einen Zweykampf zu wagen,
felben zu überwinden, oder rühmlich zu fterben. Aber der Ausgang diefes Gefechtes? — Unterliegt Cuchullin, fo bleibt fein Namen verdunkelt,
und ein tugendhafter liebenswürdiger Held wird einem Wütriche aufge-
opfert. Sieget er, was foll uns Fingal? Diefe beyden Steine des Anftoffes
fchienen unvermeidlich. Allein mit welcher bewunderlichen Gefchicklich-
                                                        keit

So wie die raufchende Flut des Oceans zwifchen den hundert
Infeln von Iniftore zurückftrömt, eben fo ftürmifch
Stürzet fich Lochlin dem Herrfcher der einfamen Hügel entgegen.

Aber langfam, mit finkendem Haupte, voll Unmuth, bethränet
Zog fich Cuchullin weg, und feine weitreichende Lanze
Hinter fich fchleppend verfank er in Cromlachs Gebüfche, zu klagen
Ueber den Tod der gefallenen Freunde. Den Anblick von Fingal
Hielt er nicht aus; denn jedesmal, wenn er vom Felde des Ruhmes
Kehrte, war Fingal gewohnt ihn zu preifen. Wie viele von meinen
Helden liegen umher! — Ach Stützen von Erin! — Im Saale
Waren fie fröhlich, vom Schalle der würthlichen Mufcheln geladen!
Aber nun feh' ich fie nimmer im Felde die Spuren von ihrem
Tritte, nun hör' ich fie nimmer die Stimme der Jäger des Wildes!
Ach hier liegen auf blutigem Lager, verftummet, entftellet,
Meine Getreuen!— Erfcheint mir auf Haiden, ihr Geifter der Todten!
Redet herunter vom Winde mit mir, wenn itzo der Baum raufcht
Ueber der Grotte von Tura; denn dort will ich unbekannt liegen.

Meine

keit kömmt Offian hindurch! Cuchullin ift im Begriffe anzubinden, da
erfcheint Fingal. Swaran eilt ihm entgegen. Itzt fteht Cuchullin unverhofft ohne Gegner, ohne Gelegenheit fich zu zeigen, ohne Troft — felbft
jenen des Todes. Wie glücklich ift der Lefer überrafcht, wie unverletzt
jedes Verhältnifs! Die Ehre des Sieges wird ganz Fingaln aufbehalten,
Cuchullin verliert nichts von Seite der Ehre, und gewinnt ungemein auf
Seite der Lefer. Wir müfsten fehr verwahrlofet feyn, wenn uns fein
Weheklagen nicht durch die Seele gehen follte. Er fcheut fich vor Fingaln zu erfcheinen, hat Mitleiden mit feinen erlegten Freunden, beweinet
feinen Ruhm, nimmt zärtlich Urlaub von feiner abwefenden Gattin.
Hieraus entftehet eine neue Art des Pathetifchen, ein Gemifch vom Wunderbaren und Beweglichen, das erweicht und entzücket. Endlich birgt fich
der unglückliche Held den Verluft feiner Ehre, wie er glaubt, zu verhüllen, in eine Grotte. Diefes krönet die Kunft des Dichters, da es den
gefahrlichen Vergleich zweener Hauptbelden vermittelt. Die Scene wird
Fingaln leer gelaffen. Er foll unfern Geift anfüllen, indefs dafs Cuchullin
unfere Empfindung mit fich fortnimmt. Cef.

Meine Thaten vernimmt kein Barde. Kein graulichter Stein ragt
Meinem Ruhme. Bragela! beklage mich unter den Todten!
Hin ift mein Namen! Er fprachs, und verfank in Cromlachs Gebüfche.

Aber Fingal (c) ftand hoch in feinem Schiffe. Sein Speer war
Glänzend dem Ufer entgegen geftrecket. Sein fchrecklicher Harnifch
Leuchtete fo, wie der grünlichte Dampf des Todes, der öfter
Auf die Gefilde von Malmor fich fetzt. Der Wandrer ift einfam,
Dämmernd die Scheibe des Mondes am Himmel. Nun ruffte der König:
Freunde! wir kommen zu fpät zum Gefechte! Von unfern Verbundnen

Erfter Band. E Sch'

(c) H. Cefarotti vertheidiget hier wider den Gravina, Conti, und andere An-
hänger Homers mit vieler Einficht und Beredfamkeit die vollkommenen
fowohl *moralifch* als *poetifch* guten Charaktere. Allein diefe Vertheidigung geht mir über die Schranken einer Anmerkung. Wer die wälfche
Ausgabe Offians beyhanden hat, kann des H. Ueberfetzers Beweife mit
denjenigen Gegengründen zufammenhalten, die im 7. Th. der *Briefe die
neu. Lit. betref.* im 123 *Briefe* aus *Schaftesbury* angeführet werden. Ich
glaube, der Lord übertreibt es, wenn er fagt: ein vollkommener Charakter fey in einem epifchen oder dramatifchen Gedichte das gröfste *Unge-
heuer.* Wenn die Epopee, und noch vielmehr das Theater eine Sitten-
fchule ift, fo follten fie ja nicht allein lehren, wie man ift, fondern auch,
wie man feyn foll. — Nur muß der vollkommene Charakter etwas mehr
als *Sentimente* predigen. Ift er wirkfam und handelnd, dann fehe ich
nicht, warum er nicht intereffiren foll. — Aber ich will nur die Züge
herfetzen, welche H. Cefarotti aus feinen Grundfätzen holt, Fingaln zu
fchildern. — Seine hervorftechende Eigenfchaft ift Menfchenliebe. Aus
den Maximen des gefellfchaftlichen Lebens hat er nur die Ehrbegier an-
genommen. Aber er fucht nur Ehre, die aus wohlthätigen Unternehmungen entfpringt. Obwohl er der gröfste Krieger ift, fo ftreitet er dennoch
nur zu feiner Vertheidigung, oder für die Unfchuld anderer, und beftrebt
fich mehr durch Grofsmuth, als Waffen zu überwinden. Er ift ernft
ohne Stolz, tapfer ohne Härtigkeit, empfindlich ohne Schwäche. Ein
liebender Vater der Seinen, gaftfrey gegen die Fremden, der uneigennü-
tzigfte Freund, der grofsmüthigfte und gütigfte Feind. Er bedauert die
Unglücklichen, fühlet alle Uebel der Menfchlichkeit, aber unterliegt ihnen nicht, fondern tröftet fich mit feiner Tugend, mit feinem Ruhme.
Ich weis nicht, ob diefer Fingal wirklich Offians Vater, oder ein Sohn
der Einbildungskraft diefes Dichters fey. Wenigftens hat Natur und Dichter in die Wette gearbeitet ihn zu geftalten, u. f. f. —

Seh' ich das Blut! Die Fläche von Lena die trauert, und Cromlachs
Eichen erfeufzen! Dort fielen die Jäger in ihrem Vermögen!
Semos Sohn ift dahin! — Auf, Ryno, Fillan! ihr Söhne
Fingals! (d) auf! laffet das Schlachthorn des Vaters erfchallen! Befteiget
ienen Hügel am Strand', und fodert die Kinder des Feindes!
Fodert fie dort vom Grabe von Lamdarg dem Helden der Vorzeit! (e)
Euere Stimme fey gleich der Stimme des Vaters, fobald er
In dem Bewuftfeyn des eignen Vermögens auf Feinde fich ftürzet.
Ja! hier erwart' ich den finfteren Mann, den gewaltigen Swaran,
Hier am Geftade von Lena! Von allen den Seinen umrottet
Raufch' er heran! Der Erfchlagenen Freunde die kennen die Furcht nicht!

Blitzgefchwind eilet der blühende Ryno, der bräunlichte Fillan
Folget ihm ähnlich dem Schatten im Herbfte. Der Jünglinge Stimmen
Hallen auf Lena nun fort. Die Männer des Oceans hören
Fingals Schlachthorn, und dringen herunter fo düfter und reifsend,
Wie fich vom Reiche des Schnees die brüllende Woge zurückwälzt. (f)
Swaran voran im erfchrecklichen Stolze der Waffen; fein braunes
Antlitz befeuert der Zorn. Sein Auge fprüht Funken des Muthes.

Fingal bemerkt ihn, und denkt an Agandecca; (g) denn Swaran
Hatte Thränen der Jugend dem Tode der Schwefter mit weifsem
Bufen

(d) Ryho war Fingals jüngfter Sohn, Offian, Fillan, Fergus die ältern. Mac.

(e) Eines irifchen Kriegers, deffen Gefchicht im 5 B. vorkömmt. Mac.

(f) Von Scandinavien.

(g) Hier giebt Fingal die erfte Probe feiner Menfchenliebe. Er fieht feinen
Feind, aber betrachtet in ihm nur den Bruder feiner Geliebten; er vergifst der wilden Gemüthsart Swarans, und erinnert fich nur der Zart-
lichkeit, die er gegen feine Schwefter bezeuget hatte. Cef.

Bufen geweiht. (*h*) Nun fendet er Ullin den Sänger, den König
Zu dem Gebothe der Mufcheln zu laden, und wecket im Herzen
Wieder das füfse Gedächtnifs von feiner erften Geliebten.

Ullin der alte kam hin' zum Sohne von Starno. So fprach er:
Der du ferne von uns, gleich einem Felfen, von deinen
Wellen umgeben gebeutft! erfcheine beym Fefte von Fingal!
Ruhig verfliefs' uns der heutige Tag. Am kommenden Morgen
Wollen wir ftreiten, am Morgen die tönenden Schilde zertrümmern. —
Nein! rief Starnos erbitterter Sohn: die tönenden Schilde
Werden noch heute zertrümmert; denn morgen gedenk' ich zu feyern,
Wenn mein Gegner am Boden fich krümmet. Und Fingal verfetzte
Lächelnd: Wohlan! fie werden noch heute zertrümmert, und morgen
Feyre dann Swaran! — Du fey mir im Streite der nächfte zur Rechten,
Offian! zücke die furchtbare Klinge, du Gaul! (*i*) du belafte,
Fergus! den eibenen Bogen, und, Fillan! du bäume den Speer auf!
Schwinget die Schilde, gleich dämmernden Monden, und jegliche Lanze
Scheine den Feinden ein tödtliches Luftbild! Verfolget die Steige
Meines Ruhmes nach mir, und eifert mit Fingal in Thaten.

Hundert Orkanen durch Morven, und Strömen von hundert Gebirgen,
Und dem unendlichen Zuge der Wolken durch Himmel, und jedem

E 2   Sturme

(*h*) Vielleicht wird einigen diefe Zärtlichkeit Swarans mit feinem rohen Charakter nicht vereinbar fcheinen; allein die Neigungen unter Blutsverwand-
ten waren niemal ftarker, als in den erften Gefellfchaften. Die Wilden
in America, fo graufam fie gegen Fremde find, fo fehr lieben fie ihre
Gefchlechtsgenoffen. Und was die Thränen betrifft, befteht das Vermögen einer barbarifchen Gemüthsart nicht in Unterdrückung der Leidenfchaften, fondern hierin, dafs fie fich der aufserften Haftigkeit derfelben
überlafte. Einem Wilden ift das Weinen im Leide fo natürlich, als das
Brüllen in der Wut. *Cef.*

(*i*) Gaul ein Sohn Morni, einer der beften Krieger Fingals. Seiner wird oft
in diefer Sammlung gedacht.

Sturme des düsteren Meers auf öde Gestade gewaget (k)
War das Gepraffel, die Wut, das Verderben vergleichbar, mit welchem
Itzund auf Lenas erschallender Haide die Völker sich treffen.
Sterbender Menschen Gekreisch verbreitet sich über die Berge,
Aehnlich dem mitternächtlichen Donner, wenn plötzlich auf Cona
Eine Wolke zerbirst, und tausend Gespenster auf einmal
Hin in die leeren Gebiethe des Windes Entsetzen verheulen.

Fingal riß sich voran mit Schauer zu sehen, in seiner
Unüberwindlichkeit, gleich dem Geiste von Trenmor. (l) (Die Kinder
Seines Vermögens zu sehn erscheint er in Morven auf Wirbeln.
Eichen erbrausen auf ihren Gebirgen, und felsigte Spitzen
Werden zur Ebne vor ihm.) (m) Die blutige Rechte des Vaters
Schleuderte Blitze vom kreisenden Schwerte. Die Thaten der Jugend
Rief er ins Herz. Sein mächtiger Anfall entvölkerte Flächen.
Einer flammenden Saule nicht ungleich drang Ryno. Verdüstert
Waren die Blicke von Gaul. Die Schnelle des reisenden Fergus
Kämpfte mit Winden, und Fillan, der griff, wie die Nebel vom Hügel,
Weit um sich her. Ich selbsten, ich stürzte, wie Trümmern von Klippen. (n)

Eifer

(k) Homer singt im 14 B. der Ilias:
> Weder die Woge des Meers vom stürmenden Norde zum Ufer
> Fernher geschlagen erbrüllet so mächtig, noch prasselt das Feuer,
> Wenn es die Wälder in tiefen Gebirgen verzehret, so furchtbar,
> Auch in hochwipfligten Eichen erschallet die grimmigste Windsbraut
> Nicht so gewaltig, als itzt die Griechen und Ilier schreyen. Cef.

(l) Fingals Urgrofsvater. Mac.

(m) So sang Debbora im B. der Richt. 5. c. 5. v. Berge flossen vor des Herrn
Angesichte. Cef.

(n) Offian ist nicht allein Dichter, sondern auch eine der Hauptpersonen seiner
Handlung.   Daher erzählet er mit einem Feuer und Interesse, welches
man in andern auch vortrefflichen Dichtern umsonst suchet.   An die Beschreibung seiner jugendlichen Thaten weis er immer die Klage über die
Ungemache seines Greisenalters so anzuschliessen, dass dieser rührende Con-
trast von ungemeiner Wirkung ist. Cef.

Eifer empörte mein Herz im Gefichte der Thaten des Königs.

Zahlreich hagelte Tod aus meinen Händen, und Lochlin

Wandte fein fchüchternes Aug von meiner erglänzenden Schneide.

Ach! dann war es noch nicht vom Alter gefärbet dein Haupthaar,

Offian! dir noch der Tag nicht begraben, (o) nicht welk und verlebet

Diefe zitternde Fauft, der Fuß nicht entnervet zum Laufe.

Wer unternimmt es die Leichen des Volkes, die Leichen der tapfren

Helden zu fingen, als Fingals entbranntes verzehrendes Feuer

Lochlin auffraß. (p) Der Jammer der Sterbenden wandelte drängend

Hügel und Hügel hinan, bis Nacht den Erdkreis deckte,

Und die noch übrigen Krieger von Lochlin auf Lenas Gefilden

Furchtfam und ftarrend, und ähnlich der Heerde des Wildes, fich häuften. (q)

Aber wir faßen am lieblichen Ufer des Lubar, und horchten

Munteren Harfen. Nicht ferne vom Feinde war Fingal, und laufchte

Liedern der Barden. Sein göttlich Gefchlecht, die Führer der Vorwelt

Gaben den Liedern den Stoff. Er lehnte fich über den Schild hin,

Und fog ruhig den Klang. Die Winde durchfträlten fein graues

Haupthaar. Er dachte vergangene Zeiten. Mein blühender, holder

Ofcar (r) ftand ihm zur Seite geftützt vom Spieße, verfunken

E 3   In

(o) Er mußte auch hierinn *Homern* und *Miltonen* gleichen, daß er im höhern
  Alter blind ward. Die meiften feiner Gedichte fang er in feiner Blindheit.
  Abermal eine Ausnahme von der Regel, daß das dichterifche Feuer mit
  den Jahren erlöfche.

(p) *Du fandtft deinen Zorn, der fie wie Stoppeln auffraß.* Exod. 13. c. 17. v.   Cef.

(q) Die Schilderung diefes Treffens ift viel kürzer, als jene der vorigen.
  Swaran und Cuchullin gleich an Vermögen konnten fich den Sieg langer
  ftreitig machen. Fingal ift über allen Vergleich. Man fchließe von der
  Kürze der Befchreibung auf die Leichtigkeit des Sieges. Cef.

(r) Offians Sohn aus Everallina der Tochter Brannos, den er noch als einen Jüngling durch Meuchelmord verlohr. Man fehe das Gedicht *Temora* im 2 Bande.

In die Bewundrung des Königs von Morven. Die rühmlichen Thaten
Fingals entwarfen ihr prächtiges Bild im Geiste des Jünglings. (*s*)

    Zierde der Jugend! o Sohn von meinem Sohne! begann es
Itzo der König: den Blitz von deinem Staale den sah ich;
ja den sah ich, und freute mich meiner Erzeugten. O folge,
Folge dem Ruhme der Väter, und was sie gewesen, das werde!
Als noch Trenmor der Sterblichen erster, als Trathal der Helden
Vater noch lebte. (*t*) Sie fochten im Lenze der Jugend; nun sind sie
Namhaft im Liede der Sänger. O beuge bewaffnete Stolze,
Jüngling! und schone des schwächeren Arms. (*u*) Begegne den Feinden
Deines Volkes, wie reissende Ströme; doch flehet um Rettung
                                          Jemand

(*s*) Diese Unterhaltung ist wohl angebracht und rührend, voll Tugend und
häuslicher Liebe. Oscar ist ein hoffnungsvoller Jüngling. Seine Zärtlichkeit gegen den Vater, und die Bewunderung des Grofsvaters nähren
in ihm einen heifsen Wunsch sich beyder würdig zu machen. Fingal von
seinen aufblühenden Fähigkeiten eingenommen lehrt ihn den wahren Heroismus. Welch einen schönen Stoff gäbe diese Scene dem Pinsel! Fingal
auf seinen Schild gelehnt säfse in der Mitte, und lehrte seinen Enkel. Die
Sänger stünden und hielten die Hand von der Harfe zurück ihm zu hor-
chen. Andere Helden säfsen nach ihrem Range, und drückten eine Ver-
wunderung aus, die in den Aelteren gesetzter, in den Jüngeren lebhafter
wäre. Gaul stünde etwas von ihnen ab tiefsinnig und unruhig, Oscar vor
Fingaln, von dessen Munde hangend, freudige Entzückung auf dem Gesichte, Ossian zwischen ihnen mit Thränen im Auge, halb in die Bewundrung seines Vaters, und halb in die zärtlichste Gefälligkeit gegen seinen
Sohn versenket. *Cef.*

(*t*) Fingals Grofsvater. Es ist merkwürdig, dafs Ossian den Lobsprüchen seiner Ahnen niemal eine Meldung von Comhal seinem Vater beyfüge.
Vielleicht habe ich die Ursache gefunden. Es läfst sich aus einer Stelle
dieser Gedichte schliefsen, dafs Comhal eben nicht der sanftmüthigste und
gerechteste Held gewesen sey. Diefs ist genug, dafs Fingals Menschen-
liebe an dem Ruhme seines Vaters kein grofses Belieben finde. Er schweigt
davon, diefs heifst ihn mit der Ehrfurcht eines Sohnes verwerfen. *Cef.*

(*u*) So empfiehlt Anchises im 6 B. der Aeneis seinen Nachkömmlingen den
Römern unter andern Künsten:
                    Besiegten zu schonen,
    Stolze zu beugen.

Jemand zu dir, dem fey du, wie Pflanzen umfchmeichelnde Lüftchen.
Alfo war Trenmor und Trathal gefinnt, fo denket auch Fingal.
Jeden Gekränkten befchützte mein Arm, und hinter dem Blitze
Meines Staales war immer den Schwachen Erholung bereitet.

Ofcar! noch war ich ein Jüngling, wie du bift, da kam mir im milden
Glanze der Schönheit ein Lichtftral, die Tochter des Königs von Craca (w)
Fainafollis; ich kehrte nun eben von Conas Gefilden,
Hatte nur wenige Krieger bey mir; als weißlichtbefegelt
In der Entfernung ein Fahrzeug erfchien. Es fchwebte, wie Nebel
Ueber dem Winde des Meers. Es nahte. Wir fahen die Schöne.
Seufzer erhoben den zärtlichen Bufen. Im düfteren Haare
Spielte die Luft. Die blumigte Wange war ftreifigt von Thränen.
Welche Traurigkeit drückt: fo that ich die freundliche Frage:
Eine fo reizende Bruft? o Tochter der Anmuth! vermag ich,
Wie du mich fiehft, ein Jüngling, dein Retter zu werden? Mein Eifen
Ift noch im Kriege nicht unüberwindlich, o Fräulein des Meeres!
Aber furchtlos mein Herz. O Gebiether der Starken! fo fprach fie
Seufzend: ich fliehe zu dir! ich fliehe, du König der Mufcheln!
Stützer der fchwächeren Arme! zu dir! Mich nannte den Schimmer
Seines Gefchlechtes der Herrfcher der hallenden Infel von Craca.
Oefter erfchollen die Berge Cromalas von Seufzern der Freyer,
Welche die unglückfelige Fainafollis begehrten.
Auch dem Befitzer von Sora gefiel ich. Er brannte. Zur Seite
Blitzt ihm das Schwert; doch wild ift fein Ausblick, und ftürmifch fein Bufen.
Ueber das wogigte Meer befchloß ich zu fliehen. Er folgt mir.

E 4   Diefer

(w) Es ift zu unfern Zeiten hart diefes *Craca* zu beftimmen. Wahrfcheinlich
ift es eine der fchettländifchen Infeln gewefen. Im 6 B. kömmt wieder
eine Epifode von der Tochter eines Königes von Craca vor. *Mac.*

Diefer mein Schild der foll dich bedecken! verfetzt' ich: hier ruhe
Sicher, du Schönfte! Der finfire Befitzer von Sora wird weichen,
Wenn nur die Kräfte dem Muthe von Fingal entfprechen. Dich könnt' ich
Bergen in einfame Grotten, o Tochter des Meeres! Doch Fingal
Steht der gedräuten Gefahr, und jauchzet im Lanzengemenge.

Itzo benätzten ihr Thränen die Wange. Die Schöne von Craca
Rührte mich innigft. — Allein das Fahrzeug des ftürmifchen Borbar, (x)
Einer erbitterten Woge nicht ungleich, begann fich zu zeigen.
Hoch an bebende Mafte gehäftet durchwallten die Lüfte
Segel, wie Schnee, die Waffer vom Kiele getheilet erglänzten,
Und das Vermögen des Oceans raufchte. Komm! rief ich entgegen:
Komm aus den tobenden Fluten, du Stürmebefahrer! zu Fingals
Würthlichen Hallen! Sie find den Fremdlingen Herberg. — Das Fräulein
Stand mir indeffen erzitternd zur Seite. — Doch Borbar entlaftet
Seinen Bogen. Sie ftürzt! Dein Arm ift unfehlbar! verfetzt' ich:
Aber dein Gegner war leicht zu befiegen. — Wir fochten. Nicht blutlos
War er, der tödtliche Kampf. Er fiel mir ins Eifen. Wir fenkten
In zwey Gräber von Stein die unglückfelige Jugend.

Alfo war ich in Jahren des Jünglings. Durch jegliches Alter
Folge mir, Ofcar! (y) Nie fuche dir Streit! doch wenn er fich anbeut,
Wende die Bruft nicht. — Du Fillan! auch du braunlockigter Ofcar!
Eilet, ihr Kinder des Laufs! die windigten Flächen hinüber,
Spähet die Männer von Lochlin mir aus. Ich höre den Lermen

Ihrer

(x) Des Herrfchers von Sora.

(y) So will ich lieber das englifche: *Be thou like the age of Fingal*, überfe-
tzen, als mit H. Cefarotti das höhere Alter Fingals verftehen, und glauben: der König misbillige fein Betragen gegen Fainafollis, und weife
Ofcarn vielmehr zur Nachahmung feines Greifenalters, als feiner Jugend an.

Ihrer Verwirrung. Er gleicht dem Saufen des Sturmes auf Cona.
Bilet, damit fie nicht etwa fich über die nordifchen (z) Fluten
Meinem Eifen entziehn! Wie manche Gewaltigen Erins
Liegen auf düfteren Betten des Todes! Die Kinder der Stürme
Sanken zur Erde dahin, die Söhne des hallenden Cromlach!

Zweyen Gewölken nicht ungleich, dem finftern Gefpanne der Geifter,
Wenn die Bewohner der Luft zum Schrecken der Sterblichen auszieh,
Fliegen die Helden nun fort. Indeffen pflanzet vor Fingal
Gaul (a) der Erzeugte von Morni fich hin, ein Felfen im Dunkel.
Sterne beglänzen den Spiefs des Jünglings, dem Raufchen vereinter
Bäche gleichet fein Laut. O Sohn der Gefechte! fo ruft er:
König der Mufcheln! gebeut den künftlichen Barden! Sie locken
Schlummer herab auf die Freunde von Erin! — Und, Fingal! o möchte
Deine tödtliche Schneide doch ruhn! erlaubteft du deinem
Volke zu fechten! Hier ftehn wir unthätig, verzehren uns felber
Ruhmlos und träg; denn du bift allein der Zerbrecher der Schilde! (b)
Grauet der Morgen herauf auf unfern Hügeln, dann halt dich

E 5

Ferne

(z) Sud, Nord, Oft und Weft find in der Mythologie der dänifchen Celten die
Namen der *vier Zwergen*, welche das Gewölb des Himmels, das aus der
Hirnfchale des Riefen *Ymer* gemacht ift, unterftützen. *Cef.*

(a) Gaul war das Haupt einer Zunft, die Fingaln lang die Spitze both.
Endlich unterlag fie, und Gaul ward Fingals befter Freund und tapferfter
Krieger. Sein Charakter ift jenem des Ajax in der Ilias ähnlich, eines
Helden, der mehr Stärke als Klugheit befafs. — Fingal wird hier künftlich von dem Dichter entfernet, damit er herrlicher zurückkehren mö-
ge. *Mac.* Mir fcheint Gauls Charakter unvollkommen. Seine Ruhmbe-
gier ift nicht lauter. Sein Muth zieht auf Vermeffenheit. Man könnte
glauben, er wolle fich mit Fingaln verfuchen. Mit diefer Nuance unter-
fcheidet ihn Offian von andern Helden, erhebt dadurch Fingals Grofsmuth
und Nachficht, und macht den Lefer auf das inftehende Treffen begierig. *Cef.*
Ich weis nicht, wie das, was H. Mac-pherfon hier von Gaul erzählet,
mit dem Gedichte *Lathmon*, welches fich in diefer Sammlung befindet,
übereinkomme. Ich verweife indeffen den Lefer dorthin.

(b) Könnte man feiner loben? Ein Panegyrikus in einer Klage. *Cef.*

Ferne die Thaten der Deinen zu fehn! dafs Lochlin auch einmal
Fühle die Klinge des Sohnes von Morni, dafs Barden mich fingen.
Alfo war immer dein herrlicher Stammen gefinnet, fo warft' du
Selbften gewohnt, o König der Schwerter! in jeglichem Kriege.

    Sohn von Morni! gabs Fingal zurück: mich entzücket dein Ruhmdurft!
Dein fey der Kampf. Doch wacht dir am Rücken die Lanze von Fingal,
In den Gefahren dir Hilfe zu biethen. — Erhebet die Stimmen,
Söhne des Liedes! und ruffet mir Schlummer ins Auge! da will ich
Liegen am Winde der Nacht. — Und findet fich unter den Kindern
Deines Landes dein Schatten hier ein, und fitzet er luftig
Unter dem hohen Gemafte von Lochlin, o Agandecca! (c)
O fo geftalte die Träume von Fingal, fo gehe vor feinem
Geifte dein glänzendes Bildnifs vorüber! — Wohlklingende Töne
Quollen von Kehlen und Harfen nun aus. Man fang die beruffnen
Thaten von Fingal, die Thaten des hohen Gefchlechtes von Selma.
Auch ward in dem ergötzenden Liede nicht felten mit Lobe
Offians Namen gehört, der itzo mit Klagen fich aufzehrt!

    Oftmal hab ich gekämpft, und oftmal im Lanzengemenge
Gegner befieget. Und nun! — nun wall' ich gefichtlos, bethränet
In dem Gewimmel unrühmlicher Menfchen! Wo bift du, mein Vater!
Fingal! dich feh' ich nicht mehr mit deiner gewaltigen Abkunft!
Ueber dem grünenden Grabe des mächtigen Herrfchers von Selma
Weidet das fchüchterne Wild. — Dein Geift der fey mir gefegnet,
König der Schwerter! berühmtefte Zierde der Hügel von Cona.

(c) Der Dichter bereitet uns zu Fingals Traume im folgenden B. *Mac.* Man
erwäge, ob die Epifode von Agandecca nicht hier beffer geftanden hätte.
Cef.

VIER-

VIERTES BUCH.

INHALT.

Die Nacht unterbricht die Handlung.   Offian bedient
sich dieser Gelegenheit seine eigenen Thaten am Legosee, und das Liebesbündnifs mit Everallina der Mutter
Oscars, welche nicht lange vor dem Aufbruche Fingals nach
Irland gestorben war, einzuführen.   Er kehret zur Geschichte.   Everallinens Schatten giebt ihm in einer Erscheinung zu verstehen: Oscar, welcher bey einbrechender
Nacht ausgesandt worden war die Feinde zu beobachten,
sey mit einem vorgerückten Haufen handgemein, und fast in
Gefahr zu unterliegen.   Offian eilt ihm Luft zu machen,
und Fingaln wird Swarans Anzug berichtet.   Der König rü-
stet sich, rufft sein Heer zusammen, und trägt Gaul, dem
Sohne Morni, die Anführung auf, wie er es am Abende
vorher versprochen hatte.   Er ermuntert seine Söhne zur
Tapferkeit und Unterstützung seiner Bundesgenossen, und
begiebt sich auf eine Anhöhe, von welcher er das ganze
Gefecht übersehen konnte.   Man greift an, und der Dichter
erhebt Oscars Betragen.   Allein da dieser mit seinem Vater
auf einem Flügel sieget, wird Gaul auf dem andern von
Swaran selbst angefallen, und fast genöthiget zu weichen.
Fingal sendet seinen Barden Ullin ihn mit einem Kriegesliede
anzufeuern; nichts destoweniger behält Swaran die Ober-
hand,

hand, und zwingt Gaulen mit feinen Caledoniern zum Rückzuge.   Itzt fteigt Fingal vom Hügel, ftellt feine Krieger
wieder her, indefs dafs Swaran abläfst fie zu verfolgen, und
fich auf einer Anhöhe fetzt, wo er gefchloffen Fingaln erwartet.   Diefer ermuntert die Seinigen, und der Streit wird
erneuert.   Cuchullin, welcher fich mit Connal feinem Freunde, und Carril dem Barden in die Berghöhle von Tura be-
geben hatte, hört das Getümmel der Streitenden, befteigt
eine Spitze, von welcher er die Schlacht überfieht.   Er will
felbft hineilen, aber Connal misräthts ihm; daher fendet er
feinen Sänger dem Könige, der eben im Begriffe war zu fiegen, Glück zu wünfchen.

VIERTES BUCH. (a)

Ueber den Hügel herab, dem Regenbogen auf Lena
Aehnlich, wer kömmt? (b) Du bift es, o Fräulein der lieblichen Stimme!
Du, weifsarmigte Tochter von Tofcar mit deinem Gefange! (c)

Oftmal

(a) Man kann fetzen, dafs diefes B. nach der dritten Mitternacht beginne.

(b) So heifsts im hohen Liede: *Wer ift diefe, die heraufkömmt von der
     Wüfte.* 3. c. 6. v.   *Wer ift diefe, die heranzeucht wie die Morgenröthe.*
     6. c. 10. v. *Cef.*

(c) Malvina, Ofcars des Sohns Offians Gemahlinn.   Der Poet macht fie
     billig zur Zuhörerinn eines Gefangs, der groffen Theils die Thaten
     diefes jungen Helden begreift.   Sie liebte ihren Gatten mit der lebhaf-
     teften Zärtlichkeit auch nach feinem Tode, und blieb mit Vergnügen
     in der Gefellfchaft des guten alten Offians.   Viele feiner Gedichte lau-
     ten an fie. *Mac.*

Oftmal haft du mein Singen gehöret, und oftmal ins Singen
Thränen der Schönheit geweint. — Und kömmft du vielleicht die Gefechte
Deines Volkes, die rühmlichen Thaten von Ofcar zu hören? —
Ach wann fchweiget doch einft am Gewäffer des hallenden Cona
Offians Leid! Mein munteres Alter verlohr fich in Schlachten,
Und die noch übrigen Tage find düfterer Sorge zum Raube.

Fräulein mit Händen, wie Schnee! noch war ich nicht blind und verlaffen,
Noch nicht Traurigkeit voll, als Everallina mich liebte. (d)
Everallina mit bräunlichten Locken, mit glänzendem Bufen,
Cormacs Geliebte. (e)   Sie ward von taufend Helden gefuchet;
Aber vergebens! Sie wandte den Söhnen des Staales den Rücken;
Offian hatte nur Huld vor ihren Augen gefunden.

Alfo nahm ich den Weg zum fchwarzen Gewäffer des Lego
Um das entzückende Fräulein zu werben. Zwölf Söhne des feuchten
Morven

(d) Die Tochter Brannos eines irifchen Groffen. *Mac.*

(e) Diefe Epifode ift gut eingefchaltet, indem der Dichter die Zeit beobachtet, da Fingal fchläft, und die Handlung von der Nacht un-
terbrochen wird.   Sie leitet in das Buch ein, und giebt eine Erklä-
rung verfchiedener Stellen, die in dem Gedichte folgen. *Mac.* Ich
fetze hinzu, daß diefe Epifode, wenn fie gleich unabhängend von
dem Gedichtftoffe fcheint, dennoch glücklich aus felbem entfpringe,
obwohl man es erft in der Folge gewahr wird. Everallina war
Offianen erfchienen, um ihn zur Unterftützung feines Sohns zu bewegen.   Bis hieher hatte er fein Gedicht geführet, und fein Geift war
mit dem Andenken feiner Gemahlinn befchäfftiget.   Er wollte eben
ihre Erfcheinung befingen, da trat Malvina vor ihn.   Nichts natürlicher, als daß er auf eine kleine Weile den Faden feiner Erzählung aus den Händen liefs, um die Liebesgefchicht feiner Gemahlinn, und feine damaligen Jugendthaten nachzuholen, derer Zufam-
menhaltung mit feinem unglückfeligen Alter die groffe Quelle feines Pa-
thos ift. *Cef.*

Morven waren mein handfeſt Geleit. (ſ)   Beym Freunde der Fremden
Langten wir an, bey Branno.   Woher mit der eiſenen Rüſtung?
Rief er von weitem uns zu: Die Jungfrau, welche ſo vielen
Söhnen von Erin mit blaulichten Augen die Liebe verſagt hat,
Iſt nicht ſo leicht zu gewinnen. — Doch Heil dir, o Fingals Erzeugter!
Glücklich iſt jene, die deiner erwartet! und wären in meinen
Kamern zwölf Töchter von ſchönſter Geſtalt, du würdeſt dir wählen,
Sohn des Ruhmes! Zu Everallina mit düſteren Locken
Schloſs er die Thüre nun auf.   In unſern gepanzerten Buſen
Brannte Vergnügen empor.   Wir prieſen die Tochter des Freundes.

Aber vom Hügel erſchien das Gefolg des trefflichen Cormac.
Acht der Gewaltigen kohr ſich der Führer.   Von ihrem Geſchmeide
Flammte die Gegend.   Mit ihm war Colla, der treffende Durra,
Tago, der weidliche Toſcar, der glücklichverwägene Dairo,
Freſtal der Sieger, und Dala die Wehre des Streites in engen
Pfaden.   Es blitzte das Schwert in Cormacs Rechten, und edel
Blickte der Jüngling um ſich.   Auch Oſſian las itzt der Starken
Eben ſo viele ſich aus, den ſtürmiſchen Züchtling der Schlachten,
Ullin, und Mullo den Thäter der rühmlichen Thaten, und Oglan;
Auch war der holde, der edle Selacha, der grimmige Cerdal,
Auch Dumariccans Blicke des Todes mit ihnen, und, Ogar!
Fällſt du der letzte mir ein? ſo namhaft auf Ardvens Gebirgen!

Stirn' auf Stirne traf Ogar zuſammen mit Dala dem tapfern,
Und ihr Begegnen im Felde der Helden war ähnlich dem Sturme,
Welcher

(ſ). Man muſste ſich Ehre der Waffen bey den Celten erwerben, wenn man
    die Neigung einer Schönen gewinnen wollte.   Dieſes mag wohl nachimal
    zu der ſo bekannten Ritterſchaft der Alten Anlaſs gegeben haben. C.ſ.

Welcher die fchäumenden Wellen empört. Des Dolches vergafs nicht
Ogar feines beliebten Gewehres. Die Seite des Gegners
That wohl neunmal fich auf. Nun ftürzten wir untereinander.
Dreymal durchftiefs ich den Schild von Cormac, dreymal zerbrach er
Seine Lanze. Doch endlich — o unglückfeliger Freyer! (g)
Flog ihm vom Rumpfe das Haupt. Ich fafste die Locken, und dreht' es
Fünfmal im Kreife. Die Seinen entflohen. O liebliches Fräulein!
Hätte mir dazumal jemand gefaget : ich würde verlaffen,
Blind und troftlos die Nächte durchwachen, kaum hätt' ihn die befte
Rüftung, kaum die gewaltigfte Fauft im Gefechte gerettet.

Itzund erftarben die Stimmen der Harfen und Sänger auf Lenas
Finfteren Ebnen. (h) Die wechfelnden Winde die tobten, und Blätter
Wallten um mich von der luftigen Eiche. (i) Nur Everallina
War mir im Sinne; da kam fie von Wolken getragen in jedem
Lichte der Schönheit, ihr blaulichtes Aug mit Zähren befchweret.
Offian! fprach fie mit leifem Gewimmer: auf! fchütze mir Ofcarn!
Rette mir meinen Gebohrnen, o Führer! Am Lubar, der rothen
Eiche zunächft dort kämpft er mit denen von Lochlin.— Itzt fank fie
Tief ins Gewölk. — Nun war ich gepanzert, und fchwang mich am Speere
Eilend mit raffelnder Rüftung dahin. Von Helden der Vorzeit

Sang

(g) Diefer kurze Ausdruck des Mitleidens ift fchätzbar in dem Munde eines
    Mitwerbers und Feindes. Ein anderer würde an nichts als feinen Sieg,
    und die Früchte des Sieges gedacht haben. Offian denkt an die Menfch-
    lichkeit. Cef.

(h) Offian ergreift den Faden der Gefchicht wieder. Mac.

(i) Die Scene, wie fie hier befchrieben wird, macht glauben, die Handlung
    fey im Herbfte vor fich gegangen. Die Baume fchütteln das Laub ab,
    und die Winde wechfeln. Mac.

Sang ich; so war ich gewohnt in Gefahren. Mich hörten die Feinde
Aehnlich dem Donner von ferne, verwandten das Antlitz, (k) mein Oscar
Folgte den Flüchtigen; aber ich rief im Schalle des Stromes:
Oscar! kehre zurück! und bin ich gleich selber dir nahe,
Dennoch lafs sie für diesmal entkommen! Er kehrte zurücke,
Seiner Waffen Getön erfüllte mein Ohr mit Vergnügen.
Ach warum: sprach er: gebothst du der Faust von Oscar? Bald hätte
Rings umher Tod uns alles bedecket. (l)   Denn finster und schreckbar
Stiefs ein Geschwader auf Fillan und mich beym Strome. Sie wachten
Wider den Anfall der Nacht, und stürzten uns zahlreich ins Eisen.
Dennoch ergeufst sich ihr Schwall auf Lenas raffelnder Haide,
So wie die Wogen des Meers vom nächtlichen Sturme gespornet
Ueber den weifslichten Sand von Mora. Die zischenden Geister
Hört' ich, und Bilder des Tods die sah ich schweben. Ich eile
Morvens König zu wecken. Er trotzt den Gefahren, und stralet
Aehnlich dem Sohne des Himmels in Mitte der tobenden Stürme.

  Itzo war eben ein Traum vor Fingal vorübergegangen,
Und er empörte sich über dem Schilde, dem düsteren Schilde
Trenmors,

(k) Ossian macht dem Leser einen grossen Begriff von sich. Sein Gesang schre-
    cket die Feinde. So verscheucht in dem 18 B. der Ilias Achilleus Stimme
    die Trojaner von dem Körper des Patroklus. *Mac.* Aber ist dieser Begriff
    nicht übertrieben? Sollte man dergleichen Wunder nicht Fingaln vorbe-
    halten? Freylich übt er ähnliche aus; allein sie sind uns nun nicht mehr
    neu. Man kann zur Rechtfertigung des Dichters sagen: Oscar habe nur
    mit einem kleinen Haufen vorgerückter Feinde zu thun gehabt, welche
    glaubten, Ossians Geschrey wäre die Losung des Treffens, und Fingal käme
    selbst hinter ihm her. Eine gleiche Kriegslist kömmt im Gedichte Lath-
    mon vor. *Cef.*

(l) Ossian legt seinem geliebten Sohne durchgehends einen edlen und tugend-
    haften Charakter bey. Die willige Rückkehr, und die Worte Oscars zei-
    gen zugleich die schuldige Unterwürfigkeit gegen den Vater, zugleich eine
    Hitze, die jungen Kriegern wohl ansteht. *Cef.*

Trenmors, den fein Gefchlecht in Kämpfen der Vorwelt getragen.
Agandecca die war ihm erfchienen dem ruhenden Helden.
Langfam fchwang fich ihr trauriges Bild auf Lena vom Meer' her,
Ohne Geleit, mit blaffem Geßchte, wie Nebel, mit Wangen,
Welche die Thränen verfehrt. Oft zog fie die finftere Rechte
Aus dem Gewande. Sie war mit Wolken der Oede bekleidet;
Streckte fie Fingaln entgegen, und wandte die fchweigenden Blicke.
Tochter von Starno! fo fragte der König und feufzte: was reizet
Deine Zähren? warum deckt Bleiche dein Antlitz? o fchöne
Wolkenbewohnerinn!— Plötzlich vertrug fie der Wirbel von Lena. (m)
Fingal fafs einfam in Mitte der Nacht. Sie beweinte die Kinder
Ihres Volkes fchon reif dem Herrfcher ins Eifen zu fallen.
Diefer erwachte. Noch war ihm das Luftbild im Sinne. Nun hört er
Ofcars kommenden Fufs, nun nimmt er den graulichten Schild aus
An der Linken des Jünglings; denn über die Waffer von Ullin
Hatte bereits ein zweifelnder Schimmer zu zittern begonnen.

Ofcar! was machen die Feinde verworren in Schrecken? fo fragte
Fingal und raffte fich auf: entführt fie der Ocean? waget
Swaran ein zweytes Gefecht? — Doch darf ich dich fragen, und fchallt nicht
Auf dem Morgenwinde mir felbft ihr Getümmel? Durchftreife
Lenas Flächen, mein Enkel! und wecke die Freunde zum Treffen!

Erfter Band.   F   Itzund

(m) Man lobt mit Rechte das Schweigen des Ajax in der Odyffea, und der
   Dido in der Aeneis.   Es giebt verfchiedne Gattungen des Schweigens,
   wie der Rede, und man könnte eine Abhandlung darüber fchreiben, die
   ihren Nutzen hatte. Kein Dichter hat fich deffelben öfter und richtiger
   bedient, als Offian. *Cef.*

Itzund erhub am Steine des Lubar der König wohl dreymal
Seine gewaltige Stimme; (n) den Tränken auf Cromlach entfuhren
Hirschen, und Klippen und Hügel erbebten.   Gleich hundert Gewässern,
Welche von Höhen sich stürzen, und brüllen und schäumen, gleich Wolken,
Die zum Gewitter am blauen Gesichte des Himmels sich birgen, (o)
Eben so stossen die Söhne der Wüste zusammen, da Fingal
Seinen entsetzlichen Feldlaut versendet, den Feinden entsetzlich,
Aber den Seinigen werth; denn oftmal hatte sie Morvens
Herrscher zum Kampfe geführt, und immer mit Beute bereichert.

Auf! so begann er: zur Schlacht! zum Tode von Tausenden naht euch,
Kinder der Stürme! der Sohn von Comhal betrachtet von weitem

Dieses

(n) Ossian giebt seinen Helden immer eine ausserordentlich starke Stimme.
und redet davon, wie von einer eben nicht seltnen Eigenschaft.   Uns
muss es übertrieben und ausschweifend scheinen ; allein Ossian wusste,
von wem er redete, und würde sich seinen Landsleuten lächerlich gemacht haben , wenn er ihnen eine Stimme beygeleget hätte , welcher
Natur und Erfahrung widersprach.   Menschen jener Gegenden , jener
Jahrhunderte, von einer ungeheuren Leibsgrösse, zu welcher noch eine
rohe und harte Erziehung kam, konnten eine furchtbare Stimme haben.
Von Thomas Kulikan erzählt seine Lebensgeschichte, dass man ihn auf
300 Schritte weit verstehen konnte, wenn er auch seiner Stimme nicht
Gewalt anthat.   Wenn er sie nun erst erheben wollte, seinen Soldaten
Muth einzusprechen, oder die Feinde zu erschrecken ? Und itzt denke
man den Unterschied der heutigen Persianer von den alten Celten, und
das Dichterprivilegium. Cef.

(o) Man kann nicht läugnen , dass in Ossians Gleichnissen Einförmigkeit
sey.   Allein sind andre alten Dichter, und besonders Homer frey von
diesem Fehler?   Und haben sie so giltige Rechtfertigungsgründe bey un-
partheyischen Lesern, wie Ossian? Die Sphäre seiner Ideen war viel
eingeschränkter, als jene des Griechen. Natur und Kunst liessen Homern
viel tiefer in ihre Schatzkammern blicken , und hielten ihm eine viel
grössere Menge verschiedener Gegenstände vor.   Man nehme der Ilias
über diess alle niedrigern Bilder und Gleichnisse , die sich Homer erlaubet , Ossians edler Geist aber gewissenhaft untersaget hat , so wird
man sehen, dass im Verhältnisse betrachtet dieser jenen nicht allein
in der Manigfaltigkeit, sondern auch in der Wahl und Feine übertrof-
fen hat. Cef.

Diefes Gefecht. Dort blitzet fein Staal vom Hügel, und fchützt euch,
Wenn ihrs bedärfet; doch diefes fey fern, da Mornis Erzeugter
Gaul mich vertritt, die Zierde der Helden! (p) Er führ' euch zum Streite,
Krieger! fo wird fich im Liede fein Namen auch fchwingen. — O Schatten
Ehmal beruffener Helden! der Stürme von Cromlach Bewohner!
Nehmet mein fallendes Volk mit Freuden in eure Gefellfchaft,
Laffet es wohnen auf euren Gebirgen! — Und möchten die Geifter
Meiner Getreuen hoch über mein Meer vom Winde getragen
Meinen fchweigenden Träumen fich nahen, in Fingals Gemüthe
Ruhe zu lifpeln! — Du Fillan, und du braunlockigter Ofcar!
Ryno voll Anmuth! auch du mit deiner fpitzigen Wehre!
Ziehet mit Muthe zur Schlacht, verwendet vom Sohne von Morni
Niemal die Blicke! Lafst euere Klingen der feinigen gleichen,
Euere Thaten den Thaten von Gaul! (q) Befchirmet die Freunde

F 2 Eures

(p) Wie edel gedacht! Aus dem, was Gaul im vorigen B. gefprochen hatte, äufserte fich, dafs es ihm eben nicht unlieb wäre, wenn Fingal
Gefahr liefe zu unterliegen, damit er die Ehre erlangte ihm Luft zu
machen. Allein Fingals Grofsmuth überfieht diefe Kleinigkeiten, und
fein Ruhm ift fo erhaben, dafs er fich nicht herablaffen kann jemanden
zu beneiden. Welch ein Unterfchied von Homers Helden! Patroklus
ift im Begriffe wider die Trojaner zu kämpfen, und Achilles bittet ihn
aus Furcht feinen eignen Ruhm verdunkelt zu fehen, er möchte fich
nicht aller feiner Tapferkeit gebrauchen. Wie niedrig! Bald darauf
fieht er zu den Göttern, fie follten alle Trojauer und Griechen vertil-
gen, damit er und Patroklus allein den Vortheil hätte Troja einzunehmen. Laffen wir ihn immer wider den Agamemnon bethen, der
ihn beleidiget hatte. Aber was haben ihm fo viele andere Griechen gethan, die ihn liebten und bewunderten? Und Troja einnehmen, wenn kein
Trojaner mehr übrig wäre! Könnten auf diefen Ruhm nicht eben fo leicht
Uhu und Kauzen Anfpruch machen? Cef.

(q) Gaul hatte die Würde mit andern Unterfeldherren gemein; aber Fingal
benennt ihn zu feinem Stellehalter. Seine eignen Söhne mufsten ihm
gehorchen. Das Lob, welches ihm beygeleget wird, kömmt den
Rangftrittigkeiten vor, und erwecket nur eine ehrerbiethige Nacheiferung. Fingals Anrede an feine Söhne gleicht jener des Leonidas an feine
Spartaner: *Lafst uns fröhlich mittagmahlen, Freunde! denn das Nacht-
mahl wartet unfer in der andern Welt!* nur dafs fie die väterliche Zärtlichkeit noch eindringender macht. Cef.

Eures Erzeugers, und stellet euch vor die Krieger der Vorwelt.
Sollt ihr auch fallen in Erin, o Söhne! wir sehen uns wieder!
Unsere blassen und frostigen Schatten die finden einander
Auf dem Gewölk', und walten gesellig auf Conas Gebirgen.

Aehnlich der wetterträchtigen Wolke, mit Blitzen des Himmels
Röthlicht besäumet, die morgenher kommend gen Abend sich hinwälzt,
Schreitet der König hinweg. Es flammt von seinem Geschmeide
Schrecken. Ihm füllen zwo Lanzen die Rechte. Sein grauendes Haupthaar
Flattert am Wind'. Oft blickt er zurück auf die Seinen. Drey Sänger
Folgen dem Sohne des Ruhms sein Geboth den Helden zu bringen.

Also pflanzt er sich hin auf Cromlachs Abhang, und giebt uns
Mit dem erglänzenden Staale das Zeichen. Wir sehens, und rücken
Gegen den Feind. Nun blickte Vergnügen aus Oscars Gesichte. (r)
Roth war die Wange, sein Auge zerfloss. Sein Schwert in der Rechten
Schien mir ein Stral des Feuers. Er trat mit heiterem Lächeln
Itzo zu mir. So sprach er: O Führer der Kämpfe! vernimm mich
Deinen Erzeugten! Entferne dich, folge dem Helden von Morven,
Vater! und lass mir die Fülle des Ruhmes! Doch soll ich hier fallen,
Ach des Busens von Schnee, des holden itzt einsamen Schimmers
Meiner Liebe vergiss mir nicht, Vater! der Tochter von Toscar,
Mit der zärtlichen Hand! Sie steht mir vor Augen. Gebeuget
Ueber den Strom, mit entzündeter Wange, die Brust mit gelinden
Locken umflattert, so starrt sie vom Felsen. Ihr Seufzer ist Oscar.

Sag'

(r) Aus Oscars Geberden und Worten erhellet lebhaft die Begeisterung eines
Jünglings, der Vorgeschmack des Ruhmes hat, und demselben alles auf-
opfern will. Allein auch die kindliche Liebe menget sich darein, und
scheint den Vater entfernen zu wollen, damit sie ihn den Gefahren
entreisse. Cesf.

Sag' ihr: ich fey nun ein Lüftebewohner, leichtfchwebend auf meines
Vaterlands Hügeln, damit ich ihr nachmal auf Wolken begegne. — (s)
Ofcar: fo fiel ich darein: mir mufst du das Grabmaal erhöhen!
Nein! ich verlaffe dich nicht im Gefechte! Mein kriegeserfahrner,
Blutiger Arm der foll dich belehren. Erlieg' ich, fo gib mir
Diefen Bogen, diefs Schwert, und mein Hüfthorn zur engen und finftern
Stätte, mein Sohn! zu Gefährten. Ein Stück vom graulichten Felfen
Soll mich den künftigen Zeiten verkünden. Für keine Geliebte
Darf ich dir Sorge befehlen, mein Ofcar! (t) Sie ftarb mir die theure
Everallina, die liebliche Tochter von Branno. — Wir fprachens,
Als uns der wachfende Wind Gauls mächtigen Feldruff herantrug;
Lüfte durchblitzte fein väterlich Schwert. Zu Wunden, zum Tode
Stürzte der Held. So wie fich der Wogen weifsfchäumend Getümmel
Von den Tiefen her wälzt, und fo wie dem Wogengetümmel
Felfen am Ufer entgegen fich thürmen, fo treffen und prellen
Itzund Krieger zurück. (u) Es dränget fich Gegner auf Gegner,

F 3 Panzer

(s) Wie fchön eifert Vater und Sohn um den Tod! Eurpides hat etwas
ähnliches in feiner Alceftis. Man fehe die Scene des Pheres und Ad-
metus. Wird man fagen, dafs auch fie eine unnachahmliche griechifche
Schönheit fey? *Cef.*

(t) Man bemerke die liebenswürdige Aufrichtigkeit, mit welcher Offian die
Reinigkeit feiner ehelichen Treue bezeuget. *Cef.*

(u) Hier ift faft ebendiefelbe Schilderung, die im 1 B. fteht. Der Dichter
würde nicht Noth gehabt haben fich auszufchreiben, wenn er mit den
vorhergehenden Befchreibungen etwas würthfchaftlicher umgegangen wäre. Ich, der ich kein Freund *dacierifcher* Verkleifterungen bin, mache
mir eine Pflicht daraus die fchwachen Stellen meines Autors nicht allein
nicht zu verhüllen, fondern nicht einmal mit Stillfchweigen zu übergeben-
hen. Ich weis nicht, ob Homers Anbether eben fo redlich handeln;
wenigftens findet man in ihm öfter nicht allein Befchreibungen, fondern
ganze Anreden wiederholet. So kommen im 8 B. 60 v. eben die fechs
Verfe, die fchon in dem 4 B. 445 v. waren, zurücke. Uebrigens erfe-
tzet Offian den hier angemerkten geringen Fehler zu Genüge durch die
fchöne Befchreibung feiner und feines Sohns Thaten. *Cef.*

Panzer auf Panzer. Der Schilde Getön und der Leichen Gewimmel
Steiget, und Schwerter empören sich, schmettern, gleich Hämmern, wenn hundert
Arme den glühenden Sohn der Schmiede gestalten. In Ardven (w)
Toben Orkane, wie Gaul. Vernichtung der Helden die sitzt ihm
Auf dem Gewehre. Dem Feuer der Wüste glich Swaran auf Gormals
Hallender Ebne. Wie soll ich sie singen die Tode so mancher
Lanzen! Auch Ossians Eisen fiel hoch und flammend herunter
In dem Gewühle des Bluts. Auch Oscar der erste, der beste
Meiner Erzeugten war furchtbar. Mein Herz frohlockte mir heimlich,
Als ich die Brust der erliegenden Feinde getroffen vom Blitze
Seines Staales ersah. Sie flohen mit Haufen durch Lenas
Flächen; wir folgten und würgten, und so, wie felsigte Trümmern
Hüpfend von Klippe zu Klippe sich schleudern, mit wechselnden Hieben
Aexte den hallenden Wald von Eiche zu Eiche durchirren,
Oder von Bergen zu Bergen der Donner mit furchtbargebrochnem
Knalle sich wälzt, so häuften auf Streiche sich Streiche, so sanken
Körper auf Körper gemäht von Oscars und Ossians Händen.

Aber indessen ward Gaul von Swaran beschränket. Der König
Brauste nicht ungleich der Flut von Inistore. Schon sah es
Fingal, und fast, fast hüb' er sich auf, und ergriffe die Lanze. (x)
Ullin, mein grauender Sänger! so sprach der Gebiether von Morven:

                                                        Geh

(w) *Der Herr kömmt — wie ein verderbender Sturm.* Isa. 28 c. 2 v. *Cef.*

(x) Fingal hebt sich, aber eilet nicht gleich zu helfen. Er will Gaulen
  die Ehre, sich selbst aus dem Gedränge zu ziehen, nicht rauben. Die
  heikele Ruhmsucht dieses Helden würde eine zu grosse Sorgfalt übel auf-
  genommen haben. *Cef.*

Geh zum Sohne von Morni, zum Helden, und führ' ihm das Treffen,
Führ' ihm die Thaten der Väter ins Herz! Mit deinem Gefange
Stütze den wankenden Kampf; denn Lieder beleben das Schlachtfeld.
Ullin thats der erhabene Greis; fo fang er dem Helden: (y)

     Sohn des Gebiethers der muthigen Roffe!

     Mächtig fich hebender König der Lanzen!

     Tapfere Fauft in gefährlicher Arbeit!

     Eifener, niemal bezwinglicher Bufen!

        Führer der Waffen zum Tode gefpitzt!

     Stürze den Gegner zu Boden, und fchaffe,

     Dafs uns kein weifslichtes Segel die düftren

     Fluten von Erin (z) hinüber entgehe!

     Gleich fey dem Donner dein Arm, und dein Ausblick

        Flammen, der härteften Klippe dein Herz!

· F 4   Aehnlich

(y) Ullins Kriegslied ift in der Versart von dem übrigen Gedichte unterfchieden. Es eilt wie ein Strom weg, und befteht faft ganz in Beywörtern.
Die Gewohnheit Streitende mit eignen dazu verfafsten Liedern anzufri-
fchen hat fich faft bis auf unfere Zeiten erhalten. Man hat noch verfchiedne diefer Kriegslieder; aber die meiften find von Beywörtern zu-
fammengeftoppelt, ohne Schönheit, Harmonie und jedes dichterifche Verdienft. *Mac.*

(z) Ich habe *Erin* für *Iniftore* gefetzt, weil ich diefes nicht in meinen Vers
bringen konnte. — Ich fchätze die Treue an den Ueberfetzern. Mein
wälfcher Vorarbeiter mufs fich nicht eingebildet haben, dafs jemand
feine Ueberfetzung mit der Englifchen zufammenhalten werde. Wie
konnte er fich fonft fo viele Verfchönerungen, wie z. B. in diefem
Kriegsliede, erlauben; denn Verfchönerungen, denke ich, follten es
doch feyn.

Aehnlich den Zeichen am nächtlichen Himmel
Streife dein Eisen ins Runde! dein Schild sey,
Wie die befeuerten Dämpfe des Todes!
Sohn des Gebiethers der muthigen Rosse!
    Strecke zur Erde, vernichte den Feind!

Mächtig erpochet das Herz dem Sohne von Morni; doch Swaran
Wächst und bedrängt ihn, und spaltet den Schild des Helden. (a) Der Wüste
Männer entfliehn.   Nun schwinget sich Fingal in seinem Vermögen.
Dreymal schallet sein Heerruff empor, und Cromlach giebt Antwort,
Und die Geflohenen stehn. (b) Sie blicken erröthet und schamvoll
In dem Gesichte von Fingal zur Erde. (c) Wie Wetterwolken
Ueber den Hügel heran in Tagen der Sonne sich langsam
Wälzen; die Felder erwarten den Regen, so kam er. Schon sah ihn
Swaran den schrecklichen König von Morven, und hielt sich in Mitte
Seines Sieges zurück. Gestützt vom Speere, verdüstert
Schos er die glühenden Augen umher. Hochthürmend und lautlos
Glich er der Eiche. Sie stand am Strome des Lubar, und lang schon
Hat sie der Stral des Himmels getroffen. Mit brandigten Aesten
Hängt sie die Wellen hinan, nur säuselt ihr graulichtes Moos noch.
Also stand Swaran; doch endlich gewann er die Höhen von Lena
                                                    Lang-

(a) Die tadelhafte Dreistigkeit dieses Kriegers hat den Leser zu dieser Scene
    vorbereitet.   Er sieht nicht ungern auf einer Seite den liebenswürdigen
    Oscar siegen, auf der andern den vermessenen Gaul gedemüthiget wer-
    den. Cef.

(b) Itzt kömmt *Fabius*, der dem verwägnen *Minutius* Luft macht, und *Han-
    nibaln* den Sieg aus den Händen reisst. Cef.

(c) Ist nicht Fingal ein *Jupiter Stator*, der die Flüchtlinge zu stehen bringt?
    Die Schamröthe der Soldaten ist in einem solchen Vorfalle der grösste
    und zugleich feinste Lobspruch, den man einem Feldherrn ertheilen
    kann. Cef.

Langſamweichend; dort kreiſten die Tauſende ſeiner Getreuen
Rings um ihn her, dort ſchwärzte den Hügel die Nacht des Gefechtes.

Aber in Mitte von ſeinen Geſchlechtern ſchien Fingal ein Lichtſtral.
Seine Gewaltigen ſind ihm zur Seite. Sein mächtiger Feldruff
Steiget empor: Erhebet die Fahnen von Fingal! Sie ſollen
Lenas Winden ſich öffnen, und flattern, wie Flammen auf hundert
Hügeln. Ihr wallend Geziſch durchſtreife die Lüfte von Erin,
Flöſs' uns Tapferkeit ein! Auf! nahet euch eurem Gebiether,
Söhne der brauſenden Bäche, die tauſend Hügeln entſtürzen!
Höret ſein Machtwort! (d) du, Gaul! des Todes gewaltigſte Rechte!
Oſcar! reiſend zu Siegen! des blaulichten Staales von Sora (e)
Führer, o Connal! braunlockigter Dermid! und endlich im Liede
Mächtiger Oſſian! folget dem Arme des Vaters! — Wir bäumten
Itzo den Sonnenſtral auf, (f) die Fahne des Königs, und jeder
Krieger frohlockte ſie wallen zu ſehen. Mit Golde beſtirnet,
Aehnlich der blauen weitkreiſenden Muſchel des nächtlichen Himmels,

F 5 Stralte

(d) Fingals Verhalten gegen ſeine Krieger verdienet Bewunderung. Er
macht ihnen keine Vorwürfe. Seine Anrede iſt voll Wohlwollens und
Lobes, beſonders für Gaulen. Ein homerſcher Held würde wacker auf
ſie geſchimpfet haben. Aber Fingal hat dieſer pöbelhaften Mittel nicht
vonnöthen. Er ſieht ihre Flucht; dieſs iſt ihnen der empfindlichte Vor-
wurf. Er zeiget ihnen deſſen ungeachtet ſein Zutrauen; dieſs iſt der haf-
tigſte Antrieb das Geſchehene zu verbeſſern. *Cef.*

(e) Dieſer Connal iſt nicht Cuchullins Freund, ſondern ein anderer ſchottiſcher Krieger, vielleicht eben der, deſſen unglücklicher Tod im Gedichte *Carric-tura* vorkommen wird. Dermid iſt vielleicht Diarans Sohn.
Man wird den ſeltſamen Tod dieſes Helden in dem kleinen Gedichte:
Oſcar und Dermid, leſen, welches man Oſſianen zuſchreibt. *Cef.*

(f) Fingals Leibfahne unterſchied ſich mit dieſem Namen, vielleicht wegen
ihrer glänzenden Farbe und güldenen Verzierung. *Den Sonnenſtral auf-
richten*, heiſst in alten Gedichten das Treffen anfangen. *Mac.*

Stralte fie fort. Noch hatte der Helden ein jeder fein eigen

Fähnlein, der Fähnlein ein jedes fein düfter Gefchwader. — Betrachtet:

Sprach der Gebiether der würthlichen Mufcheln: wie Lochlin fich trennet!

Wie am Gebirge zerriffene Wolken, fo fteht es auf Lena,

Oder wie Wälder von Eichen, zur Hälfte verftümmelt. Man fchauet

Zwifchen den Aeften den Himmel hindurch, und jegliches Luftbild,

Das in Entfernung vorüber fich fchwinget. O Freunde von Fingal!

Jeder von euch erkiefe fich einen der finfteren Haufen,

Welche fo trotzig hieroben fich pflanzen. Kein Züchtling der lauten

Hayne foll uns die Flut von Iniftore befchiffen. (g)

Gut! rief Gaul: ich erwähle die fieben Gebiether vom Lano.

Ofcar verfetzte: der düftre Beherrfcher von Iniftore

Komme die Klinge von Offians Sohne zu prüfen! Es komme

Meine zu prüfen: erklärte fich Connal die Seele von Eifen:

Iniscons Herr! Ich, oder der Führer von Mudan: fiel itzo

Dermid mit bräunlichten Locken darein: wir fchlafen im kalten

Schoofse der Erde! Den rüftigen König von Terman erkohr fich

Offian, itzo fo welk und lichtlos! Ich kehre nicht wieder:

Schwor ich: ohne den finfteren Schild des Gegners! Und endlich

Schlofs es Fingal mit heiterem Blicke: Geht, meine Getreuen!

Glücklicher Ausgang und Siege die müfsen euch folgen! Du Swaran,

König des braufenden Meers! du bift der Erwählte von Fingal!

                                                    Alfo

(g) Diefe neue Art das Treffen fortzufetzen trägt fehr viel zur Manigfaltigkeit bey. Wie willfährig, wie munter find die Helden! welcher Nachdruck und Wechfel ift in ihren Reden! wie richtig wird Swaran überge-
laffen, er allein Fingals würdiger Gegner. *Cef.*

Alſo der König. Wir zogen geſchaaret, wie hundert verſchiedne
Winde durch hundert verſchiedene Thäler zu wüten, und Cromlach
Gab das Getümmel zurück. Wer ſchildert die Tode des dichten
Eiſenen Kampfes! O Tochter von Toſcar! im feindlichen Blute
Schwam uns die Fauſt. Es fielen die Reihen von Lochlin, gleich Ufern,
Welche der Cona verſtrömt. Sieg eilte nach unſeren Waffen.
Jeglicher Führer erfüllte den Vorſatz. (h) O Fräulein! du ſaſst oft
An dem Geſtade des murmelnden Branno; dort ſtieg dir dein weiſſer
Buſen, den Pflaumen des Schwanes nicht ungleich, der über den Teich hin
Langſam ſegelt, die Fahrt befördern die ſtreifenden Lüfte. (i)
Träg und brandroth verbarg ſich in Wolken die Sonne; du ſahſt es,
Rings um Gebirge verdickte ſich Nacht, es brausten durch enge
Thäler die wechſelnden Winde. Nun ſtürzten gewaltige Güſſe,
Donner rollten und knallten darunter, die Blitze des Himmels
Prellten von Klippen, auf feurigen Stralen erſchienen Geſpenſter,
Und der betäubende Schall der Gewäſſer von Höhen ſchoſs nieder.
Dieſs iſt das Bild des Gefechts. (k) — O Tochter des Hügels! was ſoll ſie

Dieſe

(h) Die Art Homers und Oſſians Schlachten zu ſchildern iſt ſich gerade entgegen geſetzt. Homer iſt voll beſonderer Erzahlungen, Oſſian entfernet
ſich davon, ſo viel er kann. Jener häufet, dieſer wählt aus. Beym
Homer ſieht man faſt einen jeden Krieger kämpfen; aber Verhaltniſs und
Anſtand leidet öfter darunter. Oſſian ſetzt gemeiniglich einen der Haupthelden in das Licht, die mindern laſst er im Gemenge fechten. Er
faſſet ſich zuweilen ſo kurz, daſs einige Begriffe unentwickelt, und die
Leſer ohne Vergnügen bleiben, daſs ſie gehoffet hatten, da Homer ihren
Geiſt auf unendliche Sonderheiten verſtreut, und auf keinem ſich äusneh-
menden Gegenwurfe ruhen läſst. Kurz: der Ueberfluſs des einen, und
die Maſsigkeit des andern miteinander vermenget würden das vollkom-
menſte Genie gegeben haben. Cef.

(i) Dieſe ſchöne Beſchreibung kann man mit der virgilſchen im 1 B. vom
Ackerb. 322 v. zuſammenhalten. Mac.

(k) Wer hätte dieſen unverſehenen Ausbruch erwartet? welch ein ſchneller
Uebergang vom Fürchterlichen zum Rührenden! Cef.

Diese Thräne? Die Töchter von Lochlin die mögen sich härmen.
Ihres Gebiethes Gewaltige fielen. Die blaulichten Schneiden
Meiner Starken die schwelgten im Blute. — Doch itzo wer bin ich!
Nicht mehr der Helden Gefährt, von allen verlassen, bekümmert,
Selbsten des Tages beraubt! Mir, liebliches Fräulein! mir weihe
Deine Thränen; denn ich, ich habe die Gräber von allen,
Die ich jemal geliebt, mit diesen Augen gesehen.

Unter dem König' erlag, nicht unbeklaget, der Helden
Einer. (l) Er zog im Staube sein silbernes Haupthaar, und wälzte
Seine nun brechenden Augen auf Fingal. Ach mußtest du fallen
Unter mein Eisen! o Freund von Agandecca! so seufzte
Comhals Erzeugter: ich sah dich im Saale des blutigen Starno
Meine Geliebte beweinen. Du warst von jenen, die Fingals
Liebe verfolgten, ein Gegner; und ich! ich muste dich tödten! —
Ullin! erheb dem Sohne von Mathon ein Grabmaal! Sein Namen
Werde genannt im Trauergesange von Agandecca!
Die du das finstere Grab in Ardven bewohnest! wie schätzbar
Warst du der Seele von Fingal im Leben, o Agandecca!

Cuchullin hörte den Schall des wankenden Treffens in Cromlachs
Höhle nun auch, dann rief er sich Connal den Lenker des Schwertes,
Und den langdenkenden Carril herbey. Die grauenden Helden
Hatten die Stimme des Freundes vernommen, die espenen Lanzen

Hurtig

(l) Wie viele Sonderheiten Homers überwiegt eine einzige von dieser
Art! Cef.

Hurtig gefaſſet. Sie kamen, und ſahen die Flut des Gefechtes,
Aehnlich der drängenden Fülle des Meers, wenn düſtere Winde
Landwärts ſtürmen, und ſandigte Thäler in Wogen begraben.
Cuchullins Buſen entflammte der Anblick. Die Stirne des Helden
Wülkte ſich ein. Ihm eilte die Rechte zum Schwerte der Väter,
Und zu dem Feinde die glühenden Augen. (m) Er ſuchte ſich dreymal
In das Gemetzel zu ſtürzen, und dreymal hielt ihn zurücke
Connal, und ſprach: Was thuſt du, Gebiether der neblichten Inſel!
Fingal bezwinget die Gegner allein. Auch ohne Gehülfen
Iſt er ein Sturm. O ſuche nicht Theil am Ruhme des Königs!
Geh denn, o Carril! war Cuchullins Antwort: und ſegne mir Morvens
König; und wenn es nun ſchweigt das Waffengetümmel, und itzo
Lochlin, wie Bäche nach Regen dahinfleucht, dann ſing ihm ein Siegslied,
Reize ſein Ohr mit der lieblichen Kehle. So bring' auch, o Carril!
Cathbaiths Klinge zu Fingal mit hin, die Wehre der Väter.
Cuchullins Hand verdienet ſie nicht mehr auf Feinde zu zücken.

Aber ihr, Schatten des einſamen Cromlach! ihr, Seelen der Helden,
Welche vormal geblüht! euch nenn' ich in Zukunft die Freunde
Cuchullins! Eilet herab zur Höhle, die meinen Verluſt birgt!
Sprechet mit mir! Mein Namen iſt unter den Groſſen auf Erde
Itzo getilget. Ein Stral des Lichtes der war ich, der ſchwand ich!

Und

(m) Die Schilderung iſt wohl gerathen; aber die Vorſicht des Dichters nicht
weniger zu bewundern. Cuchullin kann ſich nicht einhalten. Seine Eile
nach den Umſtänden der Sache betrachtet iſt gefährlich. Was ſoll er
beym Gefechte machen? Fingals Ehre an ſich reiſſen, oder ſeine eigene
verlieren? Nichts iſt wohl gedachter, als die Vermittelung. Wie
viel iſt Cuchullin und der Dichter der feinen Geſchicklichkeit Connals
ſchuldig! Ceſ.

Und nun bin ich dahin, gleich Nebeln am Winde des Morgens,
Welcher den büschigten Hügel erheitert. O Connal! o Connal!
Rede mir nicht mehr von Waffen! Mein Ruhm ist erloschen! Mein Seufzen
Wird sich mit Lüften von Cromlach vermengen, bis endlich kein Aug mehr
Meinen Fußspfad entdeckt. Und du mit glänzendem Busen!
Meinen erloschenen Ruhm beweine, Bragela! Besieget
Will ich dich nimmermehr sehn, du Sonnenschimmer von Dunscaich!

FÜNF-

FÜNFTES BUCH.

INHALT.

Cuchullin und Connal find noch immer auf dem Hügel
Das Gefecht dauert fort. Fingal und Swaran treffen
aufeinander. Endlich unterliegt Swaran, und wird gefässelt.
Offian und Gaul bewahren ihn; Fingal aber, feine jüngeren
Söhne, und Ofcar verfolgen die Ueberbleibfel des feindli-
chen Heeres. Zwifchenfabel von Orla einem Helden von
Lochlin, der im Treffen tödtlich verwundet worden war.
Fingal von deffen Tode gerühret ftellet die Verfolgung der
Feinde ein, ruffet feine Söhne zurück, und vernimmt, daß
Ryno der jüngfte umgekommen fey. Nun beklaget er ihn,
hört Ullins Erzählung von Lamdarg und Gelchoffa, und na-
het fich wieder dem Orte, wo er den gefangenen Swaran
gelaffen hatte. Indeffen unterhält fich Offian mit Carriln,
den Cuchullin im vorhergehenden Buche abgeordnet hatte,
Fingaln zum Siege Glück zu wünfchen. Das Gefpräch diefer zween Barden befchließt die Handlung des vierten
Tages.

FÜNF-

FÜNFTES BUCH. (a)

Itzo sprach Connal zum edlen Bezäumer des Wagens auf Cromlachs

Windigter Strecke: Welch Dunkel umhüllt dich? o Semos Erzeugter!

Sind es nicht unsere Freunde, die siegen? und bist du nicht namhaft?

Waren, o Krieger! bisher nicht häufig und häufig die Tode

Deines Staales, und kam nicht öfter Bragela mit regen

Blaulichten Augen der Freude dem tapferen Gatten entgegen,

Wenn er von Starken umgeben heranzog, die Klinge vom Schlachten

Roth war, im Felde der Gräber die Gegner sich seelelos streckten?

Lüstern sog dann ihr Ohr der Barden Gesänge, die deine

Thaten erhuben. Betrachte vielmehr den Gebiether von Morven. (b)

Sieh! dort greift er um sich gleich einer Saule von Flammen!

Seine Gewalt ist ähnlich dem Schwalle des Lubar, dem Sturme,

Welcher die dichtesten Hayne von Cromlach in Nächten verheeret.

Dreymal glücklich ist, Fingal! dein Volk! (c) im Kriege von deinem

Arme beschützet! Du bist in Gefahren der erste; der klügste,

Wenn

(a) Der vierte Tag dauert fort. — Der Anfang dieses Buches ist eine der
schönsten Stellen im Originale. Die Versification ist richtig, volltönig,
dem gesetzten Wesen Connals ungemein gut angemessen. Es ist auch
kein Dichter, der die Kunst, den Vers nach den verschiedenen Charakteren der Redenden einzurichten, besser besessen hätte, als Ossian. Sehr
wahrscheinlich ist das ganze Gedicht verfertiget worden, um in die Harfe
gesungen zu werden; denn die Versarten sind abwechselnd, und drücken
jede Leidenschaft des menschlichen Herzens genau aus. *Mac.*

(b) Wir sind mit Cuchullin auf dem Berge Cromlach. Fingals Heldenthaten
geschehen in unseren Augen. *Cef.*

(c) Der Enthusiasmus löst sich in eine ruhigere Bewunderung auf. Hier ist
der vollkommenste Lobspruch eines Fürsten in wenigen Versen. Fingals
Lob, wie H. Macpherson anmerkt, wird noch wichtiger in dem Munde
eines gelassenen Weisen, wie Connal ist. Priamus rufet in dem 3 B. der
Ilias beym Anblicke des griechischen Heeres in gleichem Affecte:
     Seliger Atrides! o Sohn des Schicksals! o glücklich!
Allein Priamus segnet den König wegen den Unterthanen, Connal die
Unterthanen wegen dem Könige. *Cef.*

Wenn fich die Tage zum Frieden erheitern! Du redeft, und taufend
Folgen der Stimme. Du fchüttelft die Waffen, und Heere verzagen.
Dreymal glücklich dein Volk, o Beherrfcher der einfamen Hügel! —

Aber wer naht fich fo finfter und fchrecklich zu fehen im Donner
Seines Laufes? Der Sohn von Starno, der ift es! er fuchet
Morvens Gebiethern. O lafs uns den Zweykampf der Fürften betrachten! (d)
Alfo begegnen im Sturme des Meeres zween Geifter einander
Fernher kommend. Ein jeder beftrebt fich die Woge zu wälzen.
Hoch am Hügel vernimmt das Getümmel der Waidmann, und ftaunet,
Wie fich die thürmende Flut auf Ardvens Küften heranwirft.

Connal fprach es. Da liefen in Mitte der finkenden Völker
Sich zu begegnen die beyden Gebiether. Nun fchollen die Waffen!
Nun war jeglicher Streich gleich hundert Hämmern der Schmiede.
Furchtbar erhub fich der Könige Straufs. Aus jeglichem Blicke
Stralte Verderben. Bald waren die düfteren Schilde gefpalten,
Und die zertrümmerten Schwerter entglitten den Helmen; da warfen
Beyde die Waffen von fich, und ftürzten mit ganzem Vermögen
Sich zu umfaffen. (e) Mit fennigten Armen befchlangen fich beyde,
Rangen von Seite zu Seite, verflochten und fpannten, und ftreckten

Erfter Band.   **G**   Ihre

(d) Im vorhergeh. B. hat der Dichter gefagt: jeder fchottifche Befehlshaber
habe fein Verfprechen dek Feind, den er fich erlefen hatte, zu überwinden erfüllet. Aber der Haupthelden Fingals und Swarans Zweykampf hat er fehr vernünftig bis hieher fich vorbehalten. Die
Wichtigkeit deffelben erfoderte, dafs er von den andern abgeföndert,
und dem Auge näher gerücket werde um den gehörigen Eindruck zu
machen. *Cef.*

(e) Man kann die folgende Stelle mit dem Kampfe des Ajax und Ulyffes in
dem 23 B. der Ilias 710 v. vergleichen. *Mac.*

Ihre muskligten Glieder zur Wette. Doch als sich im ganzen
Stolze die Stärke der Kämpfenden hob, da bebte dem L. . . k
Ihrer Ferfen der Hügel, da rollte von Höhen herunter
Manches Geftein, und die grünenden Wipfel von manchem Gebüfche
Lagen verwühlet umher; (f) doch endlich begannen die Kräfte
Swarans zu weichen; der König der Wälder ergab fich den Banden.

Alfo fah ich auf Cona vor Zeiten. (Ach Cona! dich kann ich
Nimmermehr fehn!) So fah ich auf Cona zwo finftere Spitzen,
Welche der Ausbruch des mächtigen Stromes vom felfigten Grunde

Losriß.

(f) Vielleicht ift diefe Stelle die einzige in dem ganzen Gedichte, die man
mit einigem Grunde fchwülftig nennen kann. Dennoch mag es feyn, dafs
uns jenes unglaublich vorkömmt, was zu Offians Zeiten nur wunderbar
fchien. Die Stärke denkt man nur im Vergleiche, und wir würden fehr
irren, wenn wir der alten Celten ihre nach der unferen meffen wollten.
Welche Gleichheit zwifchen dem Gewebe eines Körpers, der aus einem
verderbten Urftoffe entfprungen, von feiner Geburt an mit unzähligen
Banden beftricket, im Schatten und Müfsiggange auferzogen, mit taufend
fchädlichen Vorfichten verwöhnet, und von der Weichlichkeit gänzlich
entnervet worden ift, und den ungeheuren Gliedmaffen in den Wäldern
gebohrner Menfchen, derer Kleider die Haut, derer Lager die Erde,
derer Dach der Himmel war, welche der Hitze, dem Frofte und jedem
Ungemache der Witterung ausgefetzet fich noch dazu immer mit jenen
Kriegesübungen abhärteten, bey welchen alles auf die Kräfte ankam?
Sichtbar mufs unfere Stärke der ihrigen entgegen gehalten nur ein Schatten feyn. In der That, alles, was uns von den alten celtifchen Nationen
übrig ift, zeuget von einem erftaunlichen Leibsvermögen. Setzen wir uns
alfo in Offians Zeiten, und bemerken wir noch, dafs uns der Dichter in
Fingal und Swaran den höchften Grad der möglichen Stärke vorftellen
will, dafs Swaran riefenmäfsig war, und Fingal nicht viel kleiner feyn
konnte, wenn er ihn im Ringen überwinden follte; auf folche Weife
werden wir finden, dafs diefe hyperbolifchen Bilder weniger von dem
Wahrfcheinlichen, oder doch von dem Möglichen, welches dem Dichter
genug ift, entfernet find, als man erftes Anfcheins glaubte. Und hat uns
Offian nicht fchon zu folchen Wundern vorbereitet? und erzählt er uns
diefelben nicht mit einer fo redlichen Miene, mit einer folchen Einfalt
des Ausdruckes, dafs man keine Lebensart haben müfste, um ihm nicht,
wenigftens die Hälfte zu glauben? Cef.

Losrifs. Sie wankten von Seite zu Seite. Die luftigen Eichen
Ihrer Scheiteln betraffen einander. Sie ftiefsen fich endlich
Stürzend zufammen, und jegliche Trümmer, und Sträucher und Bäume
Folgten dem Sturze; da wanden die Bäche den Rinnfal an ihren
Wänden vorbey. Noch fieht man von ferne die rothe Verwüftung. (g)

Söhne des Königs von Morven! rief Fingal der edle: Bewahret
Lochlins Gebiethern! Er gleichet an Stärke den zahllofen Wogen
Seiner Meere. Sein Arm ift Meifter im Kampfe, von altem
Heldengefchlechte fein Blut. Du, meiner Verfuchteften erfter,
Gaul! und, Offian! du der Lieder Gewaltiger! thut euch
Freundlich zum Bruder von Agandecca! durch eure Gefpräche
Schwinde fein Trübfinn dahin! — Ihr aber, o Kinder des Laufes!
Ofcar, Fillan und Ryno! verfolget die Flüchtlinge Lochlins.
Längs der Gefilde von Lena! Kein Schiff foll über die düftren
Fluten von Iniftore fich retten. — Sie flogen, wie Blitze,
Ueber die Flur. Er aber bewegte fich langfam und ähnlich
Einem Donnergewölke, wenn kochende Flächen des Sommers

G 2 Unter

(g) Ein anderer Dichter würde fein Gedicht hier gefchloffen haben; für
Offian ift noch der fchönfte Theil der Handlung übrig. Fingal hat nur
einen gemeinen Sieg erfochten, er geht noch mit einem edlern um. Er
will Swarans Seele bezwingen, ihn mit Grofsmuth faffeln, und endlich
getröftet und zufrieden nach Haufe fenden. Aber diefe Lorber find noch
nicht reif; es find Vorbereitungen vonnöthen. Fingals Anwefenheit
würde in den erften Augenblicken den Unmuth Swarans vermehret haben.
Er entfernet fich, theils jenen Feinden Genügen zu leiften, die etwa noch
ihren Muth verfuchen wollten, theils jene gütig aufzunehmen, die fich
ergeben würden, und läfst Swaran in den Handen Gauls und Offians. Die
Erinnerung, dafs Swaran den einen vorher bemeiftert hatte, und die Sanftmuth
des andern waren die tüchtigften Mittel feine Traurigkeit zu lindern,
feine Härte zu erweichen, und ihn zur heroifchen Güte Fingals vorzubereiten. Cef.

Unter ihm ſchweigen. Sein Staal, gleich einem Strale der Sonne,
Schoſs vor ihm her, und ſchreckte, gleich flammenden Bildern zur Nachtzeit.(h)

Alſo kam ihm ein Führer von Lochlin entgegen, und Fingal
Sprach zum Sohne des Meers: Am Felſen des rauſchenden Baches,
Einer Wolke nicht ungleich, wer iſt er? Er ſuchet vergebens
Springend hinüber zu ſetzen. — Das Anſehn des Helden iſt wichtig.
Seine Seite bewölbet der Schild, den Bäumen der Wüſte
Gleichet ſein ragender Spieſs. — Du Jüngling mit finſteren Locken!
Biſt du von Fingal ein Feind? — Ich bin der Männer von Lochlin
Einer. Mein Arm iſt im Streite verſuchet. Es weint in Entfernung
Meine Gattinn. Umſonſt! denn Orla kehret nicht wieder.
Helden ergeben ſich, oder ſie kämpfen! verſetzte der edlen
Thaten Vollbringer: Es ſieget kein Feind im Beyſeyn von Fingal!
Aber die Freunde von ihm ſind namhaft in jeglicher Halle.
Folge mir, Meerſohn! nimm Theil an meinen feſtlichen Muſcheln,
Und dann laſs uns das Wild in meinem Gehäge verfolgen!
Nein: gabs Orla zurück: Ich ſchütze die Schwachen, und immer
Brennt für Beſiegte mein Muth. O Krieger! noch konnte mit meiner
Klinge ſich keine vergleichen. — Es weiche der König von Morven! (i) —
Orla! nie wich ich! Noch hat kein Sterblicher Fingaln bezwungen.
Zücke dein Eiſen, und wähle den Gegner aus meinen Beherzten;

Ihrer

(h) Die Zwiſchenfabel von Orla iſt im Originale ſo ſchön, ſo rührend, daſs
ſie viele Bewohner des nördlichen Schottlandes auswendig wiſſen, die
doch von dem übrigen Gedichte nie eine Sylbe gehört haben. Sie bringt
Manigfaltigkeit ins Stück, und erwecket die Aufmerkſamkeit des Leſers,
welche nachzulaſſen beginnt, weil man nach beſiegtem Swaran nichts
wichtiges mehr erwartet. *Mac.*

(i) Es ſcheint: Orlas Vorhaben ſey kein anderes, als durch Fingals Hand
rühmlich zu ſterben; daher reizt er ihn mit einem angenommenen Hoch-
muthe. *Ccſ.*

Ihrer find viel. Wie, König! rief Orla mit finfteren Locken:
Schlägft du den Kampf aus! Nur Fingal ift würdig mit Orla zu treffen,
Fingal allein von feinen Gewaltigen allen. — Doch foll ich
Unter dir fallen, Gebiether von Morven! (denn einmal ereilet
Jeden Krieger fein Tag) dann gib mir mitten auf Lena
Solch ein Grabmaal, das über die Gräber der Andern fich hebe;
Und dann fende mein Schwert zu meiner Geliebten die blauen
Fluten hinüber. Sie foll es mit Zähren benätzen, und zeigen
Unferem Sohne, fein Herz zum Heldengefühle zu wecken. —
Jüngling! du macheft mich weich mit ahnungvoller Erinnrung! (k)
Sagte der König: ja! jeglichen Krieger ereilet fein Tag einft,
Und fein veraltet Gefchmeid erblicken die Kinder an Wänden.
Aber du tröfte dich, Orla! denn Fingal erhebet dein Grabmaal, (l)
Sendet dein Schwert zur zärtlichen Gattinn. Sie wird es bethränen. —
Itzo begann das Gefecht auf Lenas Gefilden; doch Orlas
Rechte war fchwach. Die Klinge von Fingal fiel nieder. Des Gegners
Schild war in Stücken, und fank ihm zu Boden, und glänzte; fo glänzet
Ueber dem nächtlichen Strome der Mond. O König von Morven!
Nahm er noch einmal das Wort: nun lüfte dein Eifen! verfenk' es
Tief in mein Herz! verwundet und müde der blutigen Arbeit

G 3   Liefsen

(k) Diefe Stelle bekräftiget meinen Ausfpruch, dafs Fingal der Held der
    Natur fey. Er wird von den Uebeln der Menfchlichkeit gerühret. Er
    beweint fie; dennoch nicht in fich, fondern in andern. Für fich findet
    er immer feiner würdige Troftgründe, und kann fie auch andern gefchickt
    beybringen. Allein einem gutartigen Herzen fcheint es deffen ungeachtet
    ftreng und unerträglich, dafs die erhabenften Menfchen eben ein folches
    End haben follten, wie der niedrigfte Pöbel. Viela vermengen die Un-
    empfindlichkeit und Starkmuth. Sie irren. Diefe Eigenfchaften find fehr
    unterfchieden; ja fie fchliefsen einander aus. Ccf.

(l) Es verfteht fich: *Wenn es dein Verhängnifs ift zu fterben.* Fingal war
    weit von dem Gedanken ihn zu tödten entfernet. Ccf.

Liefsen die Freunde mich hier.   Bald wird fich die traurige Kunde
Längs der Geftade des ftrömenden Loda zur Gattinn verbreiten,
Wenn fie fich einfam in Büfchen ergeht, und zwifchen den Blättern
Lüftchen ihr fäufeln. — Ich follte dich tödten? verfetzte der König:
Orla! dein Wunfch ift umfonft.   Es foll dich am Ufer von Loda
Deine Gattinn den Händen des Krieges entronnen empfangen,
Deiner Stimme Getön in feinem Gemache dein grauer,
Etwa vor Alter fchon blinder, Erzeuger vernehmen, dann fröhlich
Aufftehn der Held, und dem Sohne mit Händen entgegenfühlen. —
Aber ihn nimmermehr finden, o Fingal! fo gab es des feuchten
Loda Gebohrner zurück: Auf Lena da will ich verbluten!
Fremden Barden empfehl' ich mein Lob. Sie werden es fingen.
Siehe! mein Bufen ift tödtlich getroffen! Ihn ftopfet mein breites
Waffengehänge.   Diefs werf' ich von mir!— (m) Nun wälzet die Wunde
Schwärzlichte Güffe des Blutes herunter.   Er finket erblaffet
Nieder auf Lenas Gefild, und Fingal neigt fich gerühret
Ueber den Sterbenden hin, und ruffet die jüngeren Helden:
Ofcar und Fillan! erhebet, o Söhne! das Denkmaal von Orla!
Hier foll ruhen der Held mit finfteren Locken von feiner
Gattinn getrennet, hier ruhen der Held an feiner befchränkten
Stätte von Lodas Gemurmel entfernet! den hangenden Bogen
Sehen einft Kinder der Schwachen an feinen Gewölben, und niemand
Mag ihn bemeiftern.   Es fchallet der Hügel von feiner getreuen
Doggen Geheul, und Eber frohlocken, nun nicht mehr von Orlas
Spieffe, wie fonften, verfolgt.   Der Arm des Gefechtes entnervet
Starret am Boden! die Krone der Starken die lieget im Staube!

Stoffet

(m) Wie künftlich hat uns bis hieher der Dichter diefen Umftand verfchwie-
gen, damit er uns mit der gehörigen Wirkung zu feiner Zeit überrafchte,
und den Tod Orlas aufserordentlicher machte. Cef.

Stoffet ins Heerhorn! erhebet die Stimmen! wir kehren zu Swaran,
Kinder des Königs von Morven! die Nacht in Liedern zu wachen.
Fillan, Oscar und Ryno! beflieget die Fläche von Lena! —
Ryno! wo bist du? du keimender Züchtling des Ruhmes! du sonsten
Niemal der letzte dem Vater zu folgen! Und Ullin der Barden
Erster versetzte: (n) Bey seiner Erzeuger ehrwürdigen Schatten
Ist er, bey Trathal dem Fürsten der Schilde, bey Trenmor dem Thäter
Herrlicher Thaten. Der Jüngling erlag. Auf Lena gestrecket
Starret sein Körper. — Erlag er? rief Fingal: der schnellste Läufer,
Und der geschickteste Spanner des Bogens! (o) Kaum sah ich den Ausbruch
Deines Muthes, o Jüngling! o Ryno! da mußtest du fallen! —
Ruhe zum wenigsten weichlich auf Lena! Nicht lange, so werd' ich
Wieder dich sehn. Bald wird sie verhallen die Stimme von Fingal,
Bald mein Fußtritt im Felde verschwinden! Doch werden mich Barden
Singen, und Steine verkünden; dir aber, o Ryno! dir tönet
Nirgend ein Lob, noch glänzet dein Namen in keinem Gesange.
Ullin! lange dein Saitenspiel her, und sing mir von Ryno!
Melde der Folgezeit ihren Verlust am werdenden Helden. —
Sey mir gesegnet auf ewig, du Erster in jedem Gefechte!
Ach nun lehr' ich dich nimmer den Bogen! Nun seh' ich dich nimmer,
Der du so schön warst! o sey mir gesegnet auf ewig! — Itzt eilten
Thränen die Wange des Königs herab; denn furchtbar im Kriege

G 4

War

(n) Ullin giebt Antwort, wie der Both beym Ktesias dei Mutter des Cyrus: *Wo ist Cyrus? Wo die Tapfern seyn sollen.* Cef.

(o) Diese ist die Klage eines Vaters und Helden; zärtlich, aber gemäßigt und anständig. Ueberhaupt ist unser Dichter kein Freund von langen und unmäßigen Lamentationen. Er reizet die Affecte, aber erschöpft sie nicht. Niemand hat die Wahrheit des Sprüchworts: *Nichts versieget geschwinder, als die Thräne,* besser eingesehen, als er. Cef.

War sein Erzeugter, sein Ryno, vergleichbar dem nächtlichen Feuer
Auf dem Gebirge, das itzt durch sinkende Wälder dahinfrißt,
Fernher vernimmt das Gepraßel der Wandrer, und fühlet Entsetzen.

Wessen Gedächtniß: fuhr fort der König der würthlichen Muscheln:
Ruhet auf jener begrünten und finsteren Stätte? (p) Vier Steine
Schau' ich begipfelt mit Moos. Sie künden der Sterblichkeit engen
Aufenthalt an. Dort soll er auch ruhen mein Ryno, zur Seite
Eines Tapfern. Vielleicht, daß dort ein rühmlicher Führer
Schlummert, in dessen Geleite mein Sohn einst Wolken beschwebet.
Ullin! durchdenke die Kunden der Vorzeit! laß deine Gesänge
Strömen, und gib uns Bericht von Thaten der dunklen Bewohner
Dieser Gräber. Ist keiner von ihnen im Felde der Starken
Jemals vor den Gefahren geflohen, dann wird mein Erzeugter,
Liegt er von Seinen schon fern, doch in der Gesellschaft der Helden
Willig im grasigten Schooße von Lena der Ruhe genießen.

Itzund thaten sich auf die süßen Lippen der Lieder:
Lamderg der erste der Helden, und Ullin der König der Schwerter
Schweigen allhier. Wer ist sie, die sanft von ihrem Gewölke
Niederlächelt? Sie zeigt mir ihr liebliches Antlitz. Tuathals
Tochter! o erste der Mädchen von Cromlach! was soll dir die Bläße?
Schläfst du vielleicht mit erbitterten Feinden? du weiße Gelchossa! —

Da

(p) Fingal durfte nicht erst von Ullin vernehmen, daß Lamderg hier begraben sey. Der Dichter hat vergessen, daß Fingal schon im 3 B. seine
Söhne Lamdergs Grab besteigen hieß, um von dort Swaranen auszufo-
dern. (cf. Ein ähnlich Versehen ist im Virgil, da er den Palinur von
dem Porte Velia reden läßt, der erst 600 Jahre darnach diesen Namen
bekommen hat. Man sehe den Gellius im 10 B. 16 cap.

Da du noch lebteſt, da warſt du die Liebe von Tauſenden, Lamderg,
Er nur, die deine. Nun kam er zu Selmas (q) mooſigten Zinnen,
Klopfte den wölbenden Schild, und ſagte: wo biſt du? Gelchoſſa,
Meine Geliebte, du Tochter des edlen Tuathal! In Selmas
Halle verließ ich ſie wider Ulfadda den düſtern zu kämpfen.
Kehre bald wieder zurück, ſo ſprach ſie: mein Lamderg! Ich darbe
Mitten in Sorgen allhier. Sie ſprach es, und Seufzer entſchwollen
Ihrem zärtlichen Buſen, und Thränen benätzten die Wange.
Itzund ſeh' ich ſie nicht. Wie? kömmt ſie nicht mich zu empfangen?
Nach dem Gefechte mein Herz zu verſüſſen? Es ſchweiget der Wohnſitz
Meines Vergnügens. Ich höre kein Lied der Barden. Ich miſſe
Hier an der Schwelle den freundlichen Bran (r), der ſonſt mit bewegter
Kette mich grüßt. Gelchoſſa! wo biſt du? du meine Geliebte,
Holdeſte Tochter Tuathals des edlen! — Auf Cromlach, o Lamderg!
Magſt du ſie finden; gab Ferchios Antwort Aidons Erzeugter:
Dort in Geſellſchaft der Mädchen des Bogens, dort wird ſie die ſchnellen
Thiere verfolgen. Mein Ohr: verſetzte der Führer von Cromlach:
Ferchios! höret kein Lermen. Es ſchweigen die Wälder von Lena.
Nirgend entdeck' ich ein flüchtiges Thier. Kein folgender Jagdhund
Schnaubet umher. Gelchoſſa! Geliebte! dich kann ich nicht finden!
Und du biſt ſchön, wie der Mond, der über den Hügeln von Cromlach

G 5   Voll

(q) Dieſes Selma iſt nicht Fingals Wohnſitz in Schottland, ſondern am Berge
Cromlach gelegen, wo Tuathal der Vater Gelchoſſens Haus hielt. Ver-
ſchiedne Orte und Perſonen führen in dieſen Gedichten eben denſelben
Namen, auf welches man wohl achthaben muſs. Ceſ.

(r) Bran iſt noch heut zu Tage ein gemeiner Hundsnamen. So tragen viele Doggen in Nordſchottland die Namen der Helden, die in dieſen Gedichten vorkommen. Ein Beweis, wie friſch ihr Angedenken bey je-
dermann ſey. Mac. Aber auch ein Beweis der geringen Achtung der
Vorältern.

Voll steht! — Ferchios! eile mir hin zum grauenden Allad, (s)
Eile zum Sohne des Felsen! Er wohnt im Runde der Steine.
Laſs dir das Schickſal Gelchoſſens erklären. Ihm wird es bekannt ſeyn.

Itzo begab ſich Aidons Erzeugter zum Alten, und ſagte:
Allad! Bewohner der Höhle! du, der du ganz einſam hier zitterſt!
Gib mir Bericht, was ſahſt du mit deinem verlebten Geſichte? (t)
Ullin den Sohn von Cairbar; bekam er vom Greiſen zur Antwort:
Einer Wolke nicht ungleich die Strecken von Cromlach herunter
Kam er, und ſang ein bedrohliches Lied, ſo laut, wie ein Sturmwind
In dem entblätterten Hayne. Nun war er im Saale von Selma.
Lamderg! rief er: der Menſchen erſchrecklichſter! kämpfe mit Ullin,
Oder ergib dich! Er iſt nicht zugegen, verſetzte Gelchoſſa:
Lamderg der Sohn des Gefechts. Es gieng mit Ulfadda dem tapfern
Führer zu ſtreiten; er iſt nicht zugegen, du erſter der Menſchen!
Wär' ers, er würde nicht weichen. Er iſt noch niemal gewichen;
Kämpfen würd' er mit dir. O wie du ſo reizend und ſchön biſt!
Tochter des edlen Tuathal! gab Ullin der rohe zur Antwort:
Komm! ich führe dich mit zur Halle Cairbars! (u) Gelchoſſa
Sey des Siegers! Ich will auf Cromlach drey Tage verziehen,

Lamderg

(s) Allad iſt gewiſs ein Druid. Er wird ein *Sohn des Felſen* genannt, weil
er in einer Grotte wohnte, und das *Rund der Steine* iſt der Umfang eines
Druidentempels. Die an ihn geſtellte Frage legt ihm eine übernatürliche
Kenntniſs der Dinge bey, und ich zweiſle nicht, daſs daher der lächer-
liche Wahn von dem *zweyten Geſichte* kömmt, welcher unter den Hochländern und auf den Inſeln im Schwunge gieng. *Mac.*

(t) So heiſst es öfter bey den Propheten: *Was ſiehſt du?* *Ceſ.*

(u) Zu ſeinem Vater, bey dem ſie indeſſen gleich als ein Pfand verbleiben
ſollte. *Ceſ.*

Lamderg den Sohn des Gefechtes erwärten, und flieht er vor Ullin
Jener gewaltige Mann, so wird mir am vierten Gelchossa. —

Allad! dein Schlummer im Felsen sey friedlich! brach itzo der Führer
Cromlach's darein. Du stoss mir ins Horn, o Ferchios! Ullin
Soll es am Berge vernehmen. So sprach er, und eilte den Hügel
Hurtig hinan im Gesichte von Selma, gleich brausenden Stürmen.
Furchtbar begann er ein Lied im Donner des stürzenden Stromes,
Und nun stand er am Gipfel des Berges, und glich dem Gewölke,
Welches nach Winden die Stellung verändert. Er rollte vom Felsen
Eine Trümmer hinab zur Loosung des Zwistes, und Ullin
Ward es im Saale des Vaters gewahr. Er hörte mit Freude
Seinen Gegner der Held, umspannte die Lanze Cairbars.
Seine bräunlichten Wangen erheiterte Lächeln, indem er
Seine Klinge der Seite vertraute. Zum funkelnden Dolche
Griff er noch endlich, und trat mit kühnem Geflüster den Weg an.

Aber Gelchossa bemerkte sein Schweigen. Sie sah ihn den Führer,
Wie er den Hügel, gleich neblichten Streifen, hinanstieg, und itzo
Schlug sie die bebende Schneebrust, und zitterte für den Geliebten
Still und bethränt. Zuletzt begann sie die zärtliche Schöne:
Grauer Gebiether der Muscheln! erlaube, Cairbar! den Bogen
Oben auf Cromlach zu spannen! ich sehe die bräunlichten Hirschen. —
Eilend bestieg sie die Höhen. Umsonst! die finsteren Krieger
Kämpften bereits. — Und soll ich dem Herrscher von Morven erklären,
Wie sich erbitterte Krieger bekämpfen? — Er stürzte, der Trotzer
Ullin. Zur Tochter des edlen Tuathal kam Lamderg der Jüngling
Tödtlich erblasset. Welch Blut! so rief das weichlockigte Mädchen:
Ach mein Geliebter! welch Blut fleusst über die Seite von meinem
Kämpfer? Das Blut von Ullin! versetzte der Führer: o schöner

Als

Als der gefallene Schnee von Cromlach, o meine Gelchoſſa! —
Laſs mich ein Weilchen hier ruhn! — Held Lamderg hauchte den Geiſt aus. (w)

Führer vom ſchattichten Cromlach! ſo zeitlich erliegſt du? — Drey Tage
Weint ſie vor ihm. Nun fanden ſie Jäger entſeelet, und brachten
Unter dieſs Grabmaal die Körper der dreyen Erblichnen zuſammen. (x)
Hier kann ruhen, o König! dein Sohn. Er ruhet mit Helden.

Ja! dieſs ſoll er: erwiederte Fingal: mein Ryno! Der Nachklang
Ihres Ruhmes hat öfter das Ohr mir erfüllet. O Söhne,
Fillan und Fergus! Man bringe die Leiche von Orla dem jungen
Helden des ſtrömenden Loda vor mich. Hier wird er mit Ryno
Schlafen, ein würdiges Paar! O weinet, ihr Töchter von Morven!
Weinet ihr Mädchen vom ſtrömenden Loda! Wie Pflanzen am Hügel
Wuchſen ſie beyde, nun fielen ſie beyde, gleich Eichen der Wüſte,
Welchen über den Bach hin geſtrecket ihr ſaftiges Leben
Winde von Bergen enttrinken. (y) Du Zierde des blühenden Alters!
Oſcar! wie man den Heldentod ſtirbt, das ſiehſt du. Nach dieſen

Suche

(w) Auch er war alſo tödtlich von Ullin verwundet worden; allein Gelchoſſa
und die Leſer muſsten es erſt hier erfahren. Cef.

(x) Faſt alle Geſchichten Oſſians ſind tragiſch. So ferner zeichnet ſich der
Briten Neigung zum Entſetzenden und Schwermüthigen aus. Es konnten auch die ſeltenſten und anziehendſten Begebenheiten ſelber Zeiten bey
einer ſo groſsen Häftigkeit der Leidenſchaften, und ſo unbearbeiteten Sitten nicht leicht anders als tragiſch ſeyn. Dazu kömmt noch Oſſians eigener Hang zu einem ſanften Tieffinne, welcher ihn das Rührende immer
vorziehen hiefs. Cef.

(y) Ein ähnliches Gleichniſs ſteht im 17 B. der Ilias von dem Tode des
Euphorbus. Die Stelle iſt fein und rührend. Cef.

Suche dich namhaft auf Erde zu machen, und einstens der Barden
Arbeit, wie diese, zu seyn. Sie sprühten Flammen im Streite;
Aber in Tagen des Friedens war Ryno gelassen, und ähnlich
Jenem färbigten Bogen des Himmels, der über die fernen
Wasser sich wölbt, wenn itzo die Sonne von Mora noch herblinkt,
Und sich am Hügel des Wilds kein Lüftchen beweget. (χ) Auf Lena
Ruhe mir sanft, o jüngster von meinen Erzeugten! o Ryno!
Jeglichen Krieger ereilet sein Tag. Bald werden wir folgen.

Also kränktest du dich, o Gebiether der Hügel! am Tage,
Da dich dein Ryno verließ. Wie soll sich nun Ossian kränken,
Da du, mein Vater! dahin bist. Ich höre sie nimmer auf Cona
Deine Stimme von fern. Ich sehe dich nimmer. Am Rande
Deines Grabes da setz' ich mich immer umwölket und trostlos,
Fühle mit Händen darauf. Oft ist mir, als hört' ich dich sprechen;
Leider! es täuschen mich Winde der Wüste! — Du schlummerst schon lange,
Fingal! indessen den Schlummer des Grabes, du Schlachtenentscheider!

An dem Gestade des grasigten Lubar war Swaran geblieben,
Ossian saß ihm zur Seite mit Gaul. Mein Saitenspiel suchte
Trost in die Seele des Königs zu flößen; doch schreckte sein Aug noch.
Immer schoß er den röthlichten Blick nach Lena. Den Helden
Schmerzte sein Kriegsheer. Auch ich verwandte mein Antlitz nach Cromlachs
Höhen

(χ) Ossian lobet seine Helden niemal allein von den kriegerischen Eigenschaf-
ten, sondern er legt ihnen immer auch die entgegengesetzten Tugenden
des Friedens und der Gesellschaft bey. Die ersten ohne die zweyten bilden einen Achilles. Der wahre Heroismus aber entspringt aus ihrer Ver-
einigung. Cef.

Höhen empor, und bemerkte den Sohn des erhabenen Semo. (*a*)

Traurig ftieg er den Hügel herunter, und langfam. Sein Weg gieng

Nach der verlaffenen Grotte von Tura. Den fiegenden Fingal

Sah er, und konnte der Freude nicht wehren, die feiner Betrübnifs (*b*)

Hülle durchrang. Es brach fich auf feinem Gefchmeide die Sonne.

Connal folgte gelaffen. Sie fchwanden nun hinter dem Hügel

So, wie zwo Saulen von nächtlichem Feuer; fie werden von Winden

Ueber die Berge verfolgt; es raufcht die beleuchtete Gegend.

Cuchullins Grotte vertieft fich in einem der Felfen. Zur Seite

Sprudelt ein fchäumender Waldbach vorbey. Den fchattigten Eingang

Decket ein Baum, und ftreifende Lüfte, die flüftern dort immer.

Dort ruht Dunscaichs Gebiether, der Sohn des rühmlichen Semo.

Nur die verlohrene Schlacht, er denket nur diefe. Die Wange

Duftet von Zähren. Sein Ruhm der zwingt ihn zu feufzen, den wähnt er

Ach! wie den Nebel auf Cona, verfchwunden. Bragela! wie ferne

Bift du die Seele des Helden zu tröften! o wecke dein helles

Bildnifs

(*a*) In der Ilias wird des Haupthelden erftlich durch 7 Bücher, nachmal
durch 5 nicht gedacht.   Beym Offian erfcheint Fingal um die Hälfte
des 3 B., und in felbem Augenblicke verfchwindet Cuchullin.   Aber
gleichwie Fingals Abwefenheit die Erwartung lebhafter macht, alfo
benimmt Cuchullins Entfernung ihm nichts bey dem Lefer.   Er zeigt
fich nun zum zweytenmale, und allzeit zur rechten Zeit, und mit groffer
Wirkung.   Wie fehr fällt er ins Aug, fo in der Ferne, in feiner erhabnen ftillen Trauer! Auch Connals Stellung, wie fehr entfpricht fie feinem
Charaktere! Ein wahrer Freund fuchet mit gefchickten Gründen die Leidenfchaft feines Freundes zu befänftigen; fchlägts fehl, fo fieht er ihr
mit einem liebreichen Schweigen nach. *Cef.*

(*b*) Fremdes Glück erwecket den Neid der Unglückfeligen, befonders wenn
das Glück ein Verdienft, das Unglück einen Fehler zum Grunde hat.
Fingals Sieg follte Cuchullinen zum Vorwurfe werden; allein weit davon,
dafs er fich deshalben grämen follte. Er findet vielmehr Troft daran.
Seine Ehrbegier ift fo vernünftig, als fein Gemüth edel ift.   Wer foll
mit einem folchen Charaktere nicht jedes Verhängnifs theilen? *Cef.*

Bildniſs in ſeinem Gemüthe, dann ſammelt ſich wieder ein jeder
Seiner Gedanken zu dir, du verlaſſener Schimmer von Dunscaich!

Aber wer naht ſich mit Haaren des Alters? — Der Sohn der Geſänge! —
Sey mir willkommen, langdenkender Carril! den Harfen in Turas
Hallen iſt ähnlich dein Lied, und füſs, wie ſonnigten Feldern
Träufelnder Regen. Wie kömmſt du vom Sohne des rühmlichen Semo,
Grauender Carril! hieher? Dir, Oſſian, König der Schwerter!
Kann ſich keiner der Sänger vergleichen; verſetzte der Barde. (c)
Carril kennet dich lang, du Schlachtenentſcheider! Oft hab ich
Vor der liebreizenden Everallina die Harfe gerühret;
Oftmal tönteſt du ſelbſt in Branno des würthlichen Halle,
Führer der Schaaren! in meinen Geſang. Auch Everallina
Sie die liebreizende mengte zuweilen die füſseſte Stimme
Unter die Lieder von ihrem Geliebten und meine. Sie ſang einſt
Cormac den Jüngling, der kämpfend um ſie ſein Leben gelaſſen.
Damal ſah ich ihr Thränen im Auge, dir Thränen im Auge.
Ihre Seele ward weich dem unglückſeligen Freyer,
Welchen ſie dennoch nicht liebte. (d) Wie ſchön in tauſend Geſpielen
                                                                    War

---

(c) Die Unterredung der zween Sänger iſt ſehr artig und anziehend. Oſſian
liebt das Lob; aber er läſst auch jedem auf die gefälligſte Weiſe Recht
widerfahren. Er preiſet oft und mit Vergnügen die Sänger ſeiner Zeit,
und leget ſein Lob auf ihre Zunge. Man findet keine Spur einer Eifer-
ſucht unter dieſen edlen *Söhnen des Liedes*, wohl aber den ſchönſten
Wetteifer der Höflichkeit und des Verdienſtes. Ich habe bemerket, daſs
Oſſian unter ſo vielen Geſängen nicht einen einzigen eigenen in ſeinen
Gedichten einführe, ſondern in den Verſammlungen der Barden ſich immer
hintanſetze. Mir ſcheint, es geſchieht dieſes in Anſehn Ullins eines älteren Sängers, der Fingaln ſehr lieb war, und vielleicht Oſſians Jugend
gebildet hatte. *Cef.*

(d) Wie ſehr verdiente Everallina Oſſians Herz! Ihr Geſang, und die Thränen, die ſie dem Andenken des unglücklichen Cormacs weihte, machen
ihrem Charakter Ehre. *Cef.*

War fie die Tochter des redlichen Branno! — Freund! wecke mir nicht mehr,
Nicht mehr ihr Bild! es fchmilzt mir das Herz, und Zähren entfchwellen
Meinen Augen. Sie ftarrt mir erblaffet im Grabe die fchönfte
Züchtigerröthende Gattinn! — O fetze dich lieber ins Gras her,
Sänger! und füll' uns die Seele mit deinen entzückenden Liedern!
Angenehm find fie dem Ohre, wie freundliche Frühlingslüftchen,
Welche den Jäger, der itzt von lächelnden Träumen erwachet,
Unter dem fanften Getöne der Geifter vom Hügel umfeufzen.

SECH·

SECHSTES BUCH.

INHALT.

Die Nacht bricht ein. Fingal hält ein Gaſtmahl, zu welchem Swaran gezogen wird. Ullin der Barde ſtimmt auf ſeines Königs Befehl ein Friedenlied an, wie es am Ende des Krieges jedesmal gebräuchlich war. Er ſingt von dem, was Trenmor, Fingals Urgroſsvater, in Scandinavien unternahm, und wie er Inibaca, die Schweſter eines der Könige Lochlins, von welchen Swaran herſtammt, zur Ehe bekam. Dieſe Erinnerung, und das Andenken, daſs Fingal Agandecca, Swarans Schweſter, in ſeiner Jugend geliebet hatte, beſtimmen den König ſeinen Gegner mit der noch übrigen Mannſchaft frey nach Hauſe zu ſenden, und nur zu verbinden, daſs er Irland niemal mehr feindlich überzöge. Den übrigen Theil der Nacht nehmen Swarans Reiſeanſtalten, und der Geſang der Barden ein. Fingal forſchet bey Carriln nach Cuchullins Aufenthalte, und erzählt Grumals Geſchicht. Nun taget es, und Swaran geht unter Segel. Fingal ſucht nach einer Jagd Cuchullins Grotte. Findet ſie, tröſtet und richtet ihn wieder auf, und kehrt den folgenden Morgen mit ſeiner Hilfsflotte nach Schottland; womit ſich das Gedicht endet.

SECHSTES BUCH. (a)

Itzo fanken die nächtlichen Wolken des düsteren Cromlach
Felsigten Abschufs zu decken. (b)　Hoch über die Fluten von Ullin
Ward man der nördlichen Sterne gewahr.　Ihr Schimmer durchblinkte
Schwebende Nebel.　Man hörte den Wind in entferneten Haynen;
Aber die Fläche des Todes war still und finster.　Nur tränkte
Carrils entzückende Stimme mein Ohr im Dunkel von Lena.
Unserer Jugend Gefährten besang er, und Tage der Vorzeit,
Da wir an Legos Gestaden uns sahn, und die würthliche Muschel
Fröhlich herumgieng.　Von jeglichem Hange des wolkigten Cromlach
Scholl es zurück.　Auf rauschenden Wirbeln erschienen die Geister,
Derer Thaten er sang, und hiengen in lüsterner Stellung
Sichtbar herunter dem schmeichelnden Schalle des Lobes zu lauschen. —

Heilig sey mir im Schoofse der segelbekämpfenden Winde,
Carril! dein Geist.　O dafs du zuweilen in Nächten zu meiner
Einfamen Ruhe dich fenkteft! — Du fenkeft dich, Werther! Oft hör' ich
Deinen Finger.　Er ftrömt die Saiten der hangenden Harfe

Leis

(a) Diefes Buch beginnt von der vierten Nacht, und endet fich mit der fech-
ften Morgenröthe.　*Mac.*

(b) Wenn Offian: fagt der Verfaffer der *Annales Typographiques:* das düfte
Colorit von den Gegenftänden feines Clima genommen hat, wie ftark und
wahrhaft hat er fie nicht gefchildert! und diefe Schilderungen, diefes
düftere aber erhabene Colorit ift es eben, was faft auf jedem Blatte feines
Gedichts den Geift einnimmt und entzücket.　Vortrefflich.　Allein wir
haben gefehen, dafs er auch alle anderen Farben nach der Kunft zu mi-
fchen weis, und wenn er fich der düfteren öfter bedienet, fo mufs man
die Urfache von den Gegenftänden herholen, die er fich auszumalen vorgenommen hat.　*Csf.*

Leis und flüchtig hinab; doch folltest du meiner Betrübniß
Nicht auch reden? nicht Kunde mir geben von Wiederumarmung
Meiner Freunde? — Du fchwingft dich hinweg auf zifchenden Lüften,
Und mein grauendes Haar durchfträlet der Wind dein Begleiter.

Aber die Seite von Móra fieht itzo die Führer zum Mahle
Alle verfammelt. Es lodert zum Himmel die Flamme von taufend
Eichen. Es wandelt die Kraft der Mufcheln ins Runde. (c) Den Kriegern
Glänzet die Seele vor Luft; nur Lochlins Gebiether ift lautlos.
Kümmer trübet fein fchwülftiges Aug. Er ftarret nach Lena,
Starret, und denkt fich befiegt. Vom Schilde der Väter geftützet
Saſs auch Fingal. Die graulichten Locken des Helden die wallten
Sanft im Winde bglänzt vom nächtlichen Schimmer. Den Unmuth

H 2

Swarans

(c) Die *Kraft der Mufcheln* bezeichnet das Getränk, deſſen fich die fchottifchen Krieger bedienten, aber in einer folchen Zeitferne ift nicht leicht
zu entfcheiden, was für eines es war. Der Ueberfetzer hat viele alte
Gedichte gefehen, in welchen der Wachskerzen, und des Weines, als
gewöhnlicher Dinge in Fingals Saleu gedacht wird. Sie führen auch
Namen, die vom Lateine flammen, woraus fich folgern läſst, daſs, wenn
unfere Vorfahren dergleichen Dinge hatten, fie diefelben nothwendig von
den Römern überkommen muſsten. Sie konnten auch leicht durch ihre
Streifereyen in das römifche Gebieth fich mit diefen Gemächlichkeiten
des Lebens bekannt machen, und diefelben mit anderem Raube aus Süd-
britannien nach Haufe bringen. *Mac.* Wir fehen, daſs die alten
Schottländer die Gallereyen liebten, und daſs die Mufcheln dabey das
Haupterfoderniſs waren. Es ift glaublich, daſs die caledonifchen Celten
eben fo gewaltige Säufer waren, als die fcandinavifchen; dennoch be-
trinken fich Offians Helden nicht, wie der *weife* Ulyſſes. In ihren
Mahlzeiten ift kein Schatten einer Unmäfigkeit oder Ungebühr; nicht
einmal ein Ausdruck, der uns von der Möglichkeit argwöhnen liefse.
Offian hält fich nur beym Gefchirre auf, er preifet niemal den Werth
der Getränke. Die Wirkung derfelben war keine zaumlofe, ungeftüme
Fröhlichkeit, fondern eine einfältige, reine Freude, die das Gemüth erheiterte, zum Gefange reizte, und den edlen Umgang der Helden belebte.
Cyrus der Knab würde fich bey ihren Panketen nicht eingebildet haben,
daſs der Wein Gift fey, wie er es bey der Tafel feines Grußvaters
Aftyages that. *Cef.*

Swarans fah er, und itzo geboth er dem Haupte der Barden:
Ullin! erhebe den Friedengefang, und dämpfe des Krieges
Hitze, damit fich mein Ohr des Waffengeraffels entwöhne.
Hundert Harfen die will ich hier nahe. Sie follen mir Swarans
Seele vergnügen. Ich will ihn in Freuden entlaffen; denn keiner
Schied noch traurig von mir. Wer kühn mir im Felde begegnet,
Ofcar! dem blitzet mein Eifen ins Aug; doch wenn er mir weichet,
O dann ruhet es hier unfchädlich an Fingals Gehänge. (d)

Trenmor lebte vor Jahren: fo flofs es über der Lieder
Lippen herab: und irrte der Wetter und Winde Gefährte
Ueber die nordifche Flut; da ftieg dem wallenden Helden
Durch die zerriffenen Nebel das birgigte Lochlin mit feinen
Braufenden Haynen empor. Itzt zog er den Bufen der weifsen
Segel zufammen, und hetzte den Eber, vor deffen Gegrunze
Gormals Wälder erbebten. Er hatte fchon viele der Jäger
Aus dem Gehäge verfcheucht; der Lanze von Trenmor erlag er.

Zeugen der That, drey Führer von Lochlin die giengen und fprachen
Von dem gewaltigen Fremden. Sie fagten: er ftünde nicht ungleich
Einer flammenden Saule, beglänzt vom Heldengefchmeide.
Eilig bereitete Lochlins Gebiether ein Gaftmahl. Der Jüngling
Trenmor geladen erfchien. In Gormals windigten Thürmen
Währte drey Tage das Feft. Zum Ehrenkampfe den Gegner
Konnte der Fremdling erwählen, und keiner der Helden des Landes
                                                    Fand

(d) Die folgende Epifode ift angebracht, die Entlaffung Swarans zu erleich-
tern, Mac. Sie ift auch eine von den größten Schönheiten des Gedichtes,
und ich weis nicht, warum fie der fonft fo genaue H. Cefarotti mit
keiner Anmerkung anpreifet.

Fand fich dem fiegenden Arme gewachfen. Die Freude der Mufcheln
Kreifete fort, den trefflichen Fürften von Morven, der fernher
Ueber das Wogenreich, kam, der Mächtigen erften befang man.

Itzund graute der Tag zum viertenmale. Schon hatte
Trenmor fein Fahrzeug ins Waffer gelaffen, und wandelte ftrandlängs,
Bis er fich nahte der günftige Wind, der entlegene Forfte
Braufend durchwühlte; da kam ihm ein Sohn des waldigten Gormal
Schimmernd in ftälener Rüftung entgegen, mit röthlichter Wange,
Zierlichen Locken, und weifs, wie die Schneeflur in Morven. Er wälzte
Sänfter fein blaues und lächelndes Aug, und fagte zum Helden:
Trenmor! erwarte mich, erfter der Menfchen! denn Lonvals Erzeuger
Ift noch von dir nicht befiegt. Es hat fich mein Eifen den Starken
Oefter entgegengefchwungen. Von meinem verfuchten Gefchoffe
Hielten fich immer die Klugen entfernet. Mit Lonvals Erzeugtem
Will ich nicht fechten, feinhaariger Jüngling! erwiederte Trenmor:
Weich ift dein Arm, o du Schimmer der Schönheit! geh! kehre zu Gormals
Bräunlichtem Wilde zurück! Diefs will ich: verfetzte der Jüngling:
Aber nicht ohne die Klinge von Trenmor, nicht ohne den Nachhall
Meines fteigenden Ruhms. Dann werden die lächelnden Mädchen
Trenmors Befieger umgeben, und zärtlich feufzen, und deines
Speeres Länge mit reger Verwundrung betrachten, indeffen
Dafs ich im lauten Gedränge fie zeige, die funkelnde Spitze
Sonnenan hebe; — Du? rief der ergrimmende König von Morven:
Du mir den Speer? dich foll mir viel eher am Fuffe des lauten
Gormal die Mutter erblaffet hier finden, aufs düftere Meer hin
Staunen, und fehen die Segel von jenem, der ihrem Gebohrnen
Tödtlich den Bufen durchftiefs. — Gut! gab ihm der Jüngling zur Antwort:
Weich ift von Alter mein Arm. Ich will es nicht wagen die Lanze
Wider die deine zu fchwingen; allein mein befiederter Pfeil weis

Auch

Auch in Entfernung ein feindliches Herz zu durchbohren. Den fchweren
Stählenen Panzer den lege von dir! Wer kann dich verletzen
Alfo bedeckt! Ich werfe der erfte den Harnifch zur Erde. —
König von Morven! itzt fende den Pfeil! — Ein fteigender Bufen
Fiel ihm ins Aug. Die Schwefter des Königs die war es. Des Helden
Jugendlich Antlitz von ihr im Saale von Gormal erfehen
Hatte das Herz ihr entzückt. Die Lanze von Trenmor entglitt nun
Seiner Rechten. Mit glühenden Wangen, gefunkenem Haupte
Stand er. Sie war ihm ein Stral des Lichtes, der Grottebewohner,
Wenn fie vom Dunkel herauf Gefilde der Sonne betreten,
Lebhaft betrifft, und zwingt die geblendeten Augen zu wenden.

Herrfcher des windigten Morven! begann Inibaca, die Schultern
Weifs, wie die Flocken des Schnees: ach öffne dein rüftiges Schiff mir
Wider die Liebe von Corlo zu ruhen! (e) Er ift mir erfchrecklich,
So, wie der Donner von Wüften. In feinem finfteren Stolze
Brennt er nach mir, und fchüttelt zehntaufend gewaltige Lanzen.
Ruhe du ficher: fo fprach der mächtige Trenmor: vom Schilde
Meiner Väter befchattet! und fchüttelt der Führer zehntaufend
Lanzen, ich werde nicht fliehn. Drey Tage verzog er am Ufer.
Fernhin tönte fein Horn. Er foderte Corlo von jedem
Seiner erfchallenden Hügel zur Schlacht; doch Corlo blieb aufsen;
Aber der König von Lochlin ftieg nieder, am braufenden Strande
Hielt er ein Feft, und Trenmor erlangte die Jungfrau zur Gattinn.

König

(e) Er war glaublich Gebiether einer orkadifchen Infel. Diefer Namen kömmt
auch in einer Anmerkung zum 1 B. vor. Ctf.

König von Lochlin! nahm Fingal das Wort: (*f*) es strömet in deinem Gegner dein Blut. Nach Speeregemengen begierig bekämpften Oftmal fich unfre Gefchlechter im Felde; doch öfter erfcholten

H 4

Säle

(*f*) Alle Reden, die man in diefen Gedichten findet, find in verfchiednen Abfichten beträchtlich; aber die gegenwärtige fcheint mir alle andre zu übertreffen. Ich weis nicht, ob Fingals Grofsmuth, oder die Kunft, mit welcher er fich in Swarans Herz einfchleicht, bewundernswürdiger fey. Vier Gründe konnten die Verbitterung diefes Königs nähren: Der Nationalhafs zwifchen den Schotten und Dänen, feine perfönliche Feind-fchaft gegen Fingal, die Schande feiner Niederlage, und die Begier felbe auszutilgen. Fingal nimmt fich vor mit feinem edlen Bezeigen alle diefe Hinderniffe aus dem Wege zu fchaffen, und bewirket es auf die fchicklichfte Weife. Er beginnt von den erften. Ullins Gefang beut ihm die Hand. Er zeigt durch Trenmors Beyfpiel, dafs die Kriege ihrer Gefchlechter nicht von einem erblichen Haffe, fondern von einer rühmlichen Wetteiferung entftanden, und fie vormal einträchtig und verwandt gewefen wären. Er bemüht fich nachmal den Eindruck der Schande in Swarans Gemüthe auszulöfchen, welches das heikelfte, aber auch das nöthigfte Unternehmen war. Nun erhebt er feines Gegners Tapferkeit, und bezeuget, dafs Swaran bey ihm von feinem vorigen Ruhme nichts verlohren habe. Niemal ift ein Lob fchmeichelhafter, als wann es von den Lippen eines Feindes fliefst. Nachdem alfo die Eigenliebe in Swaran wieder aufzuleben anfängt, bedient fich Fingal der gelindeften Mittel. Er nennt ihn zärtlich einen *Bruder* von Agandecca, um in ihm durch das Bild einer Schwefter, die er nicht weniger, als Fingal liebte, fanfte und freundfchaftliche Empfindungen zu wecken. Er giebt ihm zu erkennen, dafs er feit der Lebenszeit diefer Schwefter Neigung zu ihm geheget habe, und führt eine überzeugende Probe an, die er ihm bey ihrem Tode gegeben hat. Und fo macht er unvermerkt Swarans Scham rege, eine Perfon noch ferner zu haffen, die ihn fchon von fo langer Zeit zur wechfelfeitigen Gewogenheit, und gleichem Wohlwollen aufgefodert hatte. Endlich bedient er fich einer befonderen Grofsmuth, welche auch das unbändigfte Gemüth bezwingen konnte. Swaran war überwunden, fein Leben, feine Freyheit in Fingals Hand. Fingal vergifst feines Sieges, ftellt fich an, als wäre Swaran, fo wie vor dem Treffen, frey, und überläfst ihm zur Genugthuung die Wahl eines neuen Zweykampfes, gleich als wenn der vergangene nichts entfchieden hätte. Kurz: Swaran wird nicht als ein gefangener Feind, fondern als ein vornehmer Gaft, dem man Ehre beweifen will, angefehen. Wenn Dionys von Halikarnaffus folche Anreden auseinander zu fetzen gehabt hätte, fo würde er feine Kritik beffer angewendet haben, als da er im 9 c. feiner Redekunft das unfchickliche Gefchwätz des Agamemnons im 2 B. der Ilias zu entwickeln fich bemühte. *Cef.*

Säle von ihren vertrauten Gelagen, und freudige Muscheln
Giengen herum. Dieſs ſollte dein Antlitz verklären, den Harfen
Oeffnen dein Ohr und dein Herz. Erſchrecklich, und gleich dem Orkane
Deines Meeres ergoſs ſich dein Muth, dein Heerruff war ähnlich
Tauſend Stimmen, wenn Helden zum Treffen ſich fodern. Entfalte
Morgen, o Bruder von Agandecca! dem Winde die weiſsen
Segel! ach, wie die mittägige Sonne, ſo ſchwebt ſie vor meinem
Geiſte, der immer um ſie noch trauert. Ich ſah ſie die Thränen,
Die du der Schönen geweiht; da gieng dich im Saale von Starno
Schonend mein Eiſen vorbey, dann als es im Blute ſich färbte,
Und mir die Zähren im Auge ſich häuften um Agandecca! —
Oder verlangſt du zu kämpfen? Der Ehrengang, welchen von deinen
Vätern Trenmor erhielt, der iſt dir geſtattet. Im Ruhme
Sollſt du mir ſcheiden, und ähnlich der Sonne, die weſtlich hinabglänzt.

König aus Morvens Geſchlecht! gab itzo des wäſsrichten Lochlin
Herrſcher zurück: nie wird ſich in Zukunft die Rechte von Swaran
Wider dich heben, (g) du erſter in tauſend Verfuchten! Ich ſah dich
Erſtlich im Saale von Starno, dann hatte dein Alter vor meinem
Wenige Jahre voraus. Wann wirſt du ſie lenken die Lanze:
Fragte mich damal mein Herz: wie Fingal der edle ſie lenket?
Nachmal verſuchten wir unſer Vermögen am Fuſse des rauhen
Malmor, als mich mein Meer zu deinen Hallen, o Krieger!

Hinſchlug,

(g) Fingals edles Betragen wirket. Swaran iſt nicht mehr jener Barbar, der
auf Cuchullins und Fingals höfliches Einladen ſo rohen Beſcheid gab. Er
muſte ſich ſeiner Denkensart ſchämen, wenn er ſich mit ſeinem Gegner
verglich. Sein ungeſchlachtes Weſen verfeinert ſich, und ſeine Grauſamkeit bildet ſich zur Grofsmuth um. *Cef.*

Hinfchlug, und Mufcheln zu taufenden kreisten. Weitruchbar diefs war er (h)
In den Gebüfchen von Malmor der Strauſs. — Doch laſſen wir Barden
Jenen, der ſiegte, der Nachwelt verkünden! Du, höre mich, Fingal!
Viele der Schiffe von Lochlin verlohren ihr Kriegsvolk auf Lena;
Nimm ſie, Gebiether von Morven! und lebe mit Swaran in Freundſchaft!
Sollen einſt Kinder von dir die mooſigten Thürme von Gormal
Fernher beſuchen, ſo wird man ſie feſtlich bewürthen, und ihnen
Unten im Thale die Wahl des Kampfes erbiethen. Kein Fahrzeug:
Sagte der König: noch irgend ein Land mit Hügeln beſetzet
Nimmt ſich Fingal zur Gabe, genugſam mit ſeinen Gebirgen,
Seinen Wäldern und Hirſchen beglücket. (i) Begib dich zu Schiffe,

H 5

Edler

(h) Swaran erinnert ſich lieber des Kampfes bey Malmor, als des gegenwärtigen. Er glaubt dort nicht das Kürzere gezogen zu haben, wie wir
im Anfange des Gedichts ſahen. Aber ſelbſt aus ſeinem Ausdrucke nimmt
man ab, daſs ihn hierin die Eigenliebe täuſche. Nun da ihn Fingals
auſserordentliche Höflichkeit faſt zwingt ſeines Gegners Ueberlegenheit
zu bekennen, thut er es dennoch auf eine unbeſtimmtere zweydeutige Art.
Es iſt nemlich die Tugend dem Siege nahe, aber die Natur waget noch
einigen Widerſtand. Cef.

(i) Die Helden der griechiſchen Dichter ſind ferne von ſo groſsmüthigen
Entſchlüſſen. Achilles, nachdem er dem Priamus den Leib des Hektors
zurückgeſtellet, entſchuldigt ſich bey dem Geiſte des Patroklus wegen
dieſem guten Werke, und, ob es ihm ſchon leicht war, ſich, wo nicht
mit den Trieben der Menſchlichkeit, wenigſtens mit dem Gebothe des
Zevs, und den Ermahnungen der Thetis ſeiner Mutter zu rechtfertigen,
weil er es doch ſchuldig zu ſeyn glaubte, ſo läſst er dennoch dieſe
trifftigen Gründe beyſeite, und ſagt nur: Priamus habe ihm Geſchenke
gebothen, die er unmöglich verachten konnte. In den *Bittenden* des
Euripides iſt eine Begebenheit, die ſich mit dem Betragen Fingals in
dieſem ganzen Kriege beſſer vergleichen läſst, und ein einleuchtendes
Beyſpiel enthält, wie ſehr der Geiſt Oſſians von jenem der griechiſchen
Dichter unterſchieden ſey. Adraſt König von Argos wendet ſich per-
ſönlich an Theſeus König von Athen durch ſeinen Beyſtand die Thebaner
zur Beerdigung der im Treffen Gebliebenen zu zwingen. Theſeus begegnet ihm mit vielem Stolze, und verſagt ihm ſchlechterdings die ver-
langte Hilfe. Nachmal entſchlieſst er ſich dennoch vielmehr auf Einrathen ſeiner Mutter, als von der Billigkeit der Sache, oder eigener

Groſs-

Edler Verwandter von Agandecca! verbreite die weissen
Segel am Morgen, und kehre zu Gormals erschallenden Höhen.

König der Muscheln! dein Geist der sey mir gesegnet! rief itzo
Swaran der Führer des finsteren Schildes: du gleichest im Frieden
Frühlingslüftchen, im Kriege den Stürmen vom Berge! Da nimm sie
Swarans Rechte zum Pfande der Eintracht, erhabner Gebiether
Morvens! und laß der Erblichenen Ruhm von Barden besingen. (k)
Mache, daß Erin die Männer von Lochlin zur Erde bestätte,
Und mit erinnernden Steinen versehe, damit sie zur Nachzeit
Findbar verbleibe den Kindern des Nordes die Stelle, wo vormal
Ihre Väter ein Treffen geliefert, damit einst an eine
Moosigte Trümmer gelehnt der Waidmann ruffe : da rangen
Fingal und Swaran die Helden der Vorwelt. So wird er einst sagen,
Und das Gedächtniß von unseren Thaten wird Zeiten hinüber

Grünen.

Großmuth angetrieben ihm mit seinen Waffen zu unterstützen. Er sieget,
und fährt fort Adrasten verächtlich mitzunehmen.   Endlich erscheint
dem Handel ein End zu machen Minerva, und ermahnt den Theseus : er
sollte des Lohnes nicht vergessen, den ihm Adrast für seine Gutthat
schuldig wäre, und diesen desto sicherer zu erhalten, sollte er ihn
durch einen Eidschwur dazu verbinden.   Diese ist die unnachahmliche
Feine des *griechischen* Dichters ; itzt untersuche man, wie der *barba-
rische* zu Werke geht.   Fingal vernimmt Swarans Anschläge auf Irland, eilet Cuchullinen beyzustehn, und rettet die Insel. Anstatt seinem
Freunde seinen Untern vorzurücken, tröstet und lobet er ihn, und weit
davon, daß er von ihm einen Lohn fodern sollte, verbittet er selbst
seines Feindes Geschenke. *Cef.*

(k) Nun wird Fingals Sieg vollkommen.   Der Dichter konnte Swaranen in
seiner Wut noch einmal kämpfen und sterben lassen.   Allein seine Veränderung ist für Fingaln rühmlicher, anziehender und lehrreicher. Ossian
zeigt uns in diesem Muster, daß Tugend auch die rauhesten Herzen
zähme, und öfter über Natur und Erziehung siege.   Ein feines Lehr-
stück und mächtiger Antrieb jenes Gutes zu thun, die uns mit Beleidi-
gungen aufreizten. *Cef.*

Grünen. Ja Swaran! erwiederte Fingal: heut hat er den Gipfel
Seiner Gröfse beftiegen der Ruhm von Swaran und Fingal.
Aber wir werden, wie Träume, vergehn. In keinem Gefilde
Wird man mehr hören den Schall von unferen Schlachten. Die Gräber
Selbften die werden verfchwinden, und Jäger vergebens den Wohnfitz
Unferer Ruhe die Flächen durch fuchen. Doch ift auch der Helden
Stärke dahin, fo lebet im Liede der Namen. Ihr Barden,
Offian, Carril und Ullin! ihr kennet die Tapferen alle,
Welche die Vorzeit gefchmückt. Auf! ftimmet die Lieder ergrauter
Alter uns an! Es fchleiche die Nacht in füfsem Getöne
Unbemerkt hin, und mitten in Freuden erwache der Morgen!

Itzo quoll unfer Gefang zur Luft der Gebiether, und hundert
Harfen begleiteten unfere Stimmen. Des Herrfchers von Lochlin
Stirne ward heiter, und glänzte nicht ungleich der Völle des Mondes,
Wenn der Gewölke Gedräng aus feinen Gränzen hinwegwallt,
Friedfam ftralet fein makellos Antlitz in Mitte des Himmels.

Aber nach Carril fah Fingal indeffen, und fragte: wo bleibet
Semos Erzeugter, der Fürft der neblichten Infel? (1) entwich er
Etwa zur fchauernden Grotte von Tura, langdenkender Führer!
Einem tödtlichen Dampfe nicht ungleich? Sie birgt ihn: verfetzte

Carril

---

(1) Carrils Anfehen erwecket in Fingaln die Erinnerung Cuchullins. Aber
er fucht nur erft nach Swarans Abfahrt diefen Helden auf. Eine künft-
liche Vorficht des Dichters. Cuchullins und Swarans Charakter würde
fich eben fo leicht nicht vertragen haben. Cuchullins Gegenwart würde
den Stolz des andern wieder rege gemacht haben, und Swarans Anblick
konnte nur des erften Scham und Verdrufs vermehren. Ihre Zufammen-
kunft hätte die Gemüther vielmehr erbittert, als ausgeföhnt. Darum
mufs Fingals Klugheit ehe den einen entfernen, und nachmal auf den
Troft des andern bedacht feyn. Cef.

Carril der alte: die fchauernde Grotte von Tura. Die Rechte
Liegt ihm am mächtigen Schwerte; fein Sinn ift immer ins Treffen,
In das verlohrene Treffen vertiefet. Der König der Speere
Trauert; er hatte fonft öfter gefiegt. Die Klinge von Cathbaith
Sendet er her; du follft dich mit felber umgürten; denn du nur
Haft, wie die Stürme von Wüften, die Feinde des Helden zerftreuet.
Nimm es, o Fingal! fein Schwert. Sein Ruhm ift itzo verfchwunden,
So wie der Nebel im Thale vor faufenden Winden dahinfleucht.

   Carril! verfetzte der König: umfonft! ich nehme fein Schwert nicht.
Cuchullins Arm ift mächtig im Streite. Du kehre zum Helden!
Sag' ihm: fein Ruhm fey ficher gegründet. Wie manche verlohren
Itzund im Kampfe den Sieg, und fahen fich nachmal mit neuer
Ehre befchimmert. — Auch du, der braufenden Hayne Beherrfcher!
Tilge dein Grämen, o Swaran! hinweg! Auch wenn fie befiegt find,
Bleiben die Tapfern berühmt. Die Sonne verhüllet zuweilen
Tief in die füdlichen Wolken ihr Antlitz; doch blicket fie wieder
Ueber die grafigten Höhen herunter. Noch denk' ich an Grumal.
Grumal war eines der Häupter von Cona. Von jeglicher Küfte
Blitzte fein Kampf. Am Donner der Waffen ergötzte fein Ohr fich,
Und am Blute fein Herz. Einft that er mit feinen verfuchten
Haufen die Landung aufs hallende Craca. Der König von Craca
Kehrte nun eben zurück aus feinem Wäldchen; er hatte
Dort dem mächtigen Steine geredet im Kreife von Brumo. (m)
Itzund traf er auf Grumal. Der Anfall der Helden war grimmig.

Cracas

(m) Hier wird abermal des Götzendienftes gedacht. Man fehe eine Anmerkung zum 3 B. Mac.

Cracas Tochter den Bufen, wie Schnee, weifs, die galt er. Es hatte
Grumal von ihr am ftrömigten Cona gehört, und gefchworen
Mit dem weifsbufigten Mädchen zu kehren vom hallenden Cracı,
Oder zu fterben. Sie fochten drey Tage, den vierten erlag er.
Ferne von feinen Vertrauten, gefäfselt, ward er in Brumos
Schrecklichem Kreife bewahrt, dort follen die Schatten der Todten
Oefter den mächtigen Stein in Zagheit umheulen. Doch Grumal
Schwang fich, wie Stralen des Himmels, empor. Ihm ftürzten die Feinde
Unter der fiegenden Fauft. Sein Namen war herrlich, wie vormaL —
Tönet mir, alterthumskündige Barden! vom Lobe der Helden,
Dafs fich in ihrer verdienten Erhebung mein Innerftes freue,
Und das gekränkte Gemüth von Swaran in Wonne zerfliefse!

Itzund gofs die Verfammlung fich nieder zu ruhen auf Moras
Haide; der düftere Wind durchfträlte die Locken der Führer.
Hundert Stimmen erklangen auf einmal, und Harfen die Menge
Tönten darein. Man lobte die Starken vergangener Jahre. —

Ach! wann hör' ich ihn itzo den Sänger! wann jauchzt mir die Seele
Voll von Thaten der Väter! Das Saitenfpiel fchweiget in Morven.
Keine Kehle verfendet mehr Wohllaut auf Cona. Der Sänger
Ift mit dem Helden dahin! der Ruhm hat die Wüfte (ä) verlaffen! —

Morgenfchimmer bezittert indeffen, und kleidet in falbe
Dämmrung die Spitzen von Cromlach. Es fchmettert auf Lena das Heerhorn
Swarans. Die Kinder des Meers die ftoffen zufammen, und fchiffen
Traurig

(n) So nennt der Dichter öfter Caledonien fein Vaterland.

Traurig und fchweigend fich ein. Mit Winden von Ullin gefüllet
Schwinden, gleich weifslichten Nebeln von Morven, die Segel hinüber.

Auf! man ruffe der Jagd fchnellfüfsigte Kinder, die Doggen:
War nun Fingals Geboth: Bran meinen weifsbrüftigten, Luaths
Mürrifche Stärke! Du Fillan und Ryno — doch ach! er ift ferne!
Ach er drücket das Lager des Todes! — Du Fillan und Fergus!
Wecket mein Horn, und entzündet die Freude des Waidwerks! Auf Cromlach
Hör' es der Steinbock und Hirfch, und ftarrend enteil' er der Tränke.

Alfo fagt' er. Das fcharfe Getön durchwandert die Forfte.
Jeglicher Waidmann des büfchigten Cromiach erhebt fich, und taufend
Graulichte Stöbrer befliegen auf einmal die Flächen. Ein Wild wird
Jedem zu Theile; doch drey der flüchtigen Hirfchen ereilet
Fängt der weifsbrüftigte Bran, und zerrt fie vor Fingal. Der König
Sieht es, und lächelt Belieben. Allein den Schmerzen des Vaters
Wecket ein Thier, das über dem Grabe von Ryno gefällt wird.— (o)
Ach! er war immer im Jagen voran, und nun! wie gefühllos
Starret fein Stein! Ach nimmer erftehft du, mein Ryno! mit deinem
Vater das Mahl auf Cromlach zu theilen! Bald wird fie verfchwinden
Deine Stätte, bald hohes Gefträuch fie bedecken, und einftens
Drücket ein feiges Gefchlecht auf ihr die verwägene Spur ein,
Ohne zu wiffen, dafs unter dem Steine der Tapfere fchlafe.

Erben

(o) Welch ein rührender Zufall! Er ift jenem vorhergehenden ähnlich, wo
Fingal unter feinen Söhnen auch diefen verftorbenen herbeyrufft. Groffe
Dichter wiffen dergleichen Zufalle einzuftreuen, wo man fichs am wenigften verfieht. Schale Köpfe fehen fie auch da nicht, wo fie der Stoff
felbft anbeut. Cef.

Erben meiner Gewalt! kommt, laſst uns den Hügel beſteigen,
Oſſian, Fillan und Gaul, du König der blaulichten Schwerter!
Laſst uns die Grotte von Tura beſuchen. Den Führer von Erin
Müſsen wir ſehn. Sind dieſe die Zinnen von Tura? wie graulicht
Steigen ſie dort empor im Gefilde, wie leer von Bewohnern!
Trauern umwölket den König der Muſcheln, vom Giebel der Fürſten
Iſt er geflohen der Troſt. O laſſet uns eilen, ihr Freunde!
Zu dem Gebiether der Klingen, ſein Herz mit jeglicher unſrer
Freuden erfüllen. — Doch wie? was täuſchet mich? Fillan! iſt dieſes
Cuchullin, oder ein ſteigender Rauch von der Haide? Die Nebel
Trüben mein Aug. Noch kann ich den Freund nicht ſicher entſcheiden.
Cuchullin iſt es: verſetzte der Jüngling: o Vater! Er ſtaunet
Finſter und lautlos. Ihm liegt am Griffe des Eiſens die Rechte.

Sohn des Gefechtes! dich grüſſ' ich. Ich grüſse dich, Brecher der Schilde!
Heil dir! erwiederte Cuchullin: Heil ſey jeglichem deiner
Tapferen Männer. Er iſt mir erwünſchet, mein Fingal! dein Anblick,
So wie die lange verborgene Sonne dem ſeufzenden Jäger,
Wenn er aus Wolken ſie brechend erſieht. Dir folgen im Laufe
Deine Söhne den Sternen nicht ungleich, die Nächte verklären. —
Fingal! Fingal! ſo wie du mich findeſt, ſo war ich nicht einſtens,
Als ich mit dir vom Gefechte der Wüſte zurückkam, am Tage,
Da die beſiegten Beherrſcher der Welt (p) vor unſeren Waffen
Flohen, und Freude nun wieder die Berge des Wildes beſuchte.

Mächtig

(p) Dieſe iſt die einzige Stelle im Gedichte, mit welcher auf Fingals Kriege
wider die Römer gedeutet wird. Die römiſchen Kaiſer werden in den
alten celtiſchen Gedichten immer *Weltbeherrſcher* genannt. Mac.

Mächtig in Worten: fiel itzund ihm Connan (*q*) ein Krieger von niedrem
Ruhme darein: ja mächtig in Worten das, Cuchullin! bift du. (*r*)
Aber, wo bleiben, o Sohn von Semo! die Thaten? denn kam nicht
Deinen entkräfteten Staal zu retten die Flotte von Morven
Ueber den Ocean her? da fliehft du zur Höhle zu zagen;
Connan kämpfet indeffen für dich. Entlafte dich diefer
Glänzenden Rüftung, du Sohn von Erln! mich zieret fie beffer.
Cuchullin gab ihm zurück: Noch fand fich keiner der Helden,
Welcher es wagte von mir die Waffen zu fodern, und wären
Ihrer auch taufend, fie wagtens umfonft, du düfterer Krieger! (*s*)
Nein! ich floh nicht zur Höhle zu trauern, folange die Kämpfer
Erins noch lebten. — Halt ein, rief Fingal: verächtlicher Jüngling!
Schweig, o Connan! denn Cuchullin glänzet in Schlachten, fein Namen
Füllet die Wüfte mit Furcht. Oft hab ich dich preifen gehöret,
Stürmifcher Leiter von Innisfail! Zur Infel des Nebels
Spreite die weifslichten Segel nun aus! dort fchmachtet Bragela
Hoch vom Felfen herab. Ihr zärtliches Aug ift in Thränen.

Winde

(*q*) Connan war aus dem Gefchlechte von Morni. Seiner wird auch in
vielen andern Gedichten erwähnt, aber immer fo unvortheilhaft. Unfer
Dichter redet fonft niemal von ihm, und feine Ungezogenheit gegen Cuchullin verdient nichts anders. *Mac.*

(*r*) Die Grobheit und Unverfchämtheit diefes Menfchen erinnert uns des
homerfchen Therfites. Wir fehen, dafs Offian fchlimme und gehäfsige
Charaktere eben fowohl, als edle und erhabene fchildere. Aber er weist
ihnen ihren Standort an, wo fie den Lefer weder täufchen, noch ver-
führen können. Sie find Schatten, gegen welche die hellen Figuren ab-
ftechen. *Cef.*

(*s*) Offian drückt oft die Gemüthsgaben durch die körperlichen Eigenfchaften
aus. Diefe Art ift natürlicher, denn im Beginne der Sprachen konnte
man die Begriffe der geiftlichen Dinge nur mit Ausdrücken, die von
finnlichen Gegenftänden genommen waren, verbinden; fie ift poetifcher,
denn fie malet; fie ift finnreicher, denn fie giebt zu denken. *Cef.*

Winde verwähn ihr vom pochenden Bufen ihr fallendes Haupthaar.
Jegliches Flüftern der Nacht belaufcht fie mit gierigem Ohre,
Harret der Stimme der Schiffer, den Rudergefängen (†), und deinen
Kommenden Harfen entgegen. — Diefs wird fie noch lange! denn nimmer
Kehr' ich zurück! Wie könnt' ich erfcheinen vor meiner Geliebten,
Ihre Seufzer zu mehren? Ach Fingal! im Speeregemenge
Hab ich fonft immer gefiegt! Du wirft in Zukunft auch fiegen!
Gab ihm Fingal der König der Mufcheln zur Antwort: Dein Nachruhm
Wird fich, gleich äftigten Bäumen auf Cromlach, erfchwingen. Die Schlachten,
Welche noch deiner erwarten, o Führer! find häufig, und häufig
Sind fie die Wunden von dir zu verfetzen. Du fchaffe die Mufcheln,
Ofcar! fchaffe das Wild zum Mahle, dafs unfere Geifter
Nach den Gefahren fich wieder erquicken, und unfre Gefellfchaft
Jeden der Freunde mit Wonne belebe. Wir faffen und fangen
Bey dem Gelage. Die Scele des Führers von Erin entfchwang fich
Endlich der Trübe. Sein mächtiger Arm der fühlte fich wieder.
Munterkeit hob fein Geficht. Von Ullins und Carrills Gefängen
Hallte die Gegend. Auch ich, ich fang von Kämpfen der Speere
Manchmal darein. — O Kämpfe von mir nicht felten gekämpfet,
Nicht mehr kämpf' ich euch itzt! Von meinen verrichteten Thaten
Tönet kein Nachhall zu kommenden Altern hinüber. Verlaffen
Sitz' ich nun immer am Steine von meinen geliebten Entfchlafnen.

Alfo verlief uns in Liedern die Nacht. Der freudige Morgen
Kehrte zurück. Itzt hob fich der König vom grafigten Lager,
Bäumte den glänzenden Spiefs, und trat nach Lena den Weg an.

Aber

(†) Das Singen beym Ruder ift an der ganzen nördlichen Küfte Schottlands
gewöhnlich. Es unterhalt, und ermuntert die Arbeit. *Mac.*

Aber wir folgten, wie Streife von Feuer. Entfaltet die Segel!
Rief der Gebiether von Morven: und faſſet die Winde! Sie ſtrömen
Eben von Lena. Wir ſchifften uns ein, und theilten in hohen
Siegesgeſängen und freudigem Jauchzen die ſchäumende Meerflut. (u)

(u) Die beſten Kunſtrichter kommen in dem überein, daſs die Epopee einen
vergnügten Ausgang nehmen ſolle. Die drey berühmteſten Heldendichter
bekräftigen dieſe Beobachtung nach ihren weſentlichſten Umſtänden;
dennoch läſst der Schluſs ihrer Gedichte, ich weis nicht, was für eine
ſchwermüthige Laune in dem Geiſte zurück. Der erſte beurlaubt den
Leſer bey einem Leichendienſte, der zweyte beym frühzeitigen Tode
eines Helden, der dritte in den einſamen Gegenden einer unbewohn-
ten Welt:

Alſo begieng man die Leiche des pferdebezwingenden Hektors. Hom.

Und ſein Leben entfloh zu den Schatten voll Unmuth und ſeufzend. Virg.

Sie nahmen mit wanderndem Schritte
Langſam den einſamen Weg durch Edens verlaſne Geſilde. Milt. Mac.

COMALA.

EIN

DRAMATISCHES GEDICHT.

INHALT.

Die ganze Geschicht dieses Gedichtes ist durch die Tradition folgendergestalt auf uns gekommen. Comala die Tochter Sarnos des Königs von Inistore oder den orkadischen Inseln hatte sich in Fingaln den Sohn Comhals bey Gelegenheit eines Gastmahles, zu welchem ihn ihr Vater geladen hatte, verliebet. Sie gieng in ihrer Leidenschaft so weit, daß sie in einen Jüngling verkleidet ihm nachzog, und sich anboth in seinem Heere zu dienen. Nicht lange, so ward sie von Hidallan dem Sohne Lamors, einem der Helden Fingals, dessen Neigung sie einige Zeit vorher verachtet hatte, entdecket. Ihre romanhafte Liebe nicht minder, als ihre Schönheit vermochten so viel über das Herz des Königs, daß er eben damal sich entschloß sie zur Ehe zu nehmen, als ihm die Nachricht von dem Anzuge Caraculs überbracht ward. Er brach sogleich auf dem Feinde Einhalt zu thun, und verließ Comalen auf einer Anhöhe, von welcher man Caraculs Heersmacht entdecken konnte. Er hatte ihr versprochen noch dieselbe Nacht zurückzukehren, wenn er nicht in dem Treffen bleiben würde, welches er zu liefern gesinnt war. Die Fortsetzung der Geschicht erhellet aus dem Gedichte selbsten.

Dieses Gedicht streuet viel Licht auf das Alter der ossianschen Werke. Ein Umstand, der es schätzbar macht. Der

hier

hier angeführte Caracul ift *Caracalla* des Kaifers Severus Sohn, der im Jahre 211 einen Zug wider die Caledonier gethan hat.

Die Verfchiedenheit der Versmaafse läfst uns abnehmen, diefes Drama müfse urfprünglich in die Mufik gefetzet, und bey einer feyerlichen Gelegenheit vor den Häuptern der Zünfte aufgeführet worden feyn. (*a*)

Die Handlung beginnt mit Anbruche der Nacht, und geht vor in Ardven an dem Crona einem kleinen Fluffe.

Handelnde Perfonen.

Fingal.
Comala.
Hidallan.
Dersagrena, } *Töchter von Morni,*
Melilcoma,
Das Bardenchor.

CO·

(*a*) Ich habe derohalben auch gefucht ihm die Geftalt eines Singfpieles zu geben. In den Recitativen bediene ich mich jambifcher Verfe von ungleicher Länge, in den Arien und Chören auch trochäifcher, amphibrachyfcher und daktylifcher. Ich habe mich zu reimen entfchloffen, weil mir der Reim in diefer Dichtart noch am erträglichften fcheint. Vielleicht aber habe ich eben darum dem Originale mehr Zwang anthun müffen, als ich wohl wünfchte.

COMALA,

EIN

DRAMATISCHES-GEDICHT (b)

IN

EINEM AUFZUGE.

ERSTER AUFTRITT. (c)

Dersagrena. Melilcoma.

Ders. Nun hat die Jagd ihr End erreichet.

In Ardven raufcht nur noch der Strom.

O Tochter Mornis! komm!

Komm von der Flur, durch die der Crona ftreichet.

I 4   Ergreif

(b) Wer würde es vermuthet haben, bey den Caledoniern nicht allein Fragmente, fondern eine förmliche Sammlung fait von allen Gattungen regelmäfsiger Poefien anzutreffen? Wir haben ein *Heldengedicht* gefehen, nun ift ein *Trauerfpiel* vor uns. Die Kürze benimmt feiner Regelmäfsigkeit nichts. Es hat alle Züge und Verhältniffe der Tragödie, feinen kleinen Knoten, feine Theaterftreiche, feine unerwartete Kataftrophe, einen ftarken Wechfel der Affecte, die fich mit aller Einfalt nach ihrer Natur ausdrücken, kurz: alle Schönheiten, die wir an den Griechen fo fehr bewundern. Nicht nur Thefpis, felbft Aefchylus würde fich in diefem Stücke genug gethan haben. Das Chor und die Manigfaltigkeit des Sylbenmaafses macht es dem *Melodrama* der Griechen ganz ähnlich. Es würde ein Singfpiel nach einem neuen Gefchmacke geben, und vielleicht auch zu unfern Zeiten nicht ohne Wirkung feyn, wenn es von einem gefchickten Tonkünftler in die Mufik gefetzet, und mit den gehörigen Decorationen aufgeführt werden follte. *Cef.*

(c) Ich habe nach H. Cefarotti Beyfpiele das Drama Deutlichkeit halber in Scenen eingetheilt.

Ergreif dein Saitenspiel nach abgelegtem Bogen!

Es kömmt die Nacht herangeflogen,

Beginn ein Lied! Wir müssen

Lautfeyernd sie begrüfsen.

Komm! unsre Fröhlichkeit

Verbreite sich in Ardven weit.

Melil. Ja! Mädchen mit den blauen Augen! ja.

Die Nacht ist da,

Sie bräunet immer mehr und mehr die Flächen,

Dort, wo sich Cronas Fluten brechen,

Dort stand ein Hirsch. Ich glaubte,

So viel das Dunkel mir erlaubte,

Ein mosigt Ufer anzusehn.

Allein er fuhr empor, begann die Flucht zu geben,

Und ich sah Feuerdämpfe schweben

Um sein vieläftigt Haupt. Kaum wars geschehn,

Da blickten unsrer Ahnen Schatten

Voll Ernst aus Cronas Wolken her. —

Ders. Es ist nicht schwer

Hieraus auf Fingals Tod zu rathen,

Den Herrn der Schilde deckt sein Grab!

Es sieget Caracul! Comala steig herab.

Arie,

Sarnos Tochter! ach erscheine

Von dem finstern Hügel her!

Komm und seufze! komm und weine!

Dein Geliebter ist nicht mehr!

Der

Der Jüngling ach! die Wonne deiner Bruſt,

Bedrängte! ſchloſs ſein Leben.

Auf unſern Höhen irrt nun eben

Sein Geiſt aus Luſt

Dich wieder anzuſehn.

Melil. Sieh! wie verlaſſen dort Comala ſitzet! (*d*)

Zween graue Spürer, die vor ihren Füſsen ſtehn,

Die ſchütteln ſtäts ihr zotticht Ohr,

Und ſchnappen nach der Luft empor.

Ihr Antlitz, das erhitzet

Auf ihrem Arme ruht, beſpielt der Wind

Mit Locken, die ihm überlaſſen ſind.

A r i e.

Ihr holdes blaues Auge blicket nur

Nach jener ſüſsen Flur,

Auf die ſich Fingal ihr verſprach.

Sie ruffet dem Geliebten nach:

Nun iſt die Nacht ſchon hier.

O theurer Fingal! wann, wann kömmſt du mir!

ZWEYTER AUFTRITT.

Comala. Die Vorigen.

Com. O Carun! Carun! (*e*) deine Flut

Die wälzet ſich in Blut!

I 5

Wie

(*d*) Auf einem Hügel innerhalb der gegenſeitigen Scene.

(*e*) Carun, oder Cara'on, ein ſchlänglichter Fluſs. Er war das Ziel der
  römiſchen Eroberungen in Britannien; denn das jenſeitige Schottland erhielt

Wie kömmt es? Hörteſt du vielleicht das Toben
Der Schlacht an deinen Ufern? Schläft vielleicht
Im Tode Morvens König? — Ach hier oben,
Wo deine Wolke dich umzeucht,
O Himmelsfohn! o Mond! enthülle dich,
Und laſs mich auf der Flur, wohin er ſich
Der Liebenden verſprach, ſein ſchimmernd Schwert entdecken!
Vielmehr, du Feuerdampf! der durch die Nacht
Verſtorbner Ahnen Geiſter ſichtbar macht,
Komm du vielmehr den Pfad mir auszuſtecken.
Mein Leiter ſoll dein rother Schein
Zu dem gefallnen Helden ſeyn! —
Ach wer? wer wird nun meinen Kummer lindern,
Und Hidallans verliebten Antrag hindern!

Arie.

Weit umringet von dem Volke
Aller ſeiner Mächtigen
Ach wann werd' ich Fingaln ſehn,
Glänzend, wie ein öſtlich Licht,
Welches einer frühen Wolke
Aus bethautem Schooſse bricht!

DRIT-

---

hielt ſich in der Freyheit.   Er trägt noch dieſen Namen, und geht einige Meilen weit von Falkirk auf der nördlichen Seite in den Forth.
Mac.

DRITTER AUFTRITT.

Hidallan. Die Vorigen.

Hidall.(f) O ſtürzt von Cronas düſtren Höhen,
Ihr Nebel! decket jede Spur
Des Jägers! Ach! wenn ſeine (g) Pfade nur
Vor meinem Auge flöhen!
Ach dürfte mich kein Angedenken
Des umgekommnen Freundes kränken!
Der Schlacht Geſchwader ſind zerſtreut,
Die Krieger ſchlieſsen ſich nun nicht mehr tief gereiht
Um ſeines Schildes Hallen.
O Carun! ſtröme Blut! Das Haupt
Des Volkes iſt gefallen!

Com. Wem ward es, ſage! wem geraubt
Das Leben, Kind der ſchwarzen Schatten! (h)
An Caruns grünem Ufer? War er gleich
An Weiſse friſchem Schnee auf Ardvens Matten?
So blumigt als der Regenbogen?
Sein Haupthaar, war es weich,
Und wie beſonnter Nebel aufgeflogen?

Und

(f) Er war von Fingaln vorausgeſandt Comalen von ſeiner ſiegreichen Rück-
kunſt Nachricht zu bringen; aber er hintergieng ſie mit falſchem Berichte von des Königs Tode. Mac. Er kömmt vom Hintertheile des
Theaters, redet für ſich ſelbſt, und hat vielleicht Comalen noch nicht
entdecket.

(g) Fingals.

(h) Sie ruft ihm durchs Dunkel zu, und ſcheint ihn noch nicht zu kennen.

Und glich er im Gefechte Donnerkeilen?

Und konnte fchnelles Wild fein Fuſs ereilen! (*i*)

Hidall. O könnt' ich feine Treue fehn

Von ihrem Felfen reizend hangen! (*k*)

Ihr röthlicht Aug in trüben Zähren ftehn,

Und ihre Rofenwangen

Mit Haaren halb bedecket! (*l*)

O Lüftchen! das fich fanft itzt wecket,

Hauch' ihre fchweren Locken kühner an,

Daſs ich den weifsen Arm und ihr Geficht,

Im Leide felbft fo fchön, betrachten kann.

Com. Gib mir Bericht!

O Trauerboth!

Ift Comhals Sohn denn ungezweifelt todt? —

Nun rolle Donner auf dem Hügel!

Nun fchwinge Blitz den Feuerflügel!

Ich fürchte nichts; denn ift mein Fingal hin,

Was fchreckte meinen Sinn? —

Doch fage mir noch einmal, Trauerboth!

Der Schildebrecher, ift er ungezweifelt todt?

Hidall.

(*i*) Diefe Umfchreibung ift fehr künftlich und anftändig. Comala fürchtet Fingals Tod, und getrauet fich nicht geradezu darum zu fragen. Fingaln kenntlich zu machen bedient fie fich folcher Zeichen, die ihr ihre Leidenfchaft anbeut. Sie will ihr Unglück lieber hören, als empfinden, und den Streich dadurch entkräften, daſs fie ihn von der Seite aushält. *Cef.*

(*k*) Hidallan hat Comalen noch nicht gehöret, oder er thut wenigftens dergleichen.

(*l*) Ein langes, dickes und über die Bruft her fallendes Haar muſs eine befondere Schönheit der Caledonierinnen gewefen feyn; denn fo oft die Rede vom Haare ift, läfst es Offian jedesmal die Wangen und den Bufen bedecken. *Cef.*

Hidall. Auf jedem Hügel gehn die Völker irr.

    'Sie werden Fingals Stimme nicht mehr hören! —

Com. So folg' ein tödtlich Schrecken, Weltbeherrfcher! (*m*) dir

    Auf aller Spur! Das Unheil müsse dich zerstören!

    Schnell sollst du zur Verwesung eilen!

    Auf deinem Grabe soll ein Fräulein heulen

    In Tagen ihrer Jugend bleich,

    Von Zähren voll, Comalen gleich! —

    Ach mußtest du so schnell, unholder Hidallan!

    Von meines Helden Tode mich berichten?

    Noch nahm mein Sinn die süße Täuschung an,

    Noch konnt' ich seine Rückkehr dichten.

A r i e.

    Wo sich fern der Fels empöret,

        Würde mir ein Baum, ein Stein

        Fingals Bild gewesen seyn,

        Und in jedes Windes Schall

        Hätte seines Hornes Hall

    Mein begierig Ohr gehöret.

    Ach könnt' ich doch an Caruns Ufer mich verfetzen,

    Und wenigstens die kalten Wangen

    Mit heißen Liebeszähren nätzen!

Hidall. Am Carun liegt er nicht. Sie haben angefangen

    Die Helden hier sein Grab in Ardven aufzubaun. —

    Enthülle dich, o Mond! ihn anzuschaun!

                       Bestrale

(*m*) Der römische Kaiser Severus.

Beſtrale ſeine Bruſt, damit am glänzenden Geſchmeide
Comalens Blick ihn leichter unterſcheide! —

Com. Ach gönnet mir,

Ihr Graberheber! ihr!

Nur eine kurze Weile,

Damit ich meinen Theuerſten zu ſehen eile.

Er liefs mich auf der Jagd allein.

Ich Arme! wufst' es nicht. Er gieng zur Schlacht!

Er hatte mir verſprochen mit der Nacht

Zu kehren. Ach! wie ſtellt ſich Morvens König ein! —

Und du der Höhle zitternder Bewohner! (n)

Du ſchwiegſt von ſeinem Fall'! Ihn hat dein Geiſt geſehn

Im Blute ſeiner Jugend untergehn,

Und dennoch wardſt du mein unzeitiger Verſchoner! —

Melil. Doch welch Getümmel füllt mein Ohr?

Seht! welcher Schimmer blitzt hervor

Aus Ardvens nahgelegnem Thale? Wer,

Wer zeucht den vollen Strömen gleich daher, (o)

Wenn von gedrängten Wellen

Des Mondes Zitterſtralen widerprellen?

Com. Wer andrer, als mein Haſſer, kann es ſeyn?

Des Weltbeherrſchers-Sohn! (p)

Comalens Bogen harret ſchon,

O Schatten Fingals! ach erſchein!

Von

(n) Ein Druid; denn es iſt wahrſcheinlich, dafs beym Anfange der Regierung
Fingals noch einige übrig waren, derer einen Comala um den Ausgang des
Krieges mit Caracul befraget haben mag. *Mac.*

(o) *Wer iſt der, der heraufzeucht, wie ein Waſſerſtrom? Jerem.* 46 c. 7 v. *Cef.*

(p) Caracalla.

Von deiner Wolke follſt du ſelben lenken,
Tief in des Mörders Bruſt den Pfeil zu ſenken!
Er ſtürze, wie der Hirſch der Wüſte, tödtlich wund! —
Doch nein! was thut mein Aug mir kund! (q)

Arie.

Er iſt es der Schatten von meinem Getreuen!
    Vom finſteren Sitze beſuchet er mich!
Er iſt es. Er naht ſich, erblaſſete Reihen
    Gefallener Krieger um ſich! —
    Warum kömmſt du, mein Behagen!
        Meine Luſt!
    Iſt es Furcht mir einzujagen,
Oder Troſt zu bringen meiner matten Bruſt!

VIERTER AUFTRITT.

Fingal. Das Bardenchor. Die Vorigen.

Fing. Auf Sänger! auf! (r) erhebt zum Himmel die Gefechte
Des wellenreichen Carun! Meine Rechte
Hat Caracul verſucht;
Nun trägt ihn ſeine Flucht

                                                Weit

(q) Hier erſcheint Fingal in der Tiefe des Theaters von ſeinen Sängern und
    einigen Kriegesleuten gefolget.

(r) Fingal hat Comalen noch nicht beobachtet.

Weit über des bezäumten Stolzes Felder;
So wie den Nebeldampf,
In dem ein Nachtgeist haust, der Winde Kampf
Fernhin durch Flächen treibet, wenn die düstern Wälder
Im hellen Widerscheine stehn. —
Doch hab ich itzt nicht einen Laut vernommen,
So reizend, wie das Wähn
Der Lüfte, die von meinen Hügeln kommen?
O Jägerinn von Galmal! Sarnos Pfand!
Ach wärs ein Laut von dir, du mit der weißen Hand!

A r i e.

O du meine theure Schöne!
    Schau vom Hügel, schau geschwind!
Laß mich hören jene Töne,
    Die mein süßes Labsal sind! (s)

Com.   O geliebt zu allen Zeiten
    Werther, holder Schatten du! (t)
Laß Comalen dich begleiten
    Zu der Höhle deiner Ruh! (u)

                      Fing.

(s) *Steh auf, meine Freundinn! mache dich herzu, und komm — Laß mich hören deine Stimme; denn deine Stimme ist süß.* Hohe Lieder 2 c. Mac.

(t) *Fingal ist noch in einer Entfernung, daher besteht Comala auf ihrem Wahne, als sahe sie seinen Geist.* Cæs.

(u) *Comala redet von dem Aufenthalte des Geists ihres Geliebten, und Fingal nimmt es in einem andern Verstande.*

Fing. Ja, ja! dich foll die Höhle meiner Ruh empfangen.

    Die Stürme find vergangen, (*w*)

    Und unfern Auen lacht die Sonne

    Nun endlich wieder Wonne.

A r i o f o.

    O folge deinem Freyer,

        Du Conas Schützinn du!

    Dich ladet dein Getreuer

        Zur Höhle feiner Ruh. (*x*)

Com. O welch ein Anblick! welch ein Ton!

    Von feinem Ruhm' umgeben

    Kehrt *Fingal!* — Ja! Comala fühlet fchon

    Die Hand in Schlachten grofs! — (*y*) Allein das Beben

    Vor Ahnungen, die meinen Geift umfafsten,

    Gebeut mir hinter diefem Felfen auszuraften.

Die

(*w*) *Siehe! der Winter ift vergangen, der Regen ift hinweg.* Hohe L. 2 c. *Mac.*

(*x*) Nun tritt Fingal näher. Herr Cefarotti fcheint die folgende Stelle zu
fchwach den Aufruhr und das Gemeng der Empfindungen in Comalens
Gemüthe auszudrücken. Er fagt: man würde der Erfchütterung, und
des gewaltthätigen Uebergangs ihres äufterften Leides zur unmäfsigften
Freude nicht gewahr, welche dennoch ihren Tod verurfachen mufsten.
Daher wäre diefer Tod nicht genugfam vorbereitet. Ich will die Stelle
herfetzen, fo wie er fie verftarket. „*Nein! nein! ich betrüge mich
nicht! Es ift Fingal! er lebt! er kehret voll des Ruhmes! ich fuhle
feine tapfere Rechte! Ach! ach welche unvermuthete Veränderung, welche Verwirrung der Leidenfchaften beklemmt mein Herz! Jede Kraft ent-
geht mir! Ich mufs hinter diefem Felfen Ruhe fuchen, bis fich das Getümmel meines geängftigten Geiftes ftillet. Die Harfe fey nicht fern,* u. f. w.*

(*y*) Er beut ihr die Hand.

Erfter Band.   K

Die Harfe fey nicht fern, und ihr,
Ihr Töchter Mornis! fingt vor mir! (χ)

A r i e.

Melil. und *Ders.* Drey der Hirfchen Ardvens find gefället
Von Comalens Hand.
Siehe dort den Brand,
Der des Hügels Haupt erhellet.
Herr von Morvens Haynen!
Komm! du follft erfcheinen
Bey dem Mahle deiner Braut,
Die nach dir mit Sehnfucht fchaut.

FÜNFTER AUFTRITT.

Fingal. Das Bardenchor. Hidallan.

Fing. Auch ihr, o Liederföhne!
Beginnet Siegestöne
Von Caruns Kämpfen himmelan zu fenden!
So wird das Fräulein mit den weifsen Händen
Von Wolluft überftrömt,
Bis meiner Liebe Feyer kömmt.

B a r d e n c h o r. (a)

Wälze nur, wälze mit lautem Frohlocken,
Wogigter Carun! die fiegende Flut!

Fernhin

(χ) Sie tritt hinter den Felfen, und die zwo Gefpielen folgen, nachdem fie
ihre Arie gefungen haben.
(a) Ich habe mir hier und in dem letzten Auftritte die Freyheit genommen
das Chor, welches im Originale ununterbrochen fortfingt, mit einer und
zwoen Stimmen abwechfeln zu laffen.

Fernhin nach ihren Befitzen erfchrocken
Flohen die Söhne der kriegrifchen Wut.

Ein Barde.

Nun ftampft nicht mehr in unfre Flur
Das kühne Streitrofs feine Spur.
Zu andrer Völker Schrecken
Die Flügel auszuftrecken (b)
Ift ihre ftolze Macht
Forthin bedacht.

Das Chor.

Heiterer wird uns die Sonne nun fchenken
Ihren ergötzenden friedlichen Stral.
Freudiger werden die Schatten fich fenken
Von den Gebirgen ins dämmernde Thal.
Wälder vernehmen fchon
Jägrifcher Hörner Ton.
Helm und Schild unter unnützen Gefchmeiden
Müffen in Zukunft die Wände bekleiden.

Zween Barden.

Aber wenn die Luft zum Streiten
Uns einft wieder reizen kann,
Füllen wir mit Kriegesleuten
Manch befegelt Fahrzeug an.

K 2

Schnel-

(b) Vielleicht ift hier eine Anfpielung auf den römifchen Legionenadler.
Mac.

Schneller Winde Schwingen

Sollen es nach Lochlin bringen.

Diefes uns verhafste Land

Färbt dann Blut von unfrer Hand.

Das Chor.

Wälze nur, wälze mit lautem Frohlocken,

Wogigter Carun! die fiegende Flut!

Fernhin nach ihren Befitzen erfchrocken

Flohen die Söhne der kriegrifchen Wut. —

SECHSTER AUFTRITT.

Melilcoma.   Die Vorigen.

Melil. O Nebel! leichte Nebel! fenket euch!

Empfanget ihren Geift, o Mondesftralen!

Hier an dem Felfen liegt das Fräulein leichenbleich!

Der Tod entrifs uns, ach! Comalen! (c) —

Fing. Wie? Sarnos Tochter liegt entfeelt? (d)

Das zarte Fräulein, das mein Herz gewählt!

Ach komm! Comala! komm auf deiner Wolken Flügel

Hoch über Fingals Hügel,

Wenn

(c) Livius erzählt: zwo Römerinnen, welche ihre Söhne unter den Geblieb-
nen am Trafymenerfee beweinet hatten, wären nachmal bey ihrer unver-
fehnen Rückkunft vor Freude in ihren Armen geftorben. *Cef.*

(d) Fingal nimmt, nach Herrn Cefarotti Meynung, Comalens Tod viel zu
gleichgiltig auf.   Er läfst ihn in feiner Ueberfetzung fo fagen: *Wie!
das Fräulein, die Hoffnung meines Herzen ftarb! Comala! ach unglückfelige Comala! Damal wenigftens, ach damal fliege mir dein Geift in die
Arme, wenn ich auf meinen grafigten Hügeln an dich, mein Vergnügen!
ftumm und fchmerzenvoll denke.*

Wenn ich an meiner Haiden Bächen

Einft einfam hingelagert bin!

Hidall. Ach weh mir! Hör' ich nimmer fprechen

Die fchöne Jägerinn

Von Galmal? Seh' ich nimmer fie mit ihren Pfeilen

Der braunen Hirfchen Flucht vergnügt ereilen!

Warum verftört' ich ihren Sinn

Mit meinem unglückfeligen Berichte! (*e*)

K 3

Fing.

(e) H. Cefarotti fetzet hier noch folgendes hinzu: *Ach ein fo graufames Unglück gieng mir nicht vor! Ich dachte nur durch ihren ungegründeten
Schmerzen die unverfehene Freude ihr fühlbarer zu machen.* Ich will feine
Urfache herfchreiben. In diefem Satze: fagt er: liegt der einzige Grund,
den man angeben kann, Hidallans Betragen auf eine gewiffe Art zu rech-
fertigen, welches fonft fehr ungereimt fcheinen muß. Er konnte nicht
hoffen Comalen zu hintergehen; denn die Wahrheit mußte in wenigen
Augenblicken erhellen. Was follte ihn alfo zu diefem Betruge verleitet
haben? Die Begier fich zu rächen: antwortet der engl. *Ueberfetzer.* Gut,
er wollte alfo Comalen befchimpfen. Allein zeigte er dadurch nicht
vielmehr Thorheit als Rachfucht, da es offenbar war, der ganze Schimpf
würde nach entdecktem Betruge zu feinem Schaden auf ihn zurückfallen?
Beynebens müfste ja Hidallans Sprache etwas von jener empfindlichen
Eiferfucht äufsern, die ihn verleiten konnte das Gemüth feiner Geliebten
fo bitter zu kranken. Dennoch zeigt fich in feinen Reden nichts als
Liebe, und zwar Liebe, die von einem folchen Vergehen weit entfernet
fcheint. Viel natürlicher wäre es gewefen, wenn er fie zu bereden gefucht hätte mit ihm zu entfliehen, um den Händen der Feinde zu entge-
hen; aber hieran wird nicht einmal gedacht. Was ich Hidallanen fagen
laffe, wird auch von dem unterftützt, dafs er oben erzählt, Fingals Körper werde in Ardven zur Beerdigung überbracht werden; diefer Bericht
mufste Comalen nothwendig veranlaffen zu bleiben, wo fie war, um ihn
zu erwarten, und hiemit trägt er viel bey die Lüge zeitlich zu entdecken. Könnte man nicht fagen, das Original fey hier mangelhaft, und
es müffe vormal an diefem Orte etwas geftanden haben, was meinem Zu-
fatze nicht unähnlich war, welches in einer folchen Zeitlänge verlohren
gegangen wäre, wie fo viele andere beträchtlichere Stellen, und auch
ganze Gedichte? So viel der wälfche *Ueberfetzer.* Wie aber, wenn Hidallan keinen anderen Zweck gehabt hätte, als durch feine falfchen Zei-
tungen Comalens Gefinnungen gegen Fingal zu prüfen, und zu fehen, ob
ihm denn gar keine Hoffnung mehr übrig fey, ihr Herz einft zu gewinnen? diefe Abficht konnte noch immer mit der Ehrfurcht, die er vor
Fingaln hatte, und dem ganzen Erfolge beftehen.

Fing. Verwünfchter Jüngling! pack dich hin

  Von meinem Angefichte!

  Dir ift der Platz in meinem Mahle

  Auf alle Zeit verfagt!

  Kein Wild verfolgft du mehr mit Fingaln auf der Jagd.

  Kein Gegner Fingals fällt forthin von deinem Staale. (*f*) —

  O meine Treuen! feyd bemüht

  Zur Stätte der Geliebten mich zu führen,

  Der Ausbund ihrer Zier foll, eh' er ganz verblüht,

  Soll Fingals Aug noch einmal rühren. (*g*) —

  Ach feht fie blafs am Felfen liegen,

  Ihr Haar im kühlen Winde fliegen!

  Am Bogen, den fie finkend brach,

  Zifcht ihre Senne noch den Winden nach. —

  Nun, Barden! auf! beginnt ein Trauerlied

  Von Sarnos thränenwerthem Kinde!

  Comalens Namen fchall' auf jedem Winde,

  Der über Morvens Hügel zieht.

B a r d e n c h o r,

  Betrachte, betrachte die fchwärmenden Kämpfe

    Der feurigen Dämpfe,

   Die flattern und fchweben;

    Nur dich zu umgeben,

     O Fräulein! beftreben fie fich.

             Be-

(*f*) Hidallan geht traurig ab. Der Reft feiner Gefchicht erfcheint, als eine Epifode, in dem unmittelbar folgenden Gedichte. *Mac.*

(*g*) Er geht zur Scene, hinter welche Comala getreten war, und fieht hinein.

Betrachte, betrachte! die mondlichen Schimmer
Erhöhen dich immer!
Wie wallend und dichte!
Mit hellestem Lichte,
O Fräulein! bekleiden sie dich.

Ein Barde.

Aus den Wolken schaut hernieder
Deiner Ahnen ernste Schaar;
Fidallanens Augenlieder (h)
Röthlichtblinkend nehm' ich wahr.
Sarnos düstres Angesicht (i)
Weichet von der Tochter nicht.

Das Chor.

Ach wann wird man wieder sehen
Deine Schwanenhand!
Wann dein süsser Laut ergehen
Von der Felsenwand!

Zween Barden.

Auf Haiden werden Mädchen gehn,
Dich suchen, ach! nicht finden können.
Du lässt dich nur in Träumen sehn,
Dem bangen Geiste Trost zu gönnen.

K 4   Den

(h) Fidallan war der erste, der in Inistore regierte.
(i) Sarno, Comalens Vater, starb bald nach ihrer Flucht. *Mac.*

Den Nachhall deiner holden Kehle
Erhält den Tag hindurch ihr Ohr,
Und jeder Luſt zieht ihre Seele
Den Eindruck ihrer Träume vor.

Das Chor.

Betrachte, betrachte die ſchwärmenden Kämpfe
Der feurigen Dämpfe,
Die flattern und ſchweben,
Nur dich zu umgeben,
O Fräulein! beſtreben ſie ſich.
Betrachte, betrachte! die mondlichen Schimmer
Erhöhen dich immer!
Wie wallend und dichte!
Mit helleſtem Lichte,
O Fräulein! bekleiden ſie dich.

DER

DER

KRIEG

MIT DEM

C A R O S.

E I N

G E D I C H T.

INHALT.

Caros ist sehr wahrscheinlich der Tyrann *Carausius*, ein gebohrner Menapier, welcher sich im Jahre 284 Britanniens bemächtigte, den Purpur anzog, und den Maximianus Herkulius in manchem Seegefechte überwand. Er stellte die Mauer des Agricola wieder her, und war eben mit dieser Arbeit beschäfftiget, als ihn Oscar, der Sohn Ossians, angriff. Dieser Angriff ist der Stoff des gegenwärtigen Gedichtes, welches an Malvina, Oscars Gemahlinn, lautet. Es enthält als eine Zwischenfabel den traurigen Tod Hidallans, von welchem im vorgehenden Gedichte die Rede war, so daß es also ganz natürlich auf selbes folget.

DER

DER
KRIEG MIT DEM CAROS.

Lange mein Saitenfpiel her! mein Saitenfpiel, Tochter von Tofcar!
Denn es ergeufst fich der Schimmer des Liedes auf Offians Seele, (*a*)
Jene Seele, fonft ähnlich der Gegend, um welche die Berge
Finfternifs deckt, der Schatten die fonnigten Ebnen hinanfchleicht. —
Meinen Erzeugten den feh' ich, Malvina! den feh' ich an Cronas
Moofigtem Felfen! — Doch nein! es ift nur der Nebel der Wüfte,
Welcher am Strale des Abends fich färbt. (*b*) O lieblicher Nebel,
Der mir die Züge von Ofcar ernruert, o möchten die Winde,
Wenn fie die Seite von Ardven durchbrüllen, dich nimmer verhauchen!

Aber

(*a*) Bey den älteften Dichtern, welche den nachdrücklichen Stil liebten, find
dergleichen figurirte Redensarten eben nicht feltfam. *Dein Augapfel
fchweige nicht:* fagt Jeremias. Dante hat auch diefe Prophetenfprache
nachgeahmt : *Dort wo die Sonne fchweigt. Ein Ort von allem Lichte
ftumm.* Die gegenwärtige Metapher braucht Offian öfter und glücklich;
denn die Begeifterung weckt die Einbildungskraft, und zeigt ihr vergangene oder erdichtete Dinge fo hell, als wenn fie gegenwärtig oder wirklich
waren. Anderswo fagt er: *Das Licht des Gedächtniffes.* Cef.

(*b*) Aus diefen Worten könnte man fchliefsen: Offian habe diefes Gedicht vor
feiner Blindheit verfertiget. Uebrigens läfst fich aus den Wolken eine
natürliche Urfache der häufigen Erfcheinungen der Schottländer angeben.
Eine eingenommene und erhitzte Phantafie findet Wirklichkeit , wenn
auch nur die geringften Aehnlichkeiten da find. So machen die wunderbaren Geftalten des Gewölkes den feltfamften Eindruck in die verwöhnte
Einbildung der Wilden in America, welche glauben, dafs alle die abentheuerlichen Figuren, die fich zeigen, Wefenheit und Leben haben. So
fahen die Römer in Kriegszeiten gewaffnete Männer in der Luft, im Frieden mögen fie Spiel und Tanz gefehen haben. Cef.

Aber wer nahet sich meinem Erzeugten im Laute des Liedes?
Seine Rechte die stützet ein Stab, sein grauendes Haupthaar
Flattert am Winde, die trotzigste Freude verkläret sein Antlitz,
Immer blickt er nach Caros zurück. — Er ist es der Barde
Ryno, (c) der Kunde vom Feinde zu bringen gesandt war. Des itzo
Traurigen Ossians Sohn der rufft ihm: O Sänger der Vorzeit!
Sprich mir von Caros dem Herrscher der Schiffe! (d) Die Fittige seines
Hochmuths sind sie verbreitet? (e) Verbreitet! bekömmt er zur Antwort:
Aber nur hinter der Wehre von thürmenden Felsenklumpen. (f)
Furchtsam späht er herab von seinem Gemäuer, und sieht dich
Einem Gespenste der Nacht, das seinen Flotten entgegen
Stürmische Wogen empört, an jeder Erschrecklichkeit ähnlich.

Mache dich auf, und fasse die Lanze von Fingal, du erster
Meiner Barden! sprach Oscar: und pflanze die Fackel auf selbe! (g)
Schüttle die Fackel am Winde des Himmels, und fodre mit deinem
Liede den Führer mir her, und sag' ihm: er sollte sich nahen,
Seinen Gewässern entsteigen, ich glühte von Streitgier, mein Bogen

Wäre

(c) Nicht der Sohn Fingals, dessen im Heldenged. gedacht ward, sondern einer der ersten Sänger selber Zeit, der in vielen alten Gedichten vorkömmt. *Mac.*

(d) Dieser Namen gebührt ihm wegen vielen zur See erhaltenen Vortheilen. *Mac.*

(e) Eine Anspielung vielleicht auf den römischen Adler. *Mac.*

(f) Die Mauer des Agricola. Die Caledonier betrachteten sie als ein öffentliches Merkmaal der Furcht, und Geständniß der Schwäche der Römer. Ossian weis hieraus Vortheil zu ziehen. *Ces.*

(g) Diese besondere Art zum Kampfe aufzufodern ist eine schätzbare Markwürdigkeit des Alterthums. *Ces.*

Wäre der Jagd auf Cona schon müde. Noch wär' ich ein Jüngling,
Und vom Geleite der Starken entblößet. Im Laute des Liedes
Wandte der Barde sein Antlitz, und gieng. Nun schwang sich der Heerruff
Oscars empor, und erreichte die Seinen in Ardven. Ein hohler
Felsen erschallet so laut, wenn itzo die Fluten Togormas (*h*)
Rund um ihn rasen, in seinem Gewipfel die Winde sich treffen.
Zahlreich umströmen sie meinen Erzeugten, gleich Bächen vom Hügel,
Wenn sie vom Regen gemehrt in stolzester Fülle sich wälzen.

Itzo kam Ryno zum mächtigen Caros, die flammende Lanze
Schüttelnd sprach er: Ich fodre dich auf zum Gefechte mit Oscar,
Der du da sitzest im Schwalle der Wasser! Erscheine; denn Fingal
Ist nicht zugegen. Er höret in Morven der Barden Gesänge.
Winde durchflüstern im Saale sein Haar. Die schreckliche Lanze
Ruht ihm zur Seite, zur Seite sein Schild des dämmernden Mondes
Ebenbild. Oscar erwartet dich, Caros! Der Held ist geleitlos. (*i*)

Also sprach er; doch über die Fluten des wogigten Carun
Kam kein Gegner. Nun kehrte der Barde mit seinem Gesange,

Und

(*h*) Togorma, *die Insel der blauen Wellen*, eine aus den hebridischen. *Mac.*

(*i*) Man könnte das Bewußtseyn seiner Ueberlegenheit nicht feiner ausdrücken. Caros wird vorgestellet, wie ein Mensch, der sich verborgen hält, und aus Furcht Fingals nicht einmal recht aufzusehen waget. Sein eigener Feind muß ihm Muth einsprechen, und ihn mit der Hoffnung eines leichten Sieges über einen unbegleiteten und unerfahrnen Jüngling locken. Welche Schande für ihn, wenn er die Ausfoderung nicht annimmt, wenn doch eine größere seyn kann, als von einem ungeübteren Jünglinge mit solcher Zuversicht ausgefodert zu werden. Der Stolz des Caros könnte durch eine Niederlage nicht mehr gedemüthiget werden, als er es schon durch diese Einladung ist. *Ces.*

Und nun begann sich auf Crona die Nacht zu verdicken. Die Muscheln
Wandelten festlich herum, und hundert Eichen empörten
Flammen zur Luft. Ein zweifelnder Schimmer fiel über die fernen
Ebnen, da giengen die Geister von Ardven durchs Helle vorüber,
Wiesen von weitem die trüben Gestalten. Kaum dafs man auf ihrem
Wolkensitze Comala (k) noch ausnahm, kaum dafs sich erkennbar
Hidallan (l) zeigte voll Gram, nicht ungleich dem schwindenden Monde
Hinter dem nächtlichen Nebel. Und wie so bestürzet! so that ihm
Ryno die Frage; denn er nur aus allen erkannte den Führer:
Hidallan! wie so bestürzt? Dein Ruhm der ward dir. Besang dich
Ossian nicht, und hieng nicht dein Schatten vergnüget vom Wirbel
Sichtbar herab dem Liede des Barden von Morven zu lauschen?

O! brach Oscar darein: so siehst du den Helden in seinem
Düsteren Dampfe? Geh, sage mir, Ryno! wie fiel er der Krieger,
Er so beruffen in Tagen der Väter? Noch lebet auf Conas
Höhen sein Namen. Ich selbst, ich habe schon öfter die Quellen
Seiner Hügel gesehn. Ihn hatte von seinen Gefechten
Fingal verwiesen: versetzte der Sänger: Die Seele des Königs
War um Comala betrübt; er konnte den Anblick des Jünglings
Nimmer ertragen. Voll Unmuth und einsam mit schweigenden Schritten
Längs der Gefilde schlich Hidallan fort. Ihm hiengen die Waffen
Unbe-

(k) An diesem Orte trug sich ihr Tod zu. *Mac.* Man sehe das vorhergeh. Ged.

(l) Hidallan starb anderswo, wie man bald hören wird. Aber sein Schatten
trauert ganz natürlich an dem Orte, wo seine Geliebte starb, und wo sein
Unstern den Anfang nahm. *Cef.*

Unbeforgt hin. Die Locken entfielen dem Helme. Die Thränen
Standen im finkenden Auge, die Seufzer am Rande der Lippen. (*m*)

Stimmlos und unbemerkt irrt er drey Tage. Zur Halle von Lamor
Kömmt er zuletzt, zur moofigten Halle der Väter am Balva.'(*n*)
Einfam fitzet hier Lamor im Schatten. Mit Hidallan waren
Seine Gefchwader dem Kriege gefolget. Am Fufse des Alten
Wandelt der Bach. Sein grauendes Haupt ruht über den Stab hin.
Schwer ift von Jahren fein Aug, dem Tage geftorben. Mit Liedern
Voriger Zeiten verfingt er der Einfamkeit Unluft. — Sein Ohr hört
Itzo den Schall von Hidallans Füfsen. Ihm waren die Tritte
Seines Sohnes bekannt. Wie? kehret er, Lamors Erzeugter?
Oder umraufcht mich fein Geift? Du Sohn des eralteten Lamor!
Sage mir, hat dich der Tod an Caruns Geftaden geftrecket?
Oder ift diefes der Laut von deinen Füfsen! dann fage,
Hidallan! wo, wo find die Verfuchten? wo bleibet mein Volk? fprich,
Welches fonft immer im Schildegetöne vom Kriege zurückkam?
Fiel es an Caruns Geftaden? Ach nein! verfetzte der Jüngling
Seufzend: Es lebet dein Volk, o Lamor! und glänzet im Kriege;
Hidallans Namen allein verfchwindet am Balva, mein Vater!
Einfam mufs ich in Zukunft hier fitzen, wenn Schlachten den lauten
Donner erheben. — Die Väter von dir die fafsen nicht einfam:
Sprach itzt Lamors betroffene Ruhmgier: fie faffen nicht einfam

                                                      Hier

(*m*) Homer fagt im 6 B. der Ilias vom Bellerophon:
            Er irrte fich felbften verzehrend
      Einfam durchs öde Gefild, und fcheute der Menfchen Gefellfchaft.
      Aber Hidallans Bild ift lebhafter und redender. *Cef.*

(*n*) Vielleicht ift diefes 'der kleine Bach, der noch unter dem Namen Balva
      durch das romanenhafte Thal Glenuvar in der Graffchaft Stirling
      fliefst. *Mac.*

Hier am Geftade des Balva die Väter, wenn Schlachten den lauten
Donner erhuben. Betrachte diefs Grab. Ach könnte mein Aug es
Einmal noch fehn! Hier ruhet der edle Garmallon, der keinem
Streite den Rücken gewandt. (o) O komm, du Berühmter im Kriege!
Rufft er mir zu: komm näher zum Grabe des Vaters! — Garmallon!
Ich? ich wäre berühmt? — Mein Sohn ift vom Kriege geflohen!

Herrfcher des ftrömenden Balva! fo feufzte der Jüngling entgegen:
Ach warum kränkft du mein Herz? Ich kenne die Furcht nicht, o Lamor!
Fingal betrübet vom Tode Comalens verwies mich von feinen
Schlachten. (p) Entferne dich hin: fo fprach er: zum neblichten Strome
Deiner Geburt! dort härme dich auf, und gleiche der Eiche,
Welche von Winden entlaubt, und über den Balva gefenket
Ewig fich nimmer im grünenden Schmucke des Frühlings emporhebt!

Lamor verfetzte: So mufs ich denn hören das einfame Raufchen
Deines Pfades? Indefs dafs Taufend fich Namen erkämpfen,
Soll fich unthätig und träg an meinen benebelten Ufern
Hidallan krümmen, mein Sohn! O du Geift des edlen Garmallon!
Zücke zu meiner Beftimmung mich hin! Mein Augentag ift mir
Lang fchon erlofchen, die Seele beklemmet, entehrt mein Erzeugter!

Weh mir: verfetzte der Jüngling: und wo? wo foll ich mir Ehre
Suchen, damit fich dein Herz, o Vater! erfreue? wie kann ich

Kehren

(o) Hidallans Grofsvater.

(p) Wer das Gedicht Comala gelefen hat, weis freylich den ganzen Hergang
der Sache; aber weis ihn auch Lamor? Man fetze fich an feine Stelle,
man würde gewifs mehrere Fragen an Hidallan thun.

Kehren zu dir umgeben mit Ruhme, so daſs im Geräusche
Meiner kommenden Waffen Vergnügen zum Ohre dir dringe?
Folg' ich dem Wilde, so glänzt in keinem Liede mein Namen;
Lamor wird mir nicht froh bey meiner Herabkunft vom Hügel,
Hidallans Doggen die streichelt er nicht, begehret nicht Nachricht
Von dem Gehäge des bräunlichten Wildes, von seinen Gebirgen.

Fallen muſs ich: rief Lamor: gleich einer entblätterten Elche!
Lustig erhub sich am Hügel ihr Haupt. Sie stürzten die Winde!
Lamors Schatten wird irren auf Höhen, und seines Erzeugten
Jugend beklagen? — O wolltet ihr nicht, so wie ihr emporsteigt,
Nebel! ihn decken vor meinem Gesichte? — Zur Halle von Lamor
Eile mir, Sohn! dort hangen die Waffen der Väter. Garmallons
Klinge die bringe vor mich. Sie ward ihm von einem der Feinde.

Hidallan gieng, und holte die Klinge mit ihrem Gerieme,
Gab sie dem Vater. Der Finger des grauenden Helden versuchte
Oefter die Spitze. Geh, leite mich, Sohn! zum Grabe Garmallons!
Sieh! es berauscht es ein Baum, und langer verdorreter Graswuchs
Strebet darüber. Ich höre die Lüfte dort säufeln. Ein sanftes
Quellchen schwätzet vorbey sich unten im Balva zu tränken.
Laſs mich dort ruhen. Es kochen die Flächen im Strale des Mittags.

Hidallan führt ihn ans Grab, und Lamor — durchstöſst ihm die Seite;
Itzo schlummern sie beyde vereinet, und ihre verlaſsnen
Hallen zerfallen in Schutt am Balva. (q) Dort walten die Geister

                                                                    Mitten

---

(q) Das ist: *Lamor ist zu seinem Sohne begraben worden.* Aber der Dichter
    unterrichtet uns nicht von der Art seines Todes. Oſſian hüllet nach sei-
    nem gewöhnlichen Kunstgriffe den Vater in eine Dunkelheit, die ihm noch
    ein furchtbarers Ansehen giebt. *Ceſ.*

Mitten im Tage zu fehn. Kein Laut ſtirbt über das Thal hin.
Wandrer ſtarren mit Furcht auf Lamors Grabmaal, und fliehen. (r)

Rührend iſt deine Geſchichte, du Sänger der Vorzeit! begann itzt
Oſcar: um Hidallan ſeufzet mein Herz. In Tagen der Jugend
Fiel er zur Erde. Nun trägt ihn der Wirbel der Wüſte von hinnen,
Fremde Gebiethe befuchet ſein Schwung. — Ihr Söhne des lauten
Morven! naht euch den Feinden von Fingal, verſinget die Nachtzeit,
Nehmet den mächtigen Caros wohl aus; denn Oſcar verfügt ſich
Itzt zur Verſammlung der Vorwelt, den Schatten des ſchweigenden Ardven,
Seine Väter zu ſehn, die düſter auf ihrem Gewölke
Sitzen den künftigen Streit zu betrachten. Ach biſt du mit ihnen,
Hidallan! ähnlich erſterbenden Dämpfen, ſo decke das Antlitz
Deines Kummers mir nicht, des brauſenden Baiva Beſitzer!

Singend betraten die Helden den Weg, und Oſcar begab ſich
Langſam den Hügel hinan. Die nächtlichen Schreckenbilder
Schwebten am Boden vor ihm. Er hörte das matte Gemurmel
Eines entlegenen Baches. In hundertjährigen Eichen
Hauchte nur ſelten der Wind. Trübröthlicht ſchlich ſich der Halbmond
Hinter dem Hügel hinunter. Gebrochene Stimmen erreichten
Von dem Gefilde ſein Ohr. Da zückte der Jüngling ſein Eiſen.

L 2   Geiſter

(r) Wie erhaben, wie rührend und neu iſt dieſes Stück! — Meine Anmerkungen zum Ged. *Fingal* ſind langer ausgefallen, theils weil ſelbes Gedicht vollkommener und größer war, theils weil ich nöthig erachtete
den Geiſt der Leſer zu einer ſo ungewöhnlichen Sprache, als Oſſians
Sprache iſt, vorzubereiten, und ihnen dieſe Poemen aus dem gehörigen
Geſichtspunkte zu zeigen. In Zukunft will ich mich kürzer faſſen, und
ihnen das Vergnügen nicht mehr rauben, die Schönheiten des Barden
ſelbſt aufzudecken. Ceſ.

Geifter derjenigen, die mich erzeugten! ihr Schatten! fo rief er:
Welche den Erdebeherrfchern in Schlachten der Vorzeit begegnet!
Kommet, und gebt mir Bericht von Thaten der Zukunft, den Inhalt
Eures vertrauten Gefpräches erkläret mir, wenn ihr aus Höhlen
Euerer Söhne Betragen im Felde der Starken bemerket!

Trenmor hörte die Stimme des tapferen Sohnes. Von feinem
Hügel fchwang er fich her. Ein Gewölk dem Wichrer des Fremden (s)
Aehnlich trug ihn empor in luftiger Bildung. Sein Kleid war
Nebel vom Lano, den Völkern ein Both des Todes; die Klinge
Schien ein erlöfchender Streif von Feuerdämpfen. Unkennbar
Blieb fein verdüftert Geficht. Er nahte fich fchwebend dem Helden,
Seufzete dreymal, und dreymal erhub fich der nächtlichen Winde
Lautes Brüllen umher. Viel fprach er mit Ofcar; doch kamen
Seine Gefpräche verftümmelt auf uns, undeutbar und dunkel,
Wie die Gefchichten vergangener Alter, noch eh fich des Liedes
Schimmer erhob. Nun fchwand er, und fchwand er gemachfam, wie Nebel,
Wenn ihn auf Hügeln der treffende Stral der Sonne verzehret.

Damal nahmen wir wahr an meinem Sohne den erften
Kummer, o Tochter von Tofcar! Der Sturz von feinem Gefchlechte
War ihm verkündet, und öfter verfärbte der Tieffinn fein Antlitz. (t)

                                                        Alfo

(s) Eine Anfpielung auf die römifche Reiterey.

(t) Hier wird auf den gewaltthätigen Tod Ofcars gezielt, der im Gedichte
    Temora im 2 Bande vorkömmt, und mit welchem Fingals Stammen ein-
    gieng. Cef.

Alfo bewandelt ein Wölkchen zuweilen das Antlitz der Sonne,
Welche doch wieder verklärt auf Conas Höhen herabblickt.

Ofcar verwachte die Nacht mit feinen Vätern; an Caruns (*u*)
Führten fand ihn der zweifelnde Morgen. Dort hob fich von alten
Zeiten ein Grab in Mitte des grünenden Thales. Nicht ferne
Wies fich ein Strich von niedrigen Hügeln. Sie bothen dem Winde
Ihre vieljährigten Wipfel. Da faffen die Krieger von Caros,
Welche zur nächtlichen Zeit fich über die Fluten gewaget,
Glichen den Stämmen langdenkender Fichten, die kaum noch aus Often
Falber Schimmer erhellt. Nun pflanzte fich Ofcar ans Grab hin.
Dreymal verfandt' er fein furchtbar Gefchrey. Die fchwindelnden Hügel
Töntens herwider, die fchüchternen Hirfchen entfprangen, und heulend
Flohen die zitternden Geifter der Todten auf ihrem Gewölke.
Alfo fchrecklich erhob fich die Stimme von meinem Erzeugten,
Als er die Freunde zum Treffen berief. Die Männer von Caros
Riffen fich auf, empörten die Spiefse zu taufend. — Dir glänzet
Eine Thräne vom Auge? warum? Malvina! Mein Sohn ift
Einfam, doch einfam auch Held, und ähnlich dem Strale des Himmels;
Wie er fich wendet, fo ftürzen die Völker. Die Rechte von Ofcar
Gleichet dem Arme, den itzund ein Geift aus Wolken hervorftreckt,
Einfam erfcheinet der Arm, doch fterben im Thale die Menfchen.

Ofcar

(*u*) Von diefem Fluffe redet Buchanan in feiner Gefchicht v. Schottl. im
1 B. 21 c. Die Worte des Gefchichtfchreibers können der Stelle, die wir
vor uns haben, einiges Licht geben. *Cef.*

Oſcar erblickte den Anzug der Feinde, verſchloſs ſich ins Dunkel
Seines ſchweigenden Muths, und ſtand, und ſagte ſich alſo: (w)
Unter Tauſenden bin ich allein. Ich ſchaue von Lanzen
Einen ſträubenden Wald. Trotzwälzende Blicke die Menge
Treffen auf mich. Was beginn' ich? die Flucht nach Ardven? Doch, Oſcar!
Kannten jene die Flucht, von welchen du ſtammeſt? und ſind nicht
Tauſend Schlachten geprägt von ihrem Arme? — Den Vätern
Folg' ich! erſcheinet um mich, ihr düſteren Schatten! erſcheinet!
Sehet mich kämpfen! Erliegen das kann ich, doch ſelbſten im Falle
Will ich berühmt ſeyn und würdig der Abkunft des hallenden Morven!

Hochaufſchwellend und voll von ſeinem Vermögen, ein Waldſtrom,
Stand er im engeren Thale. Sie wagten den Angriff, und ſtürzten
Nieder. Die Klinge von Oſcar ſchlug blutige Kreiſe. Nach Crona
Reichte der Lermen. Ihn hören die Seinen, und eilen gleich hundert
Bächen heran. Die Krieger von Caros entfliehen, und Oſcar
Bleibet allein. So raget ein Felſen in Stunden der Ebbe.

Aber nun wälzet ſich Caros entgegen im ganzen Vermögen
Seiner Roſſe, vom tiefen Gewirre der Starken begleitet. (x)

Aermere

(w) Dieſe Stelle iſt dem Selbſtgeſpräche des Ulyſſes im 11 B. der Ilias ähn-
lich, welches anfängt:
    Ach wie geſchieht mir! aus Furcht der Menge zu fliehen iſt ſchändlich;
    Aber noch ſchändlicher iſts, allein hier gefangen zu werden, u. ſ. f. Mac.
Aber an Erhabenheit und Nachdruck des Stils kömmt ſie beſſer mit jenen
Worten des Turnus überein im 12 B. der Aeneis:
    Weich' ich? und ſoll den fliehenden Turnus ſein Vaterland ſehen?
    Iſt denn Sterben ſo elend? O ſeyd mir günſtig, ihr Schatten!
    Weil mich der Himmel verfolgt. Rein ſteig' ich hinunter und lauter
    Dieſes Verbrechens zu euch, ſtats würdig der tapferen Ahnen. Ceſ.

(x) Es ſcheint: Oſcar habe einige Zeit allein mit einem feindlichen Haufen
zu thun gehabt, den er nachmal mit Hilfe der Seinigen zurückgetrieben,
ſo daſs Caros endlich ſelbſt anrücken muſste. Ceſ.

Aermere Ströme verschlinget fein Schwall, und das Antlitz der Erde
Bebet umher. Schon ergeufst fich der Straufs von Flügel zu Flügel
Irrend, fchon glänzen auf einmal zum Himmel zehntaufend empörte
Schwerter! — Ach, Offian! fchweig! Wie willft du Gefechte befingen!
Nicht mehr blitzet im Felde mein Schwert! Ich fühle die Schwäche
Meines Armes, und denke mit Schmerzen die Tage der Jugend.
Glücklich, der, noch ein Jüngling, umgeben mit Ruhme dahinfällt!
Ach er fah nicht das Grab des Freundes! Er fpürte fich niemal
Seiner gewöhnlichen Kraft, den Bogen zu fpannen, beraubet!
Glücklicher Ofcar im Schoofse des ftreifenden Windes! Die Neigung
Trägt dich noch öfter zurück auf deines Ruhmes Gefilde,
Wo fich vor deinem erhobenen Eifen einft Caros geflüchtet.

Zierliche Tochter von Tofcar! mein Geift verfinket ins Dunkel.
Carun und Crona find weg. Mein Sohn ift verfchwunden. Sein Bildnifs
Haben ins Ferne die braufenden Winde verwähet. Des Vaters
Seele die trauert um ihn. O führe mich, meine Malvina!
Wo fich von meinen Gebüfchen das Säufeln, von meinen Gewäffern
Wo fich das Raufchen am Hügel erhebt, und lafs mir das Waidwerk
Schallen auf Cona, damit fich die Tage vergangener Jugend
Wieder mir bilden. Wenn über die Seele fich Schimmer mir ausgiefst,
O dann bringe mein Saitenfpiel her. Ich will es beleben,
Fräulein! und du, du fteh mir zur Seite die Lieder zu lernen;
Alfo wird Offians Ruhm die kommenden Alter erreichen.

Zeiten feh' ich, die werden erfcheinen, da Kinder der Feigen
Ihre Stimmen erheben auf Cona, mit öfterem Blicke
Diefe Felfen betrachten, und fprechen: Hier war es, wo vormal

Offian wohnte. Sie werden die Krieger der Vorzeit bewundern,
Und das erlofchne Gefchlecht. Wir fchweben indeffen auf unfern
Wolken, Malvina! vom faufenden Wirbel getragen. Die Wüfte
Höret zuweilen dann unfere Stimmen, und unfere Lieder
Mengen dem Winde fich ein, der diefe Gebirge beflattert. (y)

(y) Offian glaubte: die Natur nehme ab, und dem Heldenalter müffe ein
fchwachliches folgen. So läfst fich aus vielen Stellen diefer Gedichte
fchliefsen. Die Erfahrung bekräftiget auch diefe Gefchicht der menfchlichen Gefellfchaft. Aber die Verfchlimmerung kömmt nicht unmittelbar
von der Natur, fondern von dem Verderbniffe der Sitten und der Erziehung überhaupt. Es fcheint: man könne das Menfchengefchlecht in
vier Alter eintheilen: Das erfte der Rohheit, das zweyte der Ausbildung, das dritte der Weichlichkeit, das vierte des Verderbniffes. Be-
daurenswürdig find jene, die den letztern beftimmet find. Cef. Horaz
fetzt feinen Römern eben fo viele Stuffen an:

Die Ahnen waren arg, die Vater wurden fchlimmer,
Und ärger als wir felbft, wird Kind und Kindeskind. Hagedorn.

DER

DER

KRIEG

VON

INISTHONA.

EIN

GEDICHT.

INHALT.

Cormal, Herr des Gebiethes am Lanosee, hatte Argon und Ruro, die Söhne Annirs des Königs von Inisthona, der ihn freundschaftlich bewürthete, meyneidig umgebracht, und die Tochter seines Würthes, die in den Mörder ihrer Brüder verliebet war, entführet. Ueber diefs rüstete er sich noch in Inisthona einzufallen, und Annirn auch seines Königreichs zu berauben. Fingal, der mit diesem Prinzen in seiner Jugend einige Freundschaft gehabt hatte, von dieser Unthat aufgebracht säumte nicht Hilfsvölker ihm zuzusenden, die er dem Befehle Oscars seines Enkels untergab. Oscar erfocht einen vollkommenen Sieg, tödtete Cormaln mit eigener Hand, und kehrte mit Ruhme umgeben nach Morven zurück, nachdem er Annirn seine Tochter zurückgestellet hatte.

Dieses Gedicht ist ein Theil eines grossen Werkes, in welchem Ossian die Thaten seiner Freunde, und besonders seines geliebten Sohns besungen hatte. Es ist bis auf wenige Episoden verlohren. Noch itzt leben Leute in Schottland, welche dasselbe in ihrer Jugend singen gehört haben.

Inisthona, d. i. *die Insel der Wellen*, war ein eigen Königreich in Scandinavien, welches aber dennoch von dem Könige von Lochlin abhieng.

DER

DER
KRIEG VON INISTHONA.

Aehnlich dem Traume des Jägers am Hügel ift unfere Jugend.
Unter dem milderen Strale des Tages entfchlief er, und itzo
Wird er in Mitte des Sturmes erwecket. Die röthlichten Blitze
Kreuzen umher, und Winde durchrafen die Wipfel. Mit Freude
Denkt er an heitere Stunden zurück, an wiegende Träume
Seiner Ruhe. — Wann, Offian! kehret fie wieder die Jugend?
Wann wird wieder mein Ohr vom Schalle der Waffen ergötzet?
Wann mir erlaubet im Schimmer von meinem Gefchmeide zu wandeln,
So wie mein Ofcar? — Verfammelt euch, Hügel von Cona! mit euren
Quellen, und höret mein Lied! (a) Schon geht es in meinem Gemüthe

Sonnen-

(a)   *Die Gottheit! o fehet die Gottheit!* Virg.
Aber Offians Gottheit ift Offian felbften.   Ohne Phöbus und Mufe, ohne
den Pegafus zu befteigen, oder fich in einen Schwan zu verwandeln weis
er uns mit einer natürlichen und glücklichen Begeifterung zu entzücken.
Sein Beyfpiel beweift fonnenklar, dafs die Dichtergottheiten mit ihrem
Wunderbaren fo wenig der Poefie nöthig find, als andere Götter aus
der Fabel, welche einige Kunftrichter ohne Grund zur Epopee erfoderten.
Hatten die Griechen nicht fchon ihr Fabelreich eingerichtet, und wäre
für Apollen noch erft der Sitz zu beftimmen, fo hätte Selma und Cona
gewifs gegründetere Anfprüche auf diefe Ehre, als ein Berg in Boeotien,
das von feiner unreinen Luft und Ungefchlachtheit der Inwohner fo
verfchrieen war. Cef.   Eifert der Hr. Abt wider die heutigen Dichter,

welche

Sonnenhell auf, schon strömet die Wonne verflossener Zeiten
Ueber mein Herz! Mein Selma, mein Selma! mir schweben vor Augen
Deine Thürme! mir schweben vor Augen von Eichen beschattet
Deine Mauern! mein Ohr hört deine geschwätzigen Bäche!
Siehe! nun treten die Führer zusammen. Im Kreise sitzt Fingal,
Lehnet sich über den Schild von Trenmor, nicht ferne vom Helden
Ruhet sein Speer. Die Stimme der Barden entzückt ihn. Sie tönen
Seines Armes beruffene Thaten im blühenden Alter.

Oscar kehrte vom Jagen zurück, und hörte das Loblied
Fingals, enthub der Mauer den Schild von Branno. (b) Von Thränen
Waren

---

welche auf allen Seiten ihrer Aufsätze Mythologie auskramen, so hat
er Recht; sollte es aber auf die Alten gemünzt seyn, so geschieht ihnen
so viel Unrecht, als wenn man Ossianen seine *Luftbewohner* nähme. —
Ich muß hier aus Gelegenheit der Mythologie einen Wunsch thun.
Was machen die griechischen und lateinischen Fabeln in *deutschen* Gedichten? Wäre es nicht anständiger, wenn nun schon heidnische Götter-
lehre da seyn muß, wir sammelten aus dem Tacitus, Lucan, u. a. die
Ueberbleibsel der deutschen Mythologie? und haben wir nicht die *Edda*,
wenigstens so, wie sie Mallet ins Französische übersetzet seiner Geschichte
von Dänemark vorausschicket. Einer unsrer größten Dichter hat un-
längst aus seinen Oden, die nun bald im Drucke erscheinen werden, alle
Gottheiten Griechenlands und Latiens verwiesen, und ihre Stelle den
Maschinen des alten Nordens eingeräumt; und wer kennt die schönen
Gedichte einer Skalden nicht, die neulich herausgekommen sind? —
Noch eines: Apollo würde vielleicht zu Selma eben so viel Nebel ein-
schlingen müssen, als in Boeotien, und die Griechen haben doch immer
dem Kadmus, dem Bevölkerer Boeotiens, die Kenntniß der Buchsta-
ben zu verdanken. Nicht zu melden, daß Pindar, Cebes, Plutarch
Boeotier waren.

(b) Dieser Branno war Oscars Großvater von der mütterlichen Seite, ein
Irländer, und Herr am Legosee. Seine Thaten sind noch im Andenken,
und seine Gastfreygebigkeit ist zum Sprüchworte gediehen. *Mac.*

Waren die Augen ihm fchwer, ihm glühte die blühende Wange,

Seine Stimme war bebend und leife, die funkelnde Spitze

Meines Spiefses erzitterte felbft in meines Erzeugten

Rechten. (c) Er fprach zum Gebiether von Morven: Du König der Helden

Fingal, und Offian du! nach Fingal im Kriege der erfte! (d)

Jünglinge wart ihr, und ftrittet fchon damal. Nun glänzen in Liedern

Euere Namen. Und ich? was bin ich? des Nebels auf Cona

Trauriges Bild! Ich erfcheine — verdufte! Die Barden die werden

Meinen Namen nicht wiffen, die Jäger im Felde das Grabmaal

Ofcars nicht fuchen. O traget den Heerzug von Inisthona,

Helden! mir auf! (e) Mein Zug ift ins Ferne. Die Kunde von Ofcars

Hintritt' erreichet euch nicht. Vielleicht dafs dort mich ein Barde

Findet, und meiner im Liede gedenkt, dafs etwa des Fremden

Tochter mein Grabmaal bemerkt, dem fernher gekommenen Jüngling

Thränen

(c) Dem Herzen eines Vaters ift nichts gleichgiltig. Der geringfte Umftand
zieht es an. Offians Lanze in feinen eignen Händen ift nur ein Kriegs-
zeug, in den Händen feines Sohns wird fie auch ein Gegenftand des
Wohlgefallens. Cef.

(d) Ofcars Rede durchfcheint nicht allein ein Heldenenthufiasmus, fondern
auch eine unfchuldige Aufrichtigkeit, die fie noch viel anziehender und
naiver macht. Kein Schatten einer tollen Vermeffenheit. Die Vorftel-
lung eines rühmlichen Todes befchäfftiget ihn mehr, als die Hoffnung
des Sieges. Man halte diefe Rede mit jener des Gaul am Ende des 3 B.
des Ged. *Fingal* zufammen, fo wird man klar einfehen, wie fein Offian
eben diefelbe Leidenfchaft nach den verfchiednen Charakteren, Altern und
andern wichtigen Umftänden nuancire. Cef.

(e) Ofcar hatte fchon öfter geftritten, aber allzeit unter höherm Befehle.
Daher hatte er fich noch keinen eigenen Ruhm erwerben können, weil die
Sänger die Ehre des Sieges immer jenen zufchrieben, die das Heer an-
führten. Cef.

Thränen weihet, und endlich ein Sänger beym Mahle beginnet:
Höret mein Lied! ich finge von Ofcar dem Sohne der Fremde.

Ofcar! gab Fingal zurück: du meiner Herrlichkeit Erbe!
Dein ift der Zug. Man rüfte dem Helden den düfteren Bufen
Meines Schiffes zur Fahrt nach Inisthona. — Bewahr' ihn
Unferen Namen, o Sohn von meinem Sohne! denn ruhmvoll
Ift das Gefchlecht, von welchem du ftammeft. Sie follen uns niemal
Sagen die Kinder der Fremden: Die Söhne von Morven find muthlos.
Ofcar! erhebt fich die Schlacht, dann gleiche den braufenden Stürmen,
Aber im Frieden dem milderen Blicke der Abendfonne.
Sage dem Herrfcher von Inisthona, dafs Fingal fich feiner
Jugend noch lebhaft erinnre, der Zeit, als unfere Lanzen
Sich in den Tagen von Agandecca zum Kampfe begegnen

Itzo wurden die braufenden Segel entfaltet. Der Wind pfiff
In dem Gerieme (f) der Mafte dahin, die mooßigten Klippen
Wurden von Wogen gepeitfcht, die Fülle des Oceans brüllte.
Endlich entdeckte mein Sohn vom Borde die waldigten Ufer,
Segelte fchnell in den hallenden Bufen von Runa, dann fandt' er
Annir dem Herrfcher der Spiefse fein Schwert. Der grauende Führer
Sieht es, und muntert fich auf; er kennet die Klinge von Fingal, (g)

Thränen

(f) Zu Oflans Zeiten beftanden die Maftfeile aus Lederriemen. *Mac.*

(g) Entweder hatte Fingal Ofcarn fein eigen Schwert anvertrauet, ihn noch
mehr zu ermuntern, oder es war an Ofcars Schwerte ein Kennzeichen, dafs
er von Fingals Gofchlechte wäre. *Cef.*

Thränen füllen ihm plötzlich das Aug, er rufft sich die Kämpfe
Ihrer Jugend nun wieder zurück. Er hatte mit Fingal
Vor der liebreizenden Agandecca wohl zweymal gestochen;
Mindere Führer die standen entfernet, und glaubten den Zweykampf
Zürnender Geister zu sehn. Doch itzo bedrückt mich das Alter!
Brach er nun aus: (*h*) es lieget mein Eisen im Saale gebrauchlos!
Sprofs von Morvens Geschlecht'! Auch Annir fand sich vor Zeiten
Oefter im Lanzengemenge! nun gleicht er der Eiche des Lano
Welk und siechend. Von meinen Erzeugten ist keiner mehr übrig,
Welcher mit Freuden entgegen dir eilte, zur Halle der Väter
Dich zu begleiten. Er starret im Grabe mein Argon, und Ruro
Kömmt mir nimmer zurück! Die Tochter von Annir die wohnet
Unter dem Giebel der Fremden, und wünschet mein Ende. Zehntausend
Lanzen schüttelt ihr Freyer, und kömmt, gleich Wolken des Todes, (*i*)
Welche sein Lano versendet, auf mich. — Doch sey mir willkommen,
Sohn des hallenden Morven! nimm Platz im Mahle von Annir!

Oscar gieng hin. Drey Tage verflossen in Feyer. Den vierten
Wurde vor Annir sein Namen gehört. (*k*) Die fröhlichen Muscheln
Kreisten umher. Man folgte dem Eber in Runas Gehägen.

Itzo

(*h*) Der König redet mit dem noch abwesenden Oscar, als wenn er wirklich
zugegen wäre. *Cef.*

(*i*) Cormal.

(*k*) In dieser Heldenzeit war es ein Bruch der Gastfreygebigkeit, wenn man
einen Fremden um seinen Namen fragte, bevor er noch drey Tage bewürthet worden war. Noch heut zu Tage sagt man in Nordschottland
von einem unwürthlichen Menschen: *Er fragt die Fremdlinge um ihren
Namen. Mac.*

Itzo ruhten ermüdet die Führer am moofigten Rande
Eines Brunnen. Da glitten vom Auge des Königs geheime
Thränen, und Seufzer entrannen der Bruft: Hier liegen die Söhne
Meiner Jugend im Dunkel! fo fprach er: Hier fiehft du die Trümmer,
Welche die Stätte von Ruro bedecket. Dort lifpelt auf Argons
Grabmaal ein Baum. Vernehmt ihr bis hin ins enge Behältnifs,
Meine Kinder! die Stimme des Vaters? und fprecht ihr in diefem
Raufchenden Laube, wenn Winde von Wüften fich heben? O gib mir,
König von Inifthona! Bericht: brach Ofcar die Rede:
Welcher Zufall entrifs dir die blühenden Söhne? Der Eber
Streifet nun über ihr Grab mit wildem Geräufche; doch rafft fich
Keiner der Jäger empor. Sie fpannen die luftigen Bogen,
Folgen Gewilde von neblichter Bildung. Die Jünglinge reizt noch
Immer die Jagd und frohes Ergehen auf Flügeln der Winde. (l)

Cormal: nahm wieder der König das Wort: ein Herr von zehntaufend
Lanzen gebeut am düfteren Waffer des Lano, der Seuchen
Tödtlich umherdampft. Er kam zum feyernden Saale von Runa

Ehre

(l) Der Begriff Offians von dem Stande der Abgeleibten kömmt vollkommen
mit jenem der Griechen und Römer übereins. Sie halten dafür, dafs die
Seelen nach ihrer Trennung ebendenfelben Befchafftigungen oblägen, denen
fie im Leben folgten. So fingt Virgil im 6 B.

Die fie noch lebend gefühlt, die Luft zu Wagen und Rüftung,
Und das Vergnügen fich glänzende Roffe zu ziehen verlaft fie
Noch in der Unterwelt nicht.

Man kann auch das 11 B. der Odyffea im 571 und 605 v. nachfehen. Mac.

Ehre zu fuchen im Lanzengefechte. Der Jüngling war lieblich,
So wie der öftliche Schimmer des Morgens, auch hielten mit Cormal
Wenige Kämpfer die Bahn. Er hatte die Meinen befieget,
Und nun gewann er das Herz von meiner Tochter der Fremdling.

Aber indeffen war Argon und Ruro vom Jagen gekehret.
Thränen der edlen Entrüftung bemerkt' ich im Auge der Söhne,
Und ihr verftummender Blick traf jeden der Starken von Runa,
Welche dem Fremden den Vortheil gelaffen. Drey Tage verbrachten
Argon und Ruro mit Cormal in Feyer, und endlich den vierten
Wagte mein Argon den Gang. Wer konnte vor Argon beftehen!
Lanos Gebiether erlag. Doch fchwülftige Rachgier erfüllte
Plötzlich fein Herz. Er befchlofs in Geheim das Verderben der Beyden.

Runas Hügel beftiegen die Brüder, und folgten nun eben
Bräunlichtem Wilde, da pfiff im Verborgnen die Senne von Cormal.
Meine Kinder die ftürzten entfeelet zur Erde. Der Mörder
Eilte nun hin zu feiner Geliebten, dem finftergelockten
Fräulein von Inisthona. Die Flucht entführte fie beyde
Durch die Wüfte. So blieb ich verlaffen. Die Nacht war erfchienen,
Wich dem Tage. Kein Laut von Argon, keiner von Ruro.
Endlich kam Runar heran ihr liebfter und fchnellefter Jagdhund,
Heulend kam er zur Halle, gab Zeichen, und blickte nur immer
Hin zum Platze, wo beyde nun lagen. Wir folgten ihm, fanden
Ihre ftarrenden Körper, und hier am moofigten Brunnen
Gaben wir beyde der Erde. Die Stelle befuchet itzt Annir
Jedesmal, wenn ihn das Waidwerk der Hirfchen ermüdet; er beuget,

Aehnlich

Aehnlich dem Rumpfe vermodernder Eichen, sich über der Söhne
Gräber, ein ewiger Bach entstürzet den Augen des Vaters.

Ronnan und Ogar, du König der Speere! rief Oscar und hub sich:
Sammelt mir meine Versuchten um mich, des strömigten Morven
Söhne! wir eilen noch heut an Lanos Gestade, der Seuchen
Tödtlich umherdampft. (m) Nicht lange soll Cormal sich freuen! Oft sitzet
Auf der Spitze von unseren Klingen die Rache des Todes.

Ueber die Wüsten ergehet ihr Heerzug. So tragen die Winde
Stürmische Wolken den äusersten Saum mit Blitzen umschossen. (n)
Wäldern ahnet vorm nahen Orkane. Sie sausen. Das Streithorn
Oscars ertönet umher, und alle Gewässer des Lano
Pochen empor, den klingenden Schild von Cormal umrotten
Hurtig die Kinder des Pfuhls. Doch Oscar glich immer sich selber;
Cormal fiel ihm ins Schwert. Des schrecklichen Lano Bewohner
Flohen ins Hohle der bergenden Thäler, und Oscar der brachte
Wieder die Schöne von Inisthona zum hallenden Saale

M 2

Annirs

(m) Oscars Eilfertigkeit beweist den lebhaften Eindruck, den Annirs Erzählung auf seinen Geist gemacht hat. Er giebt eher Antwort mit der That,
als mit dem Munde. *Ces.*

(n) Ossians Schnelle ist verwunderlich. Seine Helden sind wie Homers
Neptun. Drey Schritte, und schon am Ziele. *Ich kam, und sah, und
siegte. Ces.*

Annirs des Vaters zurück. Die Freude verklärte des Greifen
Antlitz. Er fegnete meinen Erzeugten den König der Schwerter.

Und wie gefühlvoll war Offians Freude, dann als er die fernen
Segel des Sohnes erfah! Sie glichen der tagenden Wolke,
Welche von Often erfcheint, wenn mitten in fremden Gebiethen
Wandrer zagen, die furchtbare Nacht fie mit jeglichem ihrer
Geifter umliegt. Wir führten mit Liedern den Sieger zu Selmas
Hallen, und Fingal ergofs die Feyer der Mufcheln, und taufend
Barden befangen den Namen von Ofcar, dafs Morven ihn nachfprach.
Tofcars Tochter (o) auch die war zugegen, dem Harfengeklingel
Aehnlich erhob fich ihr Ton, dann wann es aus fernerem Thale
Itzund auf frifcherem Flügel fanftlifpelnder Abendluft herfchleicht.

Kommet, o welchen das Licht noch ftralet, und leitet an einen
Felfen von meinen Gebirgen mich hin! (p) Ihm fende der dichte
Nufsbaum Schatten herab. (q) Er höre das Säufeln der Eiche.

Grün

(o) Malvina. Und wie kann Offian ihrer vergeffen, wenn er von Ofcarn
redet ? Cef.

(p) Die Handlung des Gedichtes hat ihr End erreichet. Der Dichter wendet
fich nun an die Zuhörer, die ihn umftehen. Cef.

(q) Wälder von Nufsbäumen befchatteten das Gebieth der Caledonier. Diefer
Baum heifst in der celtifchen Sprache *Calden*; daher, glaubt Buchanan,
habe die ganze Nation famt ihrer Hauptftadt *Caledonia* den Namen erhalten. Das Ort, wo fie geftanden haben foll, führte noch zu feinen Leb-
zeiten den alten Namen Dun-calden, d. i. *der Hügel der Nufsbaume.* Man
kann ihn nachfehen 1 B. 25 c. und 2 B. 22 c. Cef.

Grün fey mein Lager. Ihm raufche der fernere Waldftrom. Du Tochter
Tofcars! du faffe dein Saitenfpiel an, und töne die füfsen
Lieder von Selma darein, damit mich in Mitte der Wonne
Schlummer befchleiche, damit fich die Träume von meiner verlebten
Jugend mir bilden, fich bilden die Tage des mächtigen Fingal,

Selma, Selma! fchon feh' ich die Thürme, fchon feh' ich die Wipfel
Deiner befchatteten Veften! ich fehe die Starken von Morven,
Höre den Bardengefang. Das Eifen von Cormal empöret
Ofcar, und Jünglinge ftehen zu taufend, bewundern des Eifens
Künftlich Gehäng, und bewundern den Sieger, und preifen den Nachdruck
Seines Armes. Ihr Blick entdecket im Auge des Vaters
Thränen der Luft. Sie wünfchen mit Hitze fo namhaft zu werden.

Euren billigen Ruhm, ja! Söhne des ftrömigten Morven!
Sollt ihr erhalten! Das Lied beftralet mir öfter die Seele,
Oefter kehret mein Sinn zu meiner Jugend Gefährten. —

Aber Schlummer finket
Mit den Harfentönen;
Holde Träume fchweben
Allgemach um mich. —
Ihr Söhne der Jagd!
Entfernet den Schritt!
Verfchonet der Ruhe
Des Barden, der itzo

M 3   Zu

Zu feinen Erzeugern

Den Helden der Vorzeit

Hinüber entschläft! —

Weichet, Söhne lauter Jagd!

Störet meine Träume nicht! (r)

(r) Dieß ist kein Schlaf, fondern die füßefte Entzückung. Es fcheint, der
Dichter werde ins *Klyfium* übertragen. Wer foll ihm nicht folgen? *Cef.*
Was foll Offian im *Elyfium* machen? Seine Vorältern find in der Luft.

CAR-

CARTHON.

EIN

GEDICHT.

INHALT.

Zur Zeit Comhals, der Fingals Vater war, trieb ein Ungewitter Cleſſamorn, den Sohn Thaddu und Bruder Mornens Fingals Mutter, in den Fluſs Clyde, an deſſen Ufer Balclutha ſtand, eine Stadt der Briten innerhalb der Mauer. Reuthamir, der Vornehmſte des Orts, nahm ihn freundlich auf, und gab ihm Moina ſeine einzige Tochter zur Gattinn. Indeſs fand ſich Reuda, der Sohn Cormo, ein Brite, ein, der auch um Moina warb. Nach einigem Wortwechſel kam es zwiſchen Cleſſamorn und ihm zum Gefechte, und er blieb. Sein Gefolg aber zwang Cleſſamorn ſich mit Schwimmen in ſein Schiff zu retten. Er lief mit günſtigem Winde ins Meer aus, und konnte nachmal den Fluſs nicht mehr gewinnen, ſo oft ers auch verſuchte ſeine geliebte Moina zur Nachtzeit zu entführen. Sie ſtarb bald hernach, nachdem ſie ihm einen Sohn gebohren hatte, den Reuthamir Carthon, d. i. das Getös der Wellen nannte, weil er glaubte, ſein Vater wäre in dem Sturme umgekommen. Carthon hatte kaum drey Jahre, als Comhal in einem Streife wider die Briten Balclutha einnahm, und verbrannte. Reuthamir blieb im Angriffe, und Carthon ward von einer Wärterinn in das Innere Britanniens gerettet. Als er nun erwachſen war, nahm er ſich vor den Untergang ſeiner Geburtsſtadt

an

an der Nachkommenfchaft Combals zu rächen.   Er fchiffte
vom Clyde an die Küfte Morvens, überwand erftlich zween
Krieger Fingals, und ward nachmal von feinem eigenen
Vater·Cleffamor unbekannter Weife im Zweykampfe erle-
get.   Diefer ift der Stoff des Gedichtes, tragifch, wie fie
Offian meiftens wählte.   Das Gedicht ift ganz, und lautet
an Malvina, die Tochter Tofcars.   Im Celtifchen führt es
den Titel: Duan na nlaoi, d. i. *das Gedicht der Gefänge*,
glaublich wegen der vielen lyrifchen Stellen.   Es eröffnet
fich mit der Nacht vor der Ankunft Carthons, da eben Fingal von einer *Streiferey* wider die Römer zurückkehrt.   Die
vorhergehenden Begebenheiten werden in einer Epifode
eingeführt.

CAR-

CARTHON. (a)

Eine Geschicht der verfloßenen Zeit! Die Thaten der Vorwelt! —
Lora! das Rauschen von deinen Gewäßern erwecket Erinnrung
Lange geschehener Dinge. Der Wald von Garmallars Höhen
Säufelt mir lieblich ins Ohr. Malvina! dort raget ein Felsen.
Nimmst du den büschigten Gipfel nicht wahr? Mit Aesten voll Jahre
Hangen drey Fichten darüber, und unten am Fuße des Felsen
Grünet ein schmäleres Feld. Dort wachsen die Blumen des Berges,
Schütteln am Winde die silbernen Blühten. Auch einsame Diesteln
Legen dort reifende Bärte von sich. Zur Hälfte versunken
Zeigen zween Steine die moosigte Stirne. Die Thiere der Höhen
Weiden da niemal herum. Sie sehen den düsteren Schatten,
Welcher die Gegend bewacht; (b) denn nächst am Felsen im engen
Grunde, da liegen, o Tochter von Toscar! die Starken im Schlummer. —
Eine Geschicht der verfloßenen Zeit! Die Thaten der Vorwelt!

Fernher vom Lande der Fremden wer kömmt? in Mitte von seinen
Tausenden? Helleste Schimmer der Sonne bestralen die Pfade

Seiner

(a) Der Stoff dieses Gedichtes ist der anziehendste in der ganzen Sammlung, und vielleicht ist auch kein Plan besser angeleget. Ich will die Aufdeckung der Schönheiten dem Herzen des Lesers überlaßen. Niemand ist geschickter dazu. Cef.

(b) Man glaubte zu selber Zeit: die Thiere sähen die Geister der Abgestorbnen. Noch heut zu Tage, wenn Thiere ohne erscheinender Ursache plötzlich auffahren, wähnt der Pöbel, es wäre ihnen ein Geist vorgekommen. Mac.

Seiner Ankunft, ihm fliegen die Lüfte von seinen Gebirgen
Kräuſelnd ins Haar. Die Züge des Krieges verlieſsen ſein Antlitz,
Seelenruhe nahm wieder es ein. So blicket auf Conas
Schweigende Thäler ein Stral des Abends aus weſtlichen Wolken. —
Comhals Erzeugter der iſt es! der König gewaltiger Thaten! (c)
Seines Vaterlands Hügel erblickt er, erblickt ſie mit Freude,
Winket den Barden, und Barden zu tauſend erheben die Stimme:

Söhne ferner Länder!

Ueber eure Felder

Nahmet ihr die Flucht.

Euer Weltbeherrſcher

Sitzt in ſeiner Halle,

Hört von eurer Flucht;

Seines Stolzes Augen

Glühen auf. Er faſſet

Seiner Väter Schwert. —

Söhne fremder Länder!

Ueber eure Felder

Nahmet ihr die Flucht.

Alſo fangen die Barden heran, und die Thore zu Selmas
Hallen thaten ſich auf. Den Fremden entriſſene Fackeln (d)
Flammten unzählbar empor in Mitte des Volkes. Das Gaſtmahl

Goſs

(c) Fingal kömmt hier von einem Streife wider die Römer zurück, welchen
Oſſian mit einem beſondern Gedichte beſungen hat. Der Ueberſetzer hat
es in Handen. *Mac.*

(d) Glaublich *Wachskerzen.* Denn von dieſen geſchieht öfter Meldung unter
der übrigen Beute aus dem römiſchen Antheile Britanniens. *Mac.*

Goſs ſich umher, und Freude verkürzte die nächtlichen Stunden.

Itzo begann der ſchönlockigte Fingal: wo bleibet der edle

Cleſſamor? er der Gefährt von meinem Vater, am Tage

Meines Frohlockens? Im Thale des rauſchenden Lora verlebt er

Gramvoll und düſter ſein Leben. — Doch ſeht! er ſteiget vom Hügel

Aehnlich dem munteren Wiehrer; erblickt er im luftigen Felde

Seine Gefährten, dann ſchüttelt er glänzende Mähnen am Winde. — (e)

Cleſſamors Seele die ſey mir geſegnet! was hielt dich ſo lange

Ferne von Selma? Du kehreſt, o Führer! verſetzt' er: in Mitte

Deines Ruhmes. So kam von ſeinen Jugendgeſechten

Comhal dein Vater zurück. Oft ſchifften wir über den Carun

In die Gebiethe der Fremden, und unſere Schwerter die kehrten

Trunken vom Blute der Feinde. Dem Herrſcher der Erde gelangs nicht

Unſertwegen zu jauchzen. — Allein ich denke vergebens

Meiner Jugend Geſechte! Mein Haar iſt ergrauet. Die Rechte

Cleſſamors meiſtert nun nicht mehr den Bogen, wie vormal. Den ſchweren

Lanzen entſaget mein Arm. O daſs ich die Freudigkeit hätte,

Die mich belebte, dann als ich das Fräulein mit zärtlichem Buſen,

Als ich Moina (f) die Tochter der Fremde mit ſchwarzblauen Augen

Itzo das erſtemal ſah! Der mächtige Fingal verſetzte:

Cleſſamor! gib uns Bericht von deinen blühenden Jahren!

Hohe

(e) Homer ſagt vom Pferde im 6 B. der Ilias:
                    Vom Zaume befreyet
        Irrt es durch Felder, und ſtampft, und brüſtet ſich munter. Sein Nacken
        Strebet empor von Mähnen umflogen, u. ſ. ſ.
    Und Virgil im 11 B. der Aeneis:
        Brauſend empört es den Nacken, geberdet ſich muthig. Die Mähnen
        Spielen den Hals und die Schenkel hinunter. Mac.

(f) Auch die britiſchen Namen in dieſen Gedichten ſind vom Celtiſchen. Ein
    Beweis, daſs man einſt auf der ganzen Inſel ebendieſelbe Sprache re-
    dete. Mac.

Hohe Betrübniſs umwölkt dir den Geiſt, wie Nebel die Sonne.
Kränkend ſind deine Gedanken, und ſtumm und menſchenfeindlich
Iſt am rauſchenden Lora dein Sitz. Erzähl' uns den Kummer
Deiner Jugend, o Freund! und was dir dein Leben verfinſtert.

Frieden beherrſchte das Land: ſo gab ihm zurücke der edle
Cleſſamor: (g) als ſich mein Schiff Balcluthas thürmenden Mauern (h)
Nahte. Mein Segel erfüllten die Winde mit mächtigem Hauchen,
Und mein düſterer Kiel gewann die Geſtade des Clutha. (i)
Reuthamirs Hallen die nahmen mich auf, da blieb ich drey Tage,
Sah ſie die Tochter des Wirths, den Schimmer der Schönheit. Die Muſcheln
Kreiſeten fröhlich umher, und endlich erhielt ich vom greiſen
Helden die Schöne, den Buſen ſo weiſs, wie Schaum auf der Welle,
Leuchtend, wie Sterne, das Aug, die Locken, wie Rabengefieder,
Edel und fühlend das Herz. Ich brannte vor Liebe. Die Seele
Ward mir erweitert von inniger Luſt. Indeſſen erſchien er,
Der um Moinen auch warb, ein Krieger der Fremde; gewaltig
Sprach er im Saale von ſich, fuhr immer zur Klinge: Wo iſt denn:
Sprach er: der mächtige Comhal, der unſtät auf Haiden herumſtreift? (k)

Kömmt

(g) Die Erzählung Cleſſamors iſt zwar in ſich ſelbſt ſchon vortrefflich; aber man wird dieſes noch mehr am Ende des Gedichtes empfinden. Der Leſer wird durch ſie unvermerkt von allem unterrichtet, was nothwendig war ihn zum Ausgange der Haudlung vorzubereiteu. *Ccf.*

(h) Balclutha iſt glaublich das *Alcluth* des Beda. *Mac.*

(i) So hieſs auf celtiſch der Fluſs Clyde. Und dieſer Namen enthält eine Anſpielung auf ſeinen *ſchlänglichten* Lauf. Von Clutha machten die Lateiner *Glotta. Mac.*

(k) Im Engliſchen iſt: *The reſtleſs Wanderer*, und im Originale *Scuta* ein ſchimpflicher Namen, den die Briten den Caledoniern gaben wegen ihren immerwährenden Einfällen in fremde Gebiethe. Die Römer haben das Wort *Scoti* daraus gebildet. *Mac.*

Kömmt er mit feinen Gefchwadern heran, weil diefer fo kühn ift? —
Krieger! verfetzt' ich: von eigenem Feuer entbrennt mir die Seele.
Sind fie fchon ferne die Starken, auch unter Taufenden fteht dir
Cleffamor furchtlos. Hier bin ich allein; diefs macht dich verwägen;
Aber, o Fremdling! mir zittert zur Seite das Eifen, und wünfchet
Ungeduldvoll in der Rechten zu blitzen! (*l*) Schweig, fchimpfe mir Comhal
Nicht mehr, du Sohn des fchlänglichten Clutha! — Sein wildefter Hochmuth
Flammte nun auf. Wir fochten. Er ftürzte mir unter der Schneide.
Cluthas Geftade vernahmen den Fall, und Lanzen zu taufend
Glänzten auf einmal. Ich ftritt; doch waren die Feinde zu zahlreich;
Schwimmend erreicht' ich mein Schiff, empörte die weifslichten Segel,
Lief in den blaulichten Ocean aus. Da fah ich Moinen
An dem Geftade. Sie folgte mit Augen von Thränen geröthet.
Winde durchwühlten ihr finfteres Haar. Ich hörte fie jammern,
Suchte mein Fahrzeug zu wenden; umfonft! Die Winde von Often
Schlugen mich weg. Ich habe dich nicht mehr, o Clutha! dich nicht mehr,
Dunkelgelockte Moina! gefehn. — Nicht lange, fo ftarb fie.
Ihren Schatten, den hab ich erkannt. Am raufchenden Lora
Kam er in düfterer Nacht, und glich dem Monde, der eben
Wiedergebohren den drängenden Nebel durchäugelt, wenn itzo
Schnee vom Himmel herunter in flockigte Wände fich aufhäuft,
Und die verftummende Welt in Finfterniffe gehüllt fteht. (*m*)

                                                    Sänger!

(*l*) So *wünfchen* beym Homer im 15 B. der Ilias die Lanzen Körper zu
    verletzen. *Cef.*

(*m*) So heifsts im 6 B. der Aeneis vom Aeneas und dem Geifte der Dido:
                                    Durch düftre
    Schatten nahm er fie wahr. So fieht man zuweilen durch Nebel,
    Oder man glaubet den Neumond zu fehen.

Sänger! beginnet das Lob der zährenwerthen Moina!
Nahm der erhabene Fingal das Wort: und ladet mit euren
Liedern auf unsere Berge den Geist, damit er hier ruhe
Unter die Schönen von Morven gemenget, die Sonnenstralen
Lange verflossener Tage, die Lust der Gebiether der Vorwelt. (*n*)

Auch ich, ich fah dich, Balclutha!
Doch lagst du zur Erde gefället; (*o*)
Schon hatte das prasselnde Feuer
Durch deine Gewölbe geherrscht.

Der stummen entvölkerten Wüste,
Nicht Stadt mehr, glichst du, Balclutha!
Vom Schutte zerfallener Vesten
War selbsten der Clutha verdrängt.

Einsiedlerisch wankten am Winde
Die Disteln, und sauste der Mooswuchs.
Am Fenster erblickt' ich die Füchse
Vom Grase der Mauer umwallt.

Ach!

(*n*) Hier kömmt Fingaln ein Enthusiasmus an. Die irländischen Geschichtschreiber, sagt H. Macpherson: rühmen ihn wegen seines poetischen
Talentes, wegen seiner Vorsicht künftiger Dinge, und wegen seiner gesätz-
geberischen Klugheit. O' Flaherty saget, daß Fingals Gesätze noch
zu seinen Zeiten vorhanden gewesen seyn.

(*o*) Die folgende Beschreibung kann man vergleichen mit Isai. 13 c. 21 v. wo
der Prophet den Untergang Babels vorsagt, und mit 34 c. 53 v. wo von
den Ruinen Idumäens die Rede ist. *Mac.*

Ach! öd ist die Kammer Molnens!
In ihrer Väter Gemächern
Herrscht Schweigen! O Sänger, beginnet
    Den Fremden ein klägliches Lied!

Nur, dass sie vor uns noch vergiengen;
Denn einstens vergehen wir alle! —
Du Sohn der geflügelten Tage!
    Was nützt dir ein stolzes Gebäu?

Heut schaust du von deinem Gethürme;
Bald kommen die Stürme der Wüste,
Durchheulen die räumigten Hallen,
    Umsausen den älternden Schild. — (p)

Sie kommen! Berühmt ist mein Leben!
Es dauert in Schlachten das Denkmaal
Von Fingals Arme. Mein Namen
    Der steiget in Liedern empor.

Auf! singet uns, lasset die Muscheln
Herumgehn! Es halle mein Gastsaal
Vom Jauchzen! — O Sonne des Himmels!
    Sprich! wirst du wohl einmal vergehn?

                                   Denn

(p) Die Waffen der Vorältern wurden in den Sälen und Gewölben aufge-
hangen.

Denn foll dein Lauf fich einft enden,
Du mächtige Quelle des Lichtes!
Und fcheinft du, wie Fingal, nur Jahre,
So bleibet mein Nachruhm nach dir.

Alfo fang Fingal am Tage der Freude. Den Stühlen entfuhren
Taufend Barden der Stimme des Königs zu laufchen. Nicht ungleich
War fie den Tönen der Harfe von Frühlingslüften getragen. —
Deine Gedanken wie lieblich, o Fingal! ich konnte die Stärke
Deines Geiftes nicht erben von dir! Du ftehelt, o Vater!
Immer allein, und wer hoffet dem Herrfcher von Morven zu gleichen! —

Itzo war unter Gefängen die Nacht vergangen. Der Tag fchien
Ueber die Freude der Helden. Die grauen Häupter der Berge
Zeigen fich fchon, die blaulichte Stirne des Oceans lächelt.
Ferne bemerkt man die fchäumende Welle. Sie bricht fich an Klippen.
Langfam fteiget vom See der düftere Nebel, und fchwebet
Ueber die fchweigenden Flächen heran zum Greifen gebildet.
Seine Riefengeftalt in Mitte der Lüfte von einem
Geifte getragen erreichte die Burg von Selma, da fchmolz er
Endlich in Güffe von Blut. (q) Der Herrfcher von Morven allein wars,
Welcher das fchreckliche Nebelbild fah, den Bothen des Todes
Seinem Volke. Nun kömmt er zur Halle, die Lanze des Vaters
Hafchet er fchweigend. Es raffelt fein Panzer. Die Führer bemerkens,
Raffen fich auf, und betrachten einander verftummet, und blicken
Immer nach Fingal, und fehen die Schlacht auf feinem Geffchte,

Sehen

(q) Ein ähnliches Geficht fandte Zevs dem Agamemnon, als er fich im 11 B.
der Ilias zur Schlacht rüftete. Cef.

Sehen auf feinem Gewehre den Tod von rüftigen Schaaren.
Schilde zu taufenden werden auf einmal ergriffen, und Schwerter
Blinken zu taufenden. Selma wird hell, und ertönet von Waffen.
Fürchterlich heulen von ihrem Gelieger die graulichten Doggen.
Aber die Starken verlieren kein Wort. Ein jeglicher Ausblick
Haftet an Fingal, und fchon, fchon werden die Speere gebäumet.

Söhne von Morven! begann der Gebiether: die Zeit ift vorüber
Nochmal die Mufchel zu füllen. Ein finfteres Kriegesgewitter
Zeucht fich auf uns, und unfere Gränzen befleugt das Verderben.
Eben geb mir ein freundlicher Schatten vom Feinde die Nachricht.
Ueber die dunkel fich wälzenden Fluten erfcheinen die Fremden,
Weil fich das Vorbild von unferem Unheil' aus Waffern emporhub.
Strecket die Rechten zur wichtigen Lanze, (r) die Klingen der Väter
Gürtet euch an, bedecket die Schläfe mit finfteren Helmen,
Und mit erglänzenden Panzern die Bruft. Wie Donnergewölke,
Sammelt und häuft fich die Schlacht. Nicht lange, fo werdet ihr felbften
Rings um euch her das gräfsliche Brüllen des Todes vernehmen.

Itzo bewegt fich der Held vor feinen Gefchwadern, und gleichet
Einer dichteren Wolke mit Feuer des Himmels befchwänzet;
Nacht ifts, wenn fie den Himmel heraufdräut, dem Schiffer ein Zeichen
Nahender Stürme. Nun fteht auf Conas Höhen der Heerzug.
Selmas Töchter erheben ihr Aug, und fehen ihn daftehn
Aehnlich dem Walde. Sie fehen ihn vor den Tod der geliebten

N 2   Jüng-

(r) So heifst es Jerem. 46 c. 3 v. *Bereitet Schilde — bedecket euch mit Hel-
men, glättet die Lanzen, und ziehet den Harnifch an.* Und im 2 B. der
Ilias:
Jeglicher fchwinge den Spiefs, und jeglicher faffe den Schild an!

Jünglinge, blicken mit Ahnung aufs Meer aus, und wähnen in jeder
Weifslichten Woge die kommenden Segel zu finden, und weinen.

Aber nun ftralte die Sonne fchon über die Fluten. Wir wurden
Einer Flotte von ferne gewahr. Wie Nebel vom Meere
Kamen die Fremden. Die Jugend erfprang fchon das Ufer. Ihr Führer
Schien, wie der Hirfchmann in Mitte der Heerde. Mit Golde befchlagen
Blitzte fein Schild. Er that fich hervor der Gebiether der Lanzen
Voll von Hohheit, die Schritte nach Selma gerichtet. Ihm folgten
Seine Taufende. Mache dich auf: fprach Fingal: o Ullin!
Mit dem Friedengefange zum Herrfcher der Klingen, und fag' ihm:
Mächtig find wir im Krieg', und zahlreich find fie die Schatten
Unferer Haffer; doch jene find namhaft, die Fingal in feinen
Hallen bewürthet. Sie zeigen in fernen Gebiethen die Waffen
Meiner Väter. (s) Der Sohn des Fremden befieht fie mit Wunder,
Segnet die Freunde von Morvens Gefchlechte; dean unferen Namen
Nennen die Länder umher. Ihn haben der Erde Gebiether
Unter dienftbaren Völkern gehöret, und haben gezittert.

Ullin mit feinem Gefange gieng hin. Indeffen ftand Fingal
Von dem Speere geftützt. Er fieht ihn in feinem Gefchmeide
Seinen gewaltigen Feind, und fegnet den Züchtling der Fremde:

Sohn des Meeres! begann der Gebiether des waldigten Morven:
Trefflich bift du! Der Staal an deinem Gehänge der blitzet
Tapferkeit aus. Der Fichte, die Stürmen entgegen fich pflanzet,

                                            Gleichet

(s) Die alten Schotten wechfelten mit ihren Gäften die Waffen. Man behielt
fie lange Zeit zum Zeichen der Freundfchaft, die einft zwifchen den
Voraltern obwaltete. Mac.

Gleichet dein Spiefs, und dein Schild an Breite dem ändernden Monde.
Wie es fo roth ift dein jugendlich Antlitz! wie fanft fie fich ringeln
Deine Locken! — Doch kannft du verwelken, o Blume! doch kann fich
Selbft dein Gedächtnifs verlieren mit dir! — Die Tochter des Fremden
Würde dann trauren, kein Aug vom wallenden Meere verwenden,
Mutter! wir fehen ein Schiff! fo würden die Kinder ihr ruffen:
Dafs es vielleicht den König Balcluthas (t) uns brächte! dann ftiegen
Eilende Thränen der Mutter ins Aug, und ihre Gedanken
Wären in jenen verfenkt, der lzt in Morven den Tod fchläft.

Alfo der König. Indefs kam Ullin zum tapferen Carthon,
Legte zur Erde den Spiefs, und ftimmte das friedliche Lied an:

Komm zu Fingals Fefte,
   Komm, o Sohn des Meers!

An des Königs Mahle
   Nimmft du lieber Theil,
Oder fchwingft du lieber
   Feindlich deinen Speer?

Unfrer Feinde Schatten,
   Wiffe, die find viel,
Aber Morvens Freunde
   Sind berühmt und grofs.

N 3   Sieh

(t) Kann es Fingal hier fchon wiffen, dafs Carthon der König von Balclutha ift?

Sieh aufs Feld, o Carthon!
        Wo der Hügel grünt,
Wo bemooste Steine
        Manches Kraut umrauscht.

Ueberwundne Feinde
        Fingals liegen dort,
Auch verwägne Söhne
        Des empörten Meers.

Komm zu Fingals Feste,
        Komm, o Sohn des Meers!

Sänger des waldigten Morven! was sagst du? verfetzete Carthon:
Schein' ich dir etwa zum Kampfe noch schwach? entstellet mein Antlitz
Blässe der Furcht? o du Sohn des Friedengefanges! und denkst du
Mit der Erzählung von jenen, die fielen, den Geist mir zu trüben?
Meine Rechte die wies sich in Schlachten. Mein Ruhm ist verbreitet.
Suche dir feigere Krieger! Sie werden sich Fingaln ergeben,
Wenn du gebeutst. Wie? sah ich denn nicht Balclutha zerstöret?
Und ich gienge zu feyern? ich? mit dem Sohne von Comhal?
Warf nicht Comhal den Brand in meiner Väter Gebäude?
Ach noch war ich ein Kind! zwar sah ich die Thränen der Mädchen;
Aber ich wußte nicht, wie es geschah. Die Saulen des Rauches,
Welche von meinem Gemäuer sich huben, gefielen dem Auge;
Lächelnd blickt' ich noch immer nach felben, als itzo die Meinen
Längs des Hügels entflohn. Doch als ich zum Jünglinge reifte,
Ach da fiel mir das Moos von meinen zertrümmerten Vesten
In das Gesicht, da strömten mir Seufzer mit jeglichem Morgen,
                                                Zähren

Zähren mit jeglicher Nacht. Ich dachte: wie? werd' ich die Söhne
Meiner Feinde nicht suchen zum Kampfe? Ja! kämpfen, o Barde!
Kämpfen will ich! es pocht mir die Brust vom Heldengefühle!

Itzo verdicken sich Schaaren um Carthon. Auf einmal entfliegen
Ihre glänzenden Schwerter der Scheide. Den flammenden Saulen
Steht er nicht ungleich in Mitte der Führer. Ihm zittern im Auge
Thränen. Er denket den Schutt Balcluthas noch einmal, und jedes
Seelenvermögen empört sich in ihm. Er blicket des Hügels
Abhang hinauf, von welchem die Waffen der Mächtigen Fingals
Niederstralten; so, wie er sie schwinget, so bebet die Lanze.
Vorwärts scheint er geneigt dem Künige selbsten zu dräuen.

Soll ich dem Helden: sprach Fingal bey sich: schon itzo begegnen?
Soll ich ihn hemmen in Mitte der Laufbahn, noch eh sich sein Ruhm schwingt?
Aber wenn einstens am Grabe von Carthon ein Barde der Nachzeit
Sagte: den tapferen Carthon zu fällen zog Fingal mit allen
Seinen Tausenden aus? — Nein! Barde der Nachzeit! so sollst du
Niemal ihn schänden den Namen von Fingal! Dem Jünglinge setz' ich
Meine Versuchten entgegen. Ich werde der Kämpfenden Zeug seyn.
Sieget der Feind, dann fall' ich auf ihn mit ganzem Vermögen,
Gleich dem Gebrause des strömenden Lora. — Wer wagt es, ihr Helden!
Wider den Sohn des wogigten Meeres der erste zu treffen?
Stark ist sein eschener Speer, und häufig am Ufer sein Streitvolk.

Cathul erhub sich der erste voll Muths. Ihn hatte der tapfre
Lormar erzeuget. Ihm zogen zur Seite dreyhundert Gefährten,

Seines

Seines wäsrichten Heimats Geschlecht. (u)   Doch war er mit Carthon
Nicht zu vergleichen. Er stürzte zur Erde. Die Seinen entwichen.

Nun kömmt Connal (w) den Hügel herunter den Kampf zu erneuern;
Aber ihm springt die gewichtige Lanze zu Trümmern. Gebunden
Liegt er im Felde. Der Sieger verfolget die Flüchtlinge Connals.

Cleſſamor! ruffet der König von Morven: wo bleibet der Nachdruck
Deines Speeres? wie? kannst du noch sehen auf Connal in Banden?
Deinen Connal, am Strome des Lora? Geh, schwing dich im Blitze
Deines Staales empor, du Freund von Comhal! Balcluthas
Jüngling empfinde die ganze Gewalt des Blutes von Morven! (x)

Cleſſamor hebt sich im ganzen Vermögen der Waffen, er schüttelt
Seine grauenden Locken, belastet die Linke mit seinem
Schilde. Nun bricht er hervor auf seinen bewiesenen Muth stolz.

Hoch stand Carthon am büschigten Hügel, und sah ihn herannahn;
Liebte die fürchterlichheitere Miene, das Feuer bey greisen
Haaren, und sprach: Erheb' ich den Spieſs, der jedesmal tödtet?
Oder such' ich vielmehr durch friedenrathenden Anspruch

Diesem

(u) Aus dieser Stelle kann man schließen, daſs die *Clanen* schon zu Fingals
Zeiten eingerichtet waren; obwohl ihre Beschaffenheit anders gewesen seyn
mag, als der itzigen *Zünfte* in Nordschottland. *Mac.*

(w) Dieser Connal ist von seiner Weisheit und Tapferkeit in den alten Gedichten sehr berühmt. Noch ist im nördlichen Schottland eine kleine
Zunft, die sich für seine Abkunft ausgiebt. *Mac.*

(x) Fingal weis hier noch nicht, daſs Cleſſamor Carthons Vater sey. *Mac.*

Diesem vieljährigen Krieger das Leben zu friſten? — Voll Hohheit
Iſt sein älternder Schritt, und liebenswürdig der Ausgang
Seiner Tage. — Vielleicht iſt er der Geliebte Moinens,
Er mein Vater. Oft hab ich gehöret: es pflüge mein Vater
An dem Geſtade des ſtrömenden Lora zu wohnen. Er ſprach es.
Und sein Gegner war nah, und ſtieſs mit geſchwungener Lanze
Nach dem Jüngling. Er fieng mit seinem Schilde den Stoſs auf,
Und dann ſprach er mit friedſamen Worten zu Cleſſamor alſo:

Sage mir, Krieger mit grauenden Locken! gebricht es an Jugend
Deinem Gebiethe die Lanze zu ſchwingen? und biſt du nicht Vater,
Daſs ein gefälliger Sohn den ſchirmenden Schild dir erhübe,
Daſs er dem Arme der Jugend für dich entgegen ſich ſetzte?
Starb dir vielleicht die geliebteſte Gattinn? und ſtarb ſie nicht, etwa
Sitzt sie bethränet am Grabe der Kinder? (y) O ſage mir, Krieger!
Biſt du wohl einer, dem Menſchen gehorchen? und — ſollteſt du fallen,
Wird er groſs ſeyn der Ruhm von meinem Staale? — Das wird er!
Schwülſtiges Herz! Mein Muth iſt beruffen: verſetzte der hohe
Cleſſamor: aber mein Namen ward niemal dem Gegner entdecket. (z)
Meerſohn! ergib dich, dann ſollſt du vernehmen, wie manches Gefilde
Meiner Tapferkeit Spuren bewahret. — O König der Lanzen!
Ich mich ergeben? so nahm es des Jünglings empfindlicher Stolz auf:

N 5

Niemal

(y) Carthon glaubt: Cleſſamor ſuche vor Betrübniſs den Tod.

(z) Seinen Namen dem Gegner offenbaren war in dieſer Heldenzeit eine ſicht-
   bare Ablehnung des Gefechtes; denn, wenn es ſich ergab, daſs einſt
   zwiſchen den Vorältern der Partheyen Freundſchaft geweſen ſey, ſo hörte
   der Kampf von Stund an auf, und das alte Vernehmen wurde erneuert.
   Daher hieſs ehedem ein Feiger im Schimpfe: ein Menſch, der den Geg-
   nern seinen Namen ſagt. Mac.

Niemal bin ich gewichen! auch ich focht öfter in Schlachten,
Focht und erblickte das Bild von meinem werdenden Ruhme.
Herrscher der Menschen! verachte mich nicht! Mein Arm ist geprüfet,
Stark ist mein Speer. Du kehre viel lieber zu deinen Gefährten.
Jüngeren Helden gebühret die Bahn. Dein schimpfliches Mitleid:
Fiel ihm Cleßamor ein mit schmelzendem Auge: verwundet
Meine Seele zu tief! Mir schwächet das Alter die Faust nicht.
Immer vermag sie den Staal noch zu schwingen. In Fingals Gesichte
Heißt du mich fliehen? in meines Geliebten Gesichte? — Noch bin ich
Niemal geflohen! — Empöre, du Meersohn! die spitzige Lanze!

    Und sie begannen den Kampf. So ringen die Woge zu wälzen
Widrige Winde. Doch fehlte der Speer von Carthon. Er wollt' es;
Immer glaubt' er: es könnte sein Gegner der Gatte Moinens
Endlich noch seyn. Nun brach er dem Alten die blitzende Lanze,
Fieng ihm das leuchtende Schwert, und war schon bemüht ihn zu fässeln;
Cleßamor aber entblößte den Dolch der Väter, ward Carthons
Wehrloser Seite gewahr, und that sie durchstochen dem Tod' auf. (a)

    Fingal hatte gesehn, daß Cleßamor hinsank. Er eilet
In dem Getöne der Waffen herunter. Da breitet sich Schweigen
Ueber das Heer in seinem Gesichte; nicht einer verwandte
Von dem Gebiether das Aug. Er gleichet im Kommen dem dumpfen
                                                        Laute

---

(a) Cleßamor hatte sich nicht ergeben, sondern wehrte sich noch, ob ihn
    gleich Carthon für überwunden hielt, und wie sollte nicht der ganze
    Stolz eines alten Kriegers rege werden, wenn er sich von einem Jüng-
    linge fast bemeistert sieht; daher ist Cleßamors Betragen nicht als ein
    Verrätherstreich, sondern als eine Vertheidigung anzusehen, die nicht
    wider die Kriegsgesetze läuft. Cef.

Laute des Sturmes, noch ehe die Winde fich heben. Im Thale
Nimmt ihn der Jäger gewahr, und fuchet die deckende Bergkluft.

Carthon ftand und bewegte fich nicht. Von der offenen Seite
Sprudelte Blut. Er bemerket den König, der nahte. Sein Herz hebt
Schmeichelndes Hoffen fich Ruhm zu gewinnen; (b) doch bleich ift fein Antlitz,
Los ift fein Haupthaar, es finket ihm unter dem Helme der Nacken,
Jegliche Kraft ift dahin; nur bleibt ihm noch immer der Muth treu.

Fingal erblicket den blutenden Führer, und wendet die Lanze,
Die fchon gefällt war: Ergib dich, o König der Schwerter! dein Blut fleufst!
Alfo rufft er: Dein Muth ift im Kampfe bewiefen. Er wird fich
Niemal verdunkeln dein Ruhm. — Ach bift du jener beruffne
König? verfetzte der Jüngling zum Wagen gebohren: ach bift du
Jene Flamme des Todes, der Schrecken der Erdegebiether? —
Doch warum frag' ich? Ich feh dich ja felbften, wie Ströme der Wüfte,
Stark, wie der Gang der Gewäffer, und fchnell, wie der Adler des Himmels. —
Hätt' ich nur immer geftritten mit dir, fo klänge mein Namen
Hoch im Gefange der Nachwelt, fo könnte der Waidmann einft fagen,
Wenn er mein Grabmaal erficht: Er kämpfte mit Fingal dem hohen. —
Aber nun fcheideft du ruhmlos, o Carthon! Es hat dein Vermögen
Sich nur an Schwachen erfchüpft. — Nein! ruhmlos wirft du nicht fcheiden!
Sagte der König des waldigten Morven: o Carthon! der Barden
Fingals find viel. Sie fenden ihr Lied zur Nachwelt. Die Kinder
Künftiger Zeiten die werden den Namen von Carthon vernehmen,
Wenn fie den lodernden Eichftamm umfitzen, und unter Gefängen

Voriger

(b) Diefer Ausdruck ift doppelfinnig: entweder dafs Carthon berühmt zu werden hoffet durch Fingals Fall, oder durch feinen eigenen von Fingals
Hand. Da er bereits verwundet ift, ift das letzte glaublicher. *Mac.*

Voriger Alter die Nächte verfliegen. (c)   Einst läſst ſich der Waidmann
Nieder ins Gras, dann ſchwätzt ihm ein Lüftchen zum Ohre, dann ſchaut er,
Findet den Hügel, wo Carthon erlag, und zeiget dem Sohne
Jene Stätte, wo Mächtige kämpften, und ſaget: Hier focht einſt
Schrecklich, wie tauſend vereinigte Flüſse, der König Balcluthas.

Freude verſtreuet ſich auf dem Geſichte des Jünglings. Er richtet
Nochmal die brechenden Augen empor, beut Fingaln ſein Schwert an,
Daſs es im Saale von Selma verbleibe des fürſtlichen Jünglings
Ewiges Denkmaal.   Die Schlacht war geſchieden; ſchon hatte der Sänger
Längs der Gefilde das Lied des Friedens geſungen.   Die Führer
Häufen ſich itzund heran, umſtehen den ſterbenden Carthon,
Ihre Seufzer begleiten ſein letztes Abſchiedſtammeln;
Schweigend, auf Lanzen geſtützt ſo ſtehn ſie, vernehmen Balcluthas
Helden.   Sein Haar fleugt ſäuſelnd am Winde.   Die Stimme wird immer
Unvernehmlicher.   Alſo beginnt er: In Mitte der Laufbahn
Bin ich, o König von Morven! dahin! — Kein väterlich Grabmaal
Wird mir zu Theil — im Lenze von meinem Leben — dem letzten
Keime von Reuthamirs edlem Geſchlechte! — Nun hüllet Balclutha
Finſterniſs ein, und ächzende Schatten ergehn ſich in Crathmo.
Aber am Ufer von Lora, wo meine Väter einſt wohnten,
Helden! erhöht mein Gedächtniſs! — Vielleicht, daſs der Gatte Moinens,
Wenn er noch lebt, dem Geiſte von ſeinem erblichenen Carthon
Eine Thräne doch ſchenkt! — Des Sterbenden Worte durchbohrten

                                                        Cleſſa-

---

(c) Es iſt noch nicht lange, daſs man in Nordſchottland aufgehöret hat an
den Feyertagen einen dicken Eichenſtamm zu brennen, welchen man
auch: *the trunk of the Feaſt* nannte.   Die Zeit hatte dieſen Gebrauch
ſo ehrwürdig gemacht, daſs der Pöbel nicht ohne Gewiſſensangſt davon
abſtand. *Mac.*

Cleffamors Herz. Er erstummt, fällt über den Sohn hin. Dem ganzen
Heere wird es itzt finster. Kein Laut ist in Loras Gefilden.
Also sand sie die Nacht. Der Mond entwölkt sich in Osten,
Blicket herab auf die Fläche des Jammers, und sieht sie noch starren,
Aehnlich dem schweigenden Forste, der Gormals Höhen begipfelt,
Wenn ihn nun nicht mehr die braufenden Winde bestürmen, und itzo
Ueber unfreundliche Felder mit seinen Nebeln der Herbst liegt.

Und man beklagte die Leiche von Carthon drey Tage; den vierten
Starb sein Vater. Sie liegen im engen Grunde des Felsen
Itzo beysammen. Ein düsterer Schatten beschützet ihr Grabmaal.
Oefter erscheint hier die zarte Moina. Wenn über dem Felsen
Sonnenstralen sich brechen, und dämmernde Kühlung im Thal' ist,
Läfst sie, Malvina! sich sehn; doch nicht, wie die Töchter des Hügels.
Fremd ist ihr Putz, (d) und sie wandelt allein. — Den König betrübte
Carthons Geschick. Er geboth den Barden den Tag zu bezeichnen,
Wenn sich die Nebel des Herbsts nun wieder uns nahten. Die Barden
Zeichneten öfter den Tag, und fangen zum Lobe des Helden:

Wer kömmt vom Toben
Des Oceans,
So stürmisch, wie die Wolken
Des dunklen Herbsts?

Wer

(d) Denn sie war eine Britinn.

Wer brüllt heran
Auf Loras düstrer Haide,
Den Tod in seiner Hand,
Und Feuerstralen in dem Auge?

Ich kenn' ihn! Carthon ists der Fürst der Schwerter! —
Wie fällt das Volk!
Betrachte seinen Schritt!
Er gleicht dem Schreckengeiste Morvens. —

Doch ach! hier liegt der Eichen schönste
Von einer gähen Windsbraut ausgewurzelt! —
Balcluthas Herzenswonne!
Wann, königlicher Jüngling! stehst du wieder auf?

Wer kömmt vom Toben
Des Oceans,
So stürmisch, wie die Wolken
Des dunklen Herbsts?

Also klagten die Barden am Tage des Leides. Ich stimmte
Traurig darein, und fügte Gesang zu Gesange. Die Seele
War mir um Carthon beklemmt. In Tagen des Muthes da fiel er! —
Und du, Clessamor! welche Gebiethe der Lüfte bewohnst du?
Hat er die Wunde vergessen der Jüngling! besteugt er die Wolken
Itzo mit dir? — Ich fühle die Sonne, Malvina! Zu ruhen
Kömmt mir die Luft; daß etwa die beyden vertraulichen Schatten
Meine Träume besuchen. Schon ist mir, als hört' ich ein leises
Lispeln.

Lifpeln. Der Schimmer des Himmels beleuchtet noch immer mit Freude,
Jüngling Balcluthas! dein Grab. Ich fühle den wärmenden Einfluſs.

Die du hieroben dahergehſt, und gleicheſt an Ründe dem Schilde
Meiner Väter! o Sonne! wer gab dir die Stralen? woher quillt
Dieſes dein ewiges Licht? In majeſtätiſcher Schönheit
Kümmſt du von Oſten, da ſchwinden am Himmel die Sterne, da taucht ſich
Blaſs und froſtig der eilende Mond in die weſtlichen Fluten,
Und du wandelſt allein am einſamen Himmel, und niemand
Folget der wandelnden. Eichen entrollen den Bergen. Die Berge
Mindern ſich unter dem Alter; der Ocean bläht ſich, und ſinket,
Selbſten das Mondlicht verliert ſich hieroben. Du gleicheſt aus allen
Immer dir ſelbſt, und jauchzeſt (e) in deinem erleuchteten Laufe.
Zaget in finſteren Wettern die Welt, und hört ſie der Donner
Rollen, und ſieht ſie das Kreuzen der Blitze, dann ſchauſt du von Wolken
Deiner Schönheit gewiſs, verachtend auf Wetter herunter.
Aber auf Oſſian ſchauſt du vergebens! Sie leuchten ihm nicht mehr
Deine Stralen ins Aug, nicht, wenn dein göldenes Haupthaar
Oeſtliche Wolken beſtrömt, nicht wenn du vom weſtlichen Thore
Funkelſt. Doch biſt du vielleicht wohl gar mir ähnlich, o Sonne!
Auch der Vergänglichkeit Kind, und wirſt du dein Alter auch einſtens
Enden, dann ſchlafen in Wolken, und nicht mehr hören den Morgen,
Wenn er dich rufft! — O ſo brauche mit Freuden indeſs das Vermögen
Deiner Jugend. Das Alter iſt düſter und unhold, und gleichet

Bläſseren

(e) *Sie frohlocket, wie ein Ries, ihren Weg zu laufen.* 18 Pſalm. 47 v.
Ceſ.

Bläſſeren Stralen des Monds, der unter zerſtreutem Gewölke
Ungewiſs blinzet. (ƒ)   Es lagern ſich Nebel am Hügel.   Durch Ebnen
Raſet der Nord.   In Mitte des Weges erſtarret der Wandrer.

(ƒ)   So heißt es im 6 B. der Aeneis:

Ein Wandrer durchirret
Alſo die Wälder am trüglichen Lichte des dämmernden Mondes.

LATH-

LATHMON.

EIN

GEDICHT.

INHALT.

Indeffen, dafs Fingal in Irland war, bediente fich Lathmon, ein britifcher Prinz, der Gelegenheit in Morven einzufallen, und rückte bis zum königlichen Sitze Selma vor. Fingal traf zu gleicher Zeit ein, und Lathmon zog fich auf eine Anhöhe zurück. Da fich der König zum Treffen rüftet, ftellt ihm Morni, ein alter Held, feinen Sohn Gaul vor, der fich nun zum erftenmale wider den Feind verfuchen follte. Fingal giebt ihm feinen Offian zu, und fendet fie bey einfallender Nacht den Feind zu beobachten. Sie wagen fich in Lathmons Lager, richten keine geringe Zerftörung an, bis beym Anbruche des Tages Offian von Lathmon auf einen Zweykampf gefodert wird. Offian ift im Begriffe ihn zu tödten, als ihm Gaul das Leben erhält. Lathmon von diefer Grofsmuth gerühret ergiebt fich, und Fingal läfst ihn frey nach Haufe ziehn.

Das Gedicht beginnt von der Ankunft Fingals auf Morven, und endet fich gegen den Abend des folgenden Tages. Der erfte Abfatz ift im Originale in lyrifchen Verfen, und fcheinet in die Harfe gefungen worden zu feyn, als eine Einleitung zum erzählenden Theile, welcher in heroifchen Verfen gefchrieben ift.

LATH-

LATHMON.

Selma! dich hüllet Schweigen ein.
Morvens Gebüsche weckt kein Laut.
   Einsamkeit herrscht am Strande,
    Wo sich die Woge bricht.

Sonne bestralt die ruhigen
Fluren. Dem Regenbogen gleich
   Eilen die Mädchen Morvens
    An das Gestad hinaus,

Blicken nach Fingals weißlichten
Segeln zum grünen Ullin hin;
   Denn er versprach zu kehren.
    Aber der Nord erbraust!

Ueber den östlichen Hügel herunter wer stürzet nicht ungleich
Strömenden Schatten! Das Kriegsheer von Lathmon. Von Fingals Entfernung
Hatte der Stolze gehört, und pochet auf Winde von Norden. (a)
Freude bestralt ihm das Herz. — Was suchest du? Lathmon! Die Starken
Sind nicht in Selma. Was soll dir die zielende Lanze? Die Töchter
                                Morvens

(a) Denn diese verzögerten Fingals Rückreise von Irland.

Morvens werden die kämpfen mit dir? O mächtiger Bergftrom!
Hemme den Lauf! Dort nahen fich Segel. Die fiehft du? — So plötzlich
Schwindeft du, Lathmon! gleich Nebeln vom See? Doch fchwinde! die trüben
Stürme folgen dir nach. Schon ift dir Fingal im Rücken. —

Unfere Schiffe durchfchnitten die blaulichten Fluten, da rifs fich
Morvens Beherrfcher vom Schlummer empor. Er ftreckte zur Lanze
Seine Rechte. Nun fuhren wir auf. Wir wufsten, er habe
Seine Väter gefehn. Er fah fie nicht felten in Träumen,
Wenn ein bedrohliches Schwert fich über das Vaterland auffchwang.
Düfter erhob fich das Bild des Krieges in unferm Gemüthe.

Winde! wo fliehet ihr hin? fo rief der Gebiether von Morven:
Braust ihr in füdlichen Gegenden? fchwelft ihr in fernen Gefilden
Hinter dem Regen? warum find meine Segel verlaffen,
Und das blaue Geficht von meinen Meeren? In Morven
Waltet der Feind, und der König ift fern. Auf, Helden! ein jeder
Panzre die Bruft, und ergreife den Schild! Hoch über die Wellen
Bäume fich jeglicher Speer, und jegliche Klinge die blitze!
Lathmon kam uns zuvor, (b) er, welcher im Felde von Lona
Einft vor Fingal entfloh. (c) Wie Flüffe vom Regen gefchwollen
Kehret er wieder. Es irrt fein Brüllen auf unferen Hügeln.

O 3   Alfo

(b) Die Tradition fagt: Fingal wäre von Lathmons Einfalle berichtet worden; aber Offian fchreibt poetifcher feines Vaters Wiffenfchaft einem
Traume zu. *Mac.*

(c) Die Urfachen diefes erften Krieges erzählt Offian in einem andern Gedichte,
welches der Ueberfetzer gefehen hat. *Mac.*

Alfo der König. Indeffen empfieng uns der Bufen Carmonas.
Offian eilte den Hügel hinan, und dreymal ertönte
Mächtig fein eibener Schild. (d) Die Felfen in Morven verhallrens,
Hurtig entfprangen die Rehe. Mich fahen die Gegner, erfchracken,
Drängten die dunklen Gefchwader zufammen. Gleich einem Gewölke
Stand ich am Gipfel, voll Muths in meiner Jugend Gefchmeide.

Aber am Ufer des raufchenden Strumon fafs Morni (e) mit grauen
Haaren, von Zweigen befchattet, und lehnte fich über den Stab hin.
Gaul fein blühender Sohn der ftand dem Helden zur Seite,
Horchte den Thaten der Jugend des Vaters, die feurige Seele
Schauert nicht felten ihm auf beym tapfern Betragen von Morni.

Itzund hörte der Greis den Schall von Offians Schilde,
Kannte das Zeichen der Schlacht, entfuhr dem Sitze, fein greifes
Haupthaar wallte getheilt die Schultern hinunter. Er dachte
Thaten der Vorzeit, und fprach zu feinem fchönlockigten Sohne:
Gaul! ich vernehme die Loofung der Schlacht. Der König von Morven
Kehret zurück, und giebt uns das Zeichen des Krieges. Aus Strumons
Hallen bringe die Waffen mir her, die Waffen, die meine
Väter bey finkenden Jahren einft trugen; das Alter ermüdet

Meine

(d) Das Schildklopfen war ein Ausfoderungszeichen.

(e) Er war in Fingals und Comhals Tagen das Haupt einer zahlreichen
Zunft. Comhal, Fingals Vater, blieb in einem Treffen wider diefelbe;
aber Fingals tapferes Betragen brachte fie endlich zum Gehorfame. Wir
finden in diefem Gedichte die beyden Helden vollkommen einig. Mac.

Meine Glieder. Du nimm dir die deinen, und eile zur erſten
Deiner Schlachten, o Gaul! Es reiche dein Nachruhm an jenen
Deiner Erzeuger! dein Anfall im Felde ſey ſchnell, wie des Adlers!
Sollteſt du fürchten den Tod? Mein Sohn! die Tapferen fallen
Immer mit Ehre; den finſteren Strom der Gefahren entfernet
Stäts ihr entgegengeworfener Schild, auf ihren ergrauten
Scheiteln ruhet der Ruhm. Du ſiehſt es, wie man die Pfade
Meines Alters verehret, o Gaul! Wenn Morni ſich zeiget,
Kömmt ihm die Jugend mit Ehrfurcht entgegen, und wendet die Blicke
Freudig ſchweigend ihm nach. Doch wandt' ich auch keinen Gefahren
Ehmal den Rücken, mein Sohn! Im dunklen Gemenge der Schlachten
Blitzte das Eiſen von Morni. Die Fremden die ſchmolzen vor meinen
Augen hinweg, und, wo ich dabey war, verſtoben die Starken.

Itzo kam Gaul, und brachte die Waffen. Der älternde Krieger
Decket die Glieder mit Staal, den Speer im Blute der Helden
Oefter getränket umſpannt er, und geht zu Fingal. Dem Vater
Folget der Sohn. Der König erfreuet ſich, als er den grauen
Führer erblickt. O Beſitzer des rauſchenden Strumon! ſo ſagte
Fingals entſtehende Freude: dich drücket die Bürde des Alters,
Dennoch kömmſt du bewaffnet? Ich weis es: oft ſtralete Morni
Mitten in Schlachten, und glich dem Schimmer der kommenden Sonne,
Welcher die Stürme vom Hügel vertreibet, und ſpiegelnden Triften
Wieder die Ruhe verleiht. Doch ſollſt du nicht raſten am Ende
Deiner Tage? Dein Ruhm iſt lang ſchon im Liede. Die Menſchen
Sehn dich, und ſegnen den Ausgang der Jahre des mächtigen Morni.
Raſte, vieljähriger Greis! Die Feinde wird Fingal verſcheuchen.

Sohn von Comhal! verſetzte der Führer: das Alter entnervt mich.
Will ich verſuchen mein jugendlich Eiſen zu zücken, es bleibt mir
Feſt in der Scheide; beginn' ich die Lanze zu werfen, ſie fällt mir
Inner dem Zweck'. Ich fühle die Schwere des wichtigen Schildes. —
Ach wir verwelken, wie Gras des Berges, und unſer Vermögen
Kehret nicht wieder zurück. Doch bin ich Vater, o Fingal!
Meines Erzeugten Gemüth ergötzen die Thaten der Jugend
Seines Vaters. Allein noch hat ſich im Blute der Gegner
Niemal die Klinge des Jünglings gefärbet, noch taget ſein Ruhm nicht.
Sieh! ich komme mit ihm zum Gefechte, die Fauſt ihm zu lenken.
Scheid' ich von hinnen, ſo ſoll ſein Ruhm in der trübſten der Stunden
Meinem Herzen ein Sonnenſtral ſeyn. O möchten die Menſchen
Mornis Namen vergeſſen! die Helden nur ſagen: O ſehet!
Dieſs iſt der Vater von Gaul! (ſ) Der König von Morven verſetzte:

Herrſcher von Strumon! es zücke dein Sohn ſein Eiſen im Streite;
Aber er zück' es in meinem Geſichte! Zum Schilde ſoll Fingals
Rechte dem Jünglinge ſeyn. Du bleib indeſſen in Selmas
Hallen, und höre von unſerm Betragen. — Erklinget, ihr Harfen!
Barden! erhebet die Stimme, daſs jene, die fallen, in ihrem
Ruhme ſich freuen, die Seele von Morni Zufriedenheit athme! —
Oſſian! öfter erhubſt du die Fauſt in Gefechten, und roth iſt

                                                                      Deine

---

(ſ) So wünſcht Hektor im 6 B. der Ilias, daſs die Trojaner, wenn ſie ſeinen
Sohn Aſtyanax vom Treffen zurückkommen ſähen, ruffen möchten: er
ſey tapfrer als ſein Vater. Bey allem Vermögen der väterlichen Liebe
bleibt dennoch noch immer ein Zweifel, ob Väter ſo geneigt ſeyn würden,
ſich ihren Söhnen nachſetzen zu laſſen. Mich dünkt: Oſſian habe dieſe
Stelle mit der gröſsten Feine behandelt. Ceſ.

Deine Lanze vom Blute der Fremden. Im kommenden Treffen
Sey der Begleiter von Gaul! Doch bleibet nur immer an Fingals
Seite, denn fänden euch Gegner allein, es gienge der Schimmer
Eures Namens vielleicht in feinem Morgen fchon unter.

Und ich erblickte den Jüngling in feinem Gefchmeide, (g) da thaten
Unfere Seelen einander fich auf; (h) denn Streitgier entflammte
Seinen Augen, fein Blick hieng freudig am Feinde. Wir fagten
Worte der Freundfchaft im Stillen uns zu; die Blitze von unfren
Klingen die mengten fich untereinander; denn hinter den Büfchen
Zückten wir aus, und prüften die Rechten im luftigen Raume.

Aber die Nacht ftieg nieder auf Morven. Beym Brande der Eiche
Setzte fich Fingal und Morni mit wallenden Greifenlocken.
Von der verfloffenen Zeit, von Thaten der Ahnen ergiengen
Ihre Gefpräche. Drey Barden die ftanden, und ftimmten die Harfe
Wechfelweis an; noch näher ftand Ullin mit feinem Gefange,
Sang vom gewaltigen Comhal, — da wölkte die Stirne von Morni
Trotzig fich ein, fein funkelndes Aug traf Ullin den Sänger. (i)

O 5   Ullin

(g) Der Contraft zwifchen den alten und jungen Helden ift ftark gezeichnet.
Nichts ift richtiger, als der Klingenverfuch der Jünglinge. Er drückt
die Ungeduld aus, mit welcher fich aufblühende Helden nach dem
Gefechte fehnen. *Mac.*

(h) So heifst es im 1 B. der Könige 18 c. *Die Seele Jonathans war an die
Seele Davids gehäftet.* Cef.

(i) Ullin hat den Stoff zum Singen übel gewählt. Mornis Unwillen kam
nicht von einem Haffe gegen Comhal, obwohl fie Feinde waren, fondern
von der Furcht, dafs nicht etwa diefer Gefang Fingaln den Zwift ins Ge-
dachtnifs zurückführte, der von langen Zeiten ihre Gefchlechter getrennet hatte. Fingals Betragen bey diefer Gelegenheit ift ungemein vernünftig und edel. *Mac.*

Ullin verſtummte. Der König von Morven bemerkte den grauen
Helden, und ſagte mit ſänfterer Miene: Warum ſo verdüſtert?
Führer von Strumon! es decke Vergeſſen die Tage der Vorzeit!
Unſere Väter die waren entzweyet; doch laden die Söhne
Wieder einander zum feſtlichen Mahle. Wir wenden vereinet
Gegen die Feinde den Staal. Sie ſchmelzen vor unſerm Geſichte. —
Laſs uns, Gebiether des mooſigten Strumon! der Väter vergeſſen!

König von Morven! ich denke mit Freuden an deinen Erzeuger;
Gab ihms Morni zurück: Er war in Gefechten erſchrecklich,
Tödtlich erbrannte ſein Zorn. (k) Mir quollen die Thränen vom Auge,
Als er, der erſte der Helden, erlag. Ach Fingal! die Tapfern
Fallen dahin! Der Feige bleibt über am Hügel! Wie manche
Mächtige ſchwanden hinweg in meinen Tagen! Auch ich war
Immer zum Kampfe gefaſst, und ſuchte der Starken Gemenge.

Fingal verſetzte: (l) Die Nacht wird tiefer. Die Freunde von Morven
Sollen itzt ruhen! Sie wecke der Morgen mit friſchem Vermögen
Wider den feindlichen Herrſcher zu fechten. Ich höre das Saufen
Seiner Geſchwader. So murret der Donner auf fernen Gefilden. —
Oſſian mit dem ſchönhaarigten Gaul! ihr ſchnelleſten Läufer!
Macht euch den waldigten Hügel hinan, und ſpähet auf Fingals
Gegner

(k) Hier iſt Doppelſinn auch im Originale. Es kann heiſsen: Comhal habe
in Schlachten ſehr viele getödtet, oder ſein Zorn ſey unverſöhnlich geweſen Man hat geſuchet die Zweydeutigkeit auch in der Ueberſetzung
beyzubehalten, indem ſie Oſſian wahrſcheinlich mit Abſicht angebracht
hat. *Mac.*

(l) Aus dem Engliſchen iſt nicht abzunehmen, ob Fingal oder Morni in dieſem Abſatze rede. Weil Befehle gegeben werden, ſo wird der Leſer
mit mir wohl für Fingaln entſcheiden.

Gegner hinab! doch nahet euch nicht! die Väter find ferne
Euch zu befchützen. Es möchte der Ruhm, nach welchem ihr ftrebet,
Plötzlich dahinfeyn. Oft mangelt dem Muthe der Jugend die Vorficht.

Freudig vernahmen wir Fingals Geboth. Mit tönenden Waffen
Schritten wir gegen die waldigten Höhen. Es brannte mit allen
Sternen der Himmel umher, und Schreckenbilder des Todes
Schwebten im Felde. Nun drang uns ein dumpfigtes Saufen von Lathmons
Niedergelagerten Heeren ins Ohr, und Mornis Erzeugter
Sprach voll Muthes, die Hand am halbentblöfsten Gewehre:

Sohn von Fingal! mir brennet der Bufen! mir pochet das Herz auf!
Irr ift mein Fufs. Mir zittert am Schwerte die Rechte. Verwend' ich
Gegen die Feinde den Blick, dann wirds mir fo licht in der Seele,
Dafs ich ihr fchlafendes Lager entdecke. Die Seelen der Tapfern
Zittern fie fo beym Speeregemenge? — Wie würde mein Vater
Morni fich freun, wenn itzo fein Sohn in deiner Gefellfchaft
Ueber die Feinde fich ftürzte! Wir würden im Liede gerühmet,
Träten ftattlich einher vom Auge der Starken bewundert.

Sohn von Morni! verfetzt' ich: mir brennet die Seele nach Schlachten.
Offian wünfchet im Kampfe zu glänzen, und einftens der Barden
Arbeit zu feyn. Doch wenn uns die Feinde bemeiftern, wie kann ich
Fingals Augen ertragen? Sie find entfetzlich in feinem
Zorne, wie Flammen des Tods. — Ich will fie nicht fehen in feinem
Zorne! Sieg oder Verderben für mich! Wann fchwang fich der Namen
Eines Befiegten? Sie fchwinden, gleich Schatten. — Nein! Offians Namen
Soll nicht fchwinden! Mein Thun fey würdig meines Gefchlechtes!
Sohn von Morni! wir ftürzen, wir ftürzen in unferen Waffen
Ueber den Feind! — und follft du nicht fallen, o kehre zu Selmas

Luftigen

Luftigen Veſten, zu Everallina der Tochter von Branno! (m)
Sag' ihr, daſs ich den Heldentod ſtarb, und bring' ihr dieſs Eiſen.
Oſcarn ſoll ſie damit bey reiſendem Alter umgürten.

Sohn von Fingal! verſetzte mir Gaul, und ſeufzte: Du fieleſt,
Und ich kehrte? wie würde mich Fingal der König der Menſchen,
Wie mein Vater empfangen? Mich ſähen die Feigen, und ſagten:
O des gewaltigen Gaul! Den Freund ſein Leben verblutend
Lieſs er zurück! — Nein, Feige! mich ſollt ihr auf Erde nicht ſehen,
Wenn mich mein Ruhm nicht umgiebt! Ich habe die Thaten der Helden,
Oſſian! öfter vom Vater gehört. Auch ohne Gefährten
Waren ſie mächtig, und — in den Gefahren verſtärkt ſich die Seele.

Gut dann! ſprach ich, und trat vor ihm her im Felde: Die Väter
Werden die Todten beklagen, zugleich die Muthigen preiſen.
Ihren thränenden Blick wird ſchimmernde Freude durchblitzen:
Nein! ſie fielen nicht unſere Söhne: ſo werden ſie ſprechen:
Aehnlich dem Graſe der Flur! Sie breiteten beyde Verderben
Rings um ſich her. — Doch weichet, Gedanken vom engebeſchränkten
Hauſe! (n) Der Tapfere findet im Staale den Retter; Des Feigen
Ferſe verfolget der Tod; (o) Sein Namen iſt ewig vergeſſen.

Und

(m) Oſſian hatte ſie noch nicht lange zur Ehe. Seine Werbung um ſie wird
im 4 B. des Ged. *Fingal* eingeführet. *Mac.*

(n) D. i. vom Grabe.

(o) Horaz ſingt:
Der Tod verfolget flüchtige Krieger auch;
Er ſchonet nicht des feigen Rückens,
Weder der Ferſe verzagter Jugend. Cef.

Und wir riffen im Dunkel uns fort, und kamen ans Raufchen
Eines Baches; fein blaulichter Lauf umirrte die Feinde,
Bäume des Ufers verhallten fein Raufchen. Wir kamen, und fahen
Lathmons entfchlafene Macht, die Feuer der Ebne verlofchen,
Ferne die Spuren der feindlichen Späher. Ich ftreckte die Lanze
Ueber den Bach mich zu fchwingen voraus, da fafste der Jüngling
Meine Rechte, da fprach er die Worte der Helden: Und macht fich
Fingals Sohn an entfchlafene Gegner? und gleicht er dem Sturme,
Welcher diebifch in Nächten hereinfchleicht die Jugend der Pflanzen
Wegzutilgen? (p) O nein! fo gieng nicht Fingal der Ehre
Einftens entgegen, fo ftieg nicht der Ruhm auf grauender Scheitel
Meines Vaters zu ruhen herab! Das Zeichen zum Streite,
Offian! gebe dein Schild. Sie follen vom Schlummer fich heben
Ihre Taufende, follen im erften von feinen Gefechten
Gaulen begegnen. Er wünfchet die Stärke des Armes zu prüfen!

Alfo fprach er. Sein Muth entzückte mein Herz, und vom Auge
Flofs mir Empfindung der Luft. Sie follen, o Gaul! dir begegnen:
Sagt' ich: die Feinde! Der Ruhm des Sohnes von Morni foll fteigen!
Aber entferne dich nicht von deinem Vertrauten! An meiner
Seite da funkle dein Staal! In meiner Rechten Gefellfchaft
Tödte die deine! — Dort fiehft du den Felfen? Sein graulichter Abhang
Dämmert im Lichte der Sterne. Der foll uns den Rücken bedecken,
                                                                      Wenn

---

(p) Gauls Vorfchlag ift edler, und dem wahren Heroismus anftindiger, als
    das Betragen des Ulyffes und Diomedes in der Ilias, oder des Nifus und
    Furyalus in der Aeneis. Das, was ihm fein Muth eingab, gründete den
    Erfolg. Offians Schildklopfen brachte die erfchrockenen Feinde auf den
    Gedanken von Fingals Anzug. Sie flohen vor einem ganzen Heere,
    nicht vor zweenen Helden. Diefes bringt Glaubwürdigkeit in die Er-
    zählung. Mac.

Wenn sich der Feind um uns häuft. Und dann wer wagt es, sich unsren
Lanzen mit Tode gespitzet zu nahen? Nun schlug ich wohl dreymal
Meinen ertönenden Schild. Das schüchterne Lager empört sich.
Aber wir stürmen hinan mit schallenden Waffen. Sie fliehen
Ueber die Flächen in drängender Eile, den mächtigen Fingal
Wähnen sie nahe. Die Furcht entnervt der Gewaltigen Arme.
Wie den ergriffenen Hayn die prasselnde Flamme durchirret,
Eben so steigt das Getös des flüchtigen Heeres zum Himmel.

Itzund erschwang sich die Lanze von Gaul in ganzem Vermögen,
Itzund blitzte sein Schwert. Schon taumelte Cremor zur Erde,
Leth der versuchte fiel hin, Dunthormon warf sich im Blute
Sterbend umher. Nun raffte sich Crotha vom Wasen an seinem
Speere, da fand ihn der Staal, durchdrang ihm die Seite. Des Lebens
Schwärzlichter Guss entstürzte der Wunde, beströmte mit Zischen
Einen Eichstamm, der eben noch glimmte. Den kommenden Helden
Ward itzt Cathmin gewahr, und suchte sich kletternd auf einem
Dürren Baume zu retten; vergebens! die Lanze durchbohrt ihm
Seinen Rücken. Er schwindelt herunter mit bangem Gekreische.
Moos und trockene Zweige begleiten den Fall, und bedecken
Seines Erlegers gestältes Geschmeid. Diess waren die Thaten
Deines Armes, o Gaul! im ersten deiner Gefechte.
Aber auch dir hieng itzo das Eisen nicht müssig zur Seite,
Letzter von Fingals Geschlecht'! Es riss sich in seinem Vermügen
Ossian vor. Zur Linken und Rechten fiel unter den Hieben
Häufiges Volk. So sinket das Gras und bärtigte Diesteln
Unter dem Stabe des Knaben, der über die Fluren hinanpfeift;
Sorglos schweifet er fort. Sein Pfad ist zur Wüste gerichtet.

Aber

Aber nun hob fich der grauende Morgen. Die fchlänglichten Bäche
Zitterten Schimmer von Flächen zurück. Die feindlichen Haufen
Standen am Hügel verdickt, und Lathmons Grimmen entbrannte.
Knirfchend fchlug er fein glühendes Auge zur Erde, der Ausbruch
Seiner Erbittrung benahm ihm die Sprache. Von öfteren Streichen
Hallte fein eibener Schild, und ungewifs irrte fein Fufstritt.
Diefes bemerkt' ich von fern, und fagte zum Sohne von Morni:

Führer von Strumon zum Wagen gebohren! betrachte, dort häufen
Wutvoll am Hügel die Feinde fich an. Wir kehren zu Fingal!
Lathmon verfiebt, wenn itzo der König zum Treffen heranzeucht.
Ruhmes umgiebt uns genug, o Krieger! die Blicke der Alten (q)
Werden uns fegnen. O Sohn von Morni! wir eilen zurücke.
Lathmon rücket vom Hügel herunter. — Doch unfere Rückkehr:
Sprach der fchönhaarigte Gaul: fey langfam! (r) Sie follen nicht lächeln
Unfere Gegner, und fagen: O fehet die nächtlichen Krieger,
Fürchterlich, wie die Gefpenfter, im Dunkel, kaum, dafs es in Often
Hell wird, fchwinden fie weg! Von Gormar, welchen dein Speer traf,

Offian!

(q) Fingals und Mornis. *Mac.*

(r) Gauls Betragen durch das ganze Gedicht fetzt ihn in die erfte Claffe der
Helden. Offians Befcheidenheit in Abficht auf feine eignen Thaten ift
nicht weniger bewundernswürdig, als feine Unpartheylichkeit gegen Gaul.
Man weis, dafs Gaul nachmal wider Fingaln die Waffen ergriffen habe,
und wie leicht konnte diefes ein immerwährendes Vorurtheil wider ihn
in Offians Gemüthe nähren? Allein Gaul ward zuletzt aus einem Feinde
Fingals beftändigfter Freund und gröfster Held, und der Dichter fieht in
Betrachtung feiner vielen guten Eigenfchaften über feinen Fehltritt weg.
Mac. Es fcheint: Offian unterdrücke einen Theil feiner Heldenthaten,
damit diejenigen feines muthigen Gefährten defto fichtbarer hervorftechen.
Aber eben dadurch zeigt er fich in einer Gattung des Heroismus, welche
viel feiner und befchwerlicher ift. *Cef.*

Oſſian! nimm du den Schild. Es ſollen die grauenden Helden,
Wenn ſie die Thaten der Söhne bemerken, vor Wonne frohlocken.

Alſo ſprachen wir untereinander im Felde. Zu Lathmon
War der Beſitzer von Dutha, war Sulmath indeſſen getreten;
Längs der Geſtade des düſtren Duvranna (s) gebot er. Er ſagte:
Sohn von Nuath zum Wagen gebohren! und nimmſt du nicht tauſend
Deiner Starken? und geht dein Zug nicht den Hügel herunter,
Eh ſich die feindlichen Krieger entziehn? Am werdenden Tage
Schimmert ihr blaues Geſchmeid. Sie ſchreiten dort über die Flur hin.—

Muthloſer Kämpfer! verſetzete Lathmon: mein Heer ſoll herunter?
Sohn von Dutha! ſind ihrer nicht zween, und Tauſende ſollen
Wider Zweene den Staal dir empören? (t) Ach würde nicht Nuath
Seinen verſchwundenen Ruhm in ſeinem Saale beklagen,

Wenn

___

(s) Noch trägt ein Fluß in Schottland, welcher bey Banff in das Meer fällt,
den Namen Duvran. Soll von dieſem hier die Rede ſeyn, ſo war Lathmon ein Haupt von der pictiſchen Nation, oder von jenen Caledoniern,
welche die Oſtſeite Schottlands bewohnten. Mac.

(t) Oſſian legt faſt allen ſeinen Helden, auch den feindlichen, jene Groſsmuth bey, welche, wie ſichs aus ſeinen Gedichten ergiebt, einen namhaften Theil ſeines eignen Charakters ausmachte. Diejenigen, die ihre
Feinde zu ſehr herabſetzen, bedenken nicht, daſs je wenigere Verdienſte
ſie dem Gegner laſſen, deſto geringer der Sieg ſey, den ſie über ihn
erhalten. Dennoch iſt die Verkleinerung der Feinde keine von den Ver-
zierungen des heutigen Heroismus. Der Geiſt der Spötterey iſt ſchon
einer der Hauptfehler in Homers Charakteren, den man aber nicht ſo
gerade zu auf die Rechnung des Dichters ſetzen muſs, indem er ſich an
die Sitten der Zeit hielt, in welcher er ſchrieb. Milton iſt ihm hierinn
gefolget; obwohl das Schimpfen an einem Höllengeiſte immer erträgli-
cher iſt, als an einem Helden. Jener bleibt immer ein Gegenſtand der
Verabſcheuung, dieſer wird zum Muſter der Nachahmung aufgeſtellet.
Mac.

Wenn er den Fufstritt von Lathmon vernähme, fein Aug nicht verwenden! —
Führer von Dutha! du folge den Helden! Er ift es des hohen
Offians Gang. Sein Namen ift würdig der Klinge von Lathmon.
Lad ihn zum Kampfe zurück! Nun kam der erhabene Sulmath.
Freudig vernahm ich den Anboth des Herrfchers. Ich fafste den Schild an,
Mornis Klinge die reichte mir Gaul. Zum murmelnden Bache
Kehrten wir wieder, und Lathmon erfchien in feinem Vermögen;
Hinter ihm rollte fein Heer, gleich düfteren Wolken. Doch hell war
Seine ftälene Rüftung. So fprach der Erzeugte von Nuath:

Sohn von Fingal! hoch über die Schaaren von meinen Erfchlagnen
Thürmet dein Ruhm. Dort liegt des getödteten Volkes die Menge,
König der Menfchen! getödtet von dir. Nun fälle den Speer auch
Gegen Lathmon, und ftrecke zur Erde den Sproffen von Nuath!
Streck' ihn in Mitte der Seinen zur Erde, fonft ftürzeft du felbften!
Niemal werde von mir in meinen Hallen erzählet:
Lathmon fchaute den Tod von feinen Kriegern. Sle fielen.
Lathmon konnte den Anblick vertragen. Es hieng ihm zur Seite
Müfsig fein Schwert. — Dein blaulichtes Aug, ach Cutha! (*u*) zerflöfse,
Und dein geleitlofer Fufs durchirrte die Gründe Dunlathmons! (*w*)

Niemal fag' auch von mir: fo gab ich zur Antwort: die Zukunft:
Fingals Erzeugter, er wandte den Rücken! und hüllte mir jeden
Fufstritt Finfternifs ein, ich würd' ihn nicht wenden! Es würde

Meine

(*u*) Lathmons Gemahl, oder Geliebte. *Mac.*

(*w*) Lathmons Herrfchaft. *Mac.*

Meine Seele mir selber begegnen, und sagen: O fürchtet
Selmas Barde den Feind? Nein, Seele! der Barde von Selma
Fürchtet ihn nicht! In Mitte der Schlachten ist all sein Behagen!

Nun stiefs Lathmon nach mir, und seine Lanze durchbohrte
Ossians Schild. Ich fühlte die Kälte des Staales am Leibe,
Zückte das Schwert von Morni, zerschlug ihm die Lanze. Die blanke
Spitze fiel schimmernd ins Gras. Itzt flammte die Rache von Lathmon,
Mächtig erschwang er den hallenden Schild, und über dem Rande
Wälzt' er sein trotziges Aug. Es schien, als hienge der Gegner
Ueber ein ähernes Thor. Doch Ossian trieb ihm die Lanze
Durch die geschliffenen Buckeln des Schildes. Ein Baum war an Lathmons
Rücken. Die Lanze fuhr hin, und pfählte den Schild an. Er hieng itzt
Von der erbebenden Lanze. Noch drängte mir Lathmon entgegen.
Aber der Sohn von Morni bemerkte sein nahes Verderben,
Streckte den hindernden Schild, und fieng mir den Hieb auf, der eben
Ueber den Herrscher Dunlathmons in streifigtem Feuer herabschofs.

Lathmon erblicket den Retter, und Thränen entrollen dem Auge.
Seiner Väter Gewehr das wirft er zu Boden, und redet
Worte der Helden: Ich stritte mit dir, o du erster der Menschen!
Euere Seelen sind Stralen des Himmels, und euere Klingen
Flammen des Tods! Wer schwänge sich auf zum Ruhme der Kämpfer,
Die schon im Lenze der Jahre so mächtige Thaten vollbringen!
Könnten euch itzo die Säle von Nuath, und seines Erzeugten
Grünender Wohnsitz bewürthen! es sähe mein Vater, dafs Lathmon
Nicht Unwürdigen wich! Doch wer, wer erscheinet die lauten
Ebnen heran, ein gewaltiger Strom! In seinem Gesichte
Beben die minderen Hügel, und Geister zu tausend umschwärmen
Seinen glänzenden Staal, die Geister derjenen, die künftig

Unter

Unter der Fauſt des Herrſchers vom rauſchenden Morven noch fallen. (x)
Glücklicher Fingal! die Söhne von dir ſie kämpfen, wie du kämpfſt!
Siehe! ſie ziehn vor dir aus, und kehren auf Pfaden des Ruhmes.

Fingal nahte ſich itzt in ſeiner Sanftmuth, bemerkte
Seines Sohnes Betragen, und heimliche Wonne durchſchlich ihn.
Munterkeit glättet die Stirne von Morni, ſein dämmerndes Auge
Blinzet durch Zähren der Luſt. Wir kehrten zur Halle von Selma,
Saſſen ins Runde zur Feyer der Muſcheln. Die Mädchen des Liedes
Traten vor uns, und Everallina gefällig erröthend.
Ueber den Nacken von Schnee vertheilten ſich finſtere Locken.
Ich war der Gegenſtand ihrer verſchwiegenen Blicke. Sie ſtimmte
Künſtlich ihr Saitenſpiel an. Wir ſegneten Brannos Erzeugte.

Fingal erhob ſich vom Sitze, zum rüſtigen Herrſcher Dunlathmons
Wandt' er ſich hin. Beym Strecken des mächtigen Armes erklang ihm
Trenmors Klinge zur Seite. So ſprach er zum Sohne von Nuath:
Lathmon! was führte nach Morven dich her, dir Ehre zu ſuchen?
Sind wir vielleicht vom Geſchlechte der Feigen? hat unſere Schneide
Jemal auf Feige geblitzt? Vom Krachen des Krieges begleitet
Kam ich dir jemal in deine Gebiethe? Mein Arm iſt gewaltig;
Aber ich finde nicht Luſt im Gefechte. Vom Sturze der Stolzen
Hebt ſich mein Namen allein. Nur jenen, die pochen auf Waffen,
Stralet mein Eiſen ins Aug. Empören ſich Kriege, dann ſteigen
Gräber für Helden, — dann ſteigen auch Gräber für meine Getreuen!
Ach ihr Väter! dann bleib' ich der letzte von allen verlaſſen! —

P 2

Aber

(x) Zu Oſſians Zeiten eignete man jedem Menſchen einen dienſtbaren Geiſt zu.
Allein die Tradition iſt hierüber dunkel und unzureichend. Mac.

Aber ich bleibe berühmt, bis endlich in Strömen des Lichtes
Meine Seele nach ihnen entfleucht. — Wir scheiden uns, Lathmon!
Kehre zurück, und wende, wohin dir beliebt, das Getümmel
Deiner Waffen! Die Kinder von Morven sind namhaft auf Erde.
Wer sie bekrieget, den hat kein glücklicher Vater erzeuget. (y)

(y) So sagt Diomedes im 6 B. der Ilias zum Glaukus:
Der Unglückseligen Kinder
Setzen sich meinem Vermögen entgegen. Ceß.

ENDE DES ERSTEN BANDES.